suhrkamp taschenbuch
wissenschaft 2320

Der freie Markt war einmal ein progressives Projekt, das zur Befreiung der Lohnabhängigen führen sollte – von obrigkeitsstaatlichen Strukturen und von der Gängelung durch die Arbeitgeber. Elizabeth Anderson zeigt, was aus dieser schönen Idee geworden ist: reine Ideologie in den Händen mächtiger ökonomischer Akteure, die sich wenig um die Freiheit und die Rechte von Arbeitnehmern scheren. Sie arbeitet heraus, wie sich der positive Zusammenhang zwischen freiem Markt und freiem Arbeiter aufgelöst hat, und bestimmt die gegenwärtige Beziehung zwischen Arbeitgebern und Arbeitnehmern neu: als eine von quasi autokratisch herrschenden, privaten Regierungen und den von ihnen Regierten, die in vielerlei Hinsicht das Nachsehen haben. Eine beeindruckende Dekonstruktion eines Mythos des Marktdenkens.

Elizabeth Anderson, geboren 1959, ist eine der wirkmächtigsten Philosophinnen der Gegenwart. Sie lehrt und forscht an der Universität von Michigan in Ann Arbor.

Elizabeth Anderson
Private Regierung

Wie Arbeitgeber über unser Leben herrschen (und warum wir nicht darüber reden)

Aus dem Amerikanischen
von Karin Wördemann

Suhrkamp

Titel der Originalausgabe:
Private Government. How Employers Rule Our Lives (and Why We Don't Talk about It)
First Edition was originally published in 2017 by Princeton University Press.
Erstmals erschienen 2017 bei Princeton University Press.

Bibliografische Information der Deutschen Nationalbibliothek
Die Deutsche Nationalbibliothek verzeichnet diese Publikation in der Deutschen Nationalbibliografie; detaillierte bibliografische Daten sind im Internet über http://dnb.d-nb.de abrufbar.

Erste Auflage 2020
suhrkamp taschenbuch wissenschaft 2320

Umschlag nach Entwürfen von Willy Fleckhaus und Rolf Staudt
Satz: Satz-Offizin Hümmer GmbH, Waldbüttelbrunn
Druck: Druckhaus Nomos, Sinzheim
Printed in Germany
ISBN 978-3-518-29920-3

Inhalt

Einleitung
von Stephen Macedo

Die zwei Vorlesungen, die das Herzstück dieses Bandes bilden, fordern ein radikales Überdenken des Verhältnisses zwischen privaten Unternehmen und der Freiheit und Würde von Arbeitnehmern. Sie beschreiben – mit großzügigen, lebhaften Pinselstrichen – einen jahrhundertelangen Niedergang der Fortschrittsideologie des freien Marktes. Sie vertreten den Standpunkt, dass es seit der Zeit des englischen Bürgerkriegs in der Mitte des 17. Jahrhunderts bis zu Abraham Lincoln zweihundert Jahre später gute Gründe für einen Optimismus gab, den freien Märkten die Fähigkeit zuzutrauen, die Gleichheit von Status und Ansehen zu fördern. Dieser Optimismus ist – mit der industriellen Revolution und aus Gründen, die noch erörtert werden – einem Pessimismus hinsichtlich der größer werdenden Ungleichheit und der Herrschaft am Arbeitsplatz gewichen. Da die Möglichkeiten der wirtschaftlichen Selbständigkeit massiv zurückgingen, hatten die Arbeiter weniger Alternativen zu der willkürlichen und nicht rechenschaftspflichtigen Autorität von Managern. Der Umfang dieser Autorität ist außerordentlich groß, er macht die Arbeitnehmer anfällig dafür, wegen ihres Redens oder Verhaltens entlassen zu werden, selbst wenn beides weit entfernt vom Arbeitsplatz erfolgt. Das heutige Denken über den freien Markt – unter Forschenden, Intellektuellen und Politikern – deutet die Bedingungen für die meisten Arbeitnehmerinnen und Arbeitnehmer des privaten Sektors völlig falsch und ist blind für das Ausmaß an Willkür und nicht rechenschaftspflichtiger Macht, dem die Beschäftigten in diesem Sektor ausgesetzt sind.

Wie es dazu kommen konnte, ist das Thema von Elizabeth Andersons wichtigen und zeitgemäßen Tanner Lectures on Human Values, die sie Anfang des Jahres 2014 an der Princeton University gehalten hat. Anderson gehört mit ihren sehr einflussreichen Büchern *Values in Ethics and Economics* (1993) und *The Imperative of Integration* (2010) zu den führenden politischen Philosophen weltweit. Unter ihren vielen Aufsätzen bewirkte der bahnbrechende Text »What Is the Point of Equality?« (1999) bei den Sozialphilosophen einen Wechsel der Aufmerksamkeit, die sich nunmehr nicht allein auf die Ungleichheiten der materiellen Verteilung, sondern auch auf die Gleichheit in sozialen Beziehungen konzentrierte. Elizabeth Anderson befasst sich seit langem mit Fragen der sozialen Gleichheit bezogen auf Autorität, Ansehen und Status, die auch hier im Mittelpunkt stehen.

Den zwei Vorlesungen folgen vier pointierte Kommentare von herausragenden Wissenschaftlern, die sich auf ihre Kenntnisse der Geschichte, Literatur, politischen Theorie, Wirtschaftswissenschaft und Philosophie stützen und deren ursprüngliche Texte hier zur Veröffentlichung noch einmal überarbeitet wurden. Der Band endet mit einer Erwiderung Andersons auf die Einwände ihrer Kritiker. Diese Einleitung bietet im Folgenden eine kurze Übersicht über jeden dieser Beiträge.

In ihrer ersten Vorlesung argumentiert Elizabeth Anderson, dass die politischen und ökonomischen Theorien des freien Marktes – die heute mit den Libertaristen und der politischen Rechten verbunden werden – ursprünglich Teil einer egalitaristischen und fortschrittlichen Agenda waren: Von den Levellers im England des 17. Jahrhunderts bis zum amerikanischen Bürgerkrieg wurde die »Marktgesellschaft« häufig »als eine Gesellschaft von Gleichen« verstanden. Anderson skizziert kompetent die wichtigsten Stationen des Egalitarismus des freien Marktes in der frühen Neuzeit, wobei sie unter anderen die Levellers, John Locke, Adam Smith und Thomas Paine in den Mittelpunkt rückt. Die ökonomischen Freiheiten und freien Märkte waren den sozialen Hierarchien in Wirtschaft, Politik, Religion, Gesellschaft und Familie entgegengesetzt. Anderson fasst diesen Punkt so zusammen:

> Die Bekämpfung von Wirtschaftsmonopolen gehörte zu einer umfassenderen Agenda des Abbaus von Monopolen in allen Lebensbereichen der Gesellschaft: Nicht bloß die Gilden, sondern auch Monopole der Kirche und der Presse, die Monopolisierung des Stimmrechts durch die Reichen und die Monopolisierung der Macht in der Familie durch Männer gehörten aufgelöst. Indem man die Monopole beseitigt, würden weit mehr Menschen in der Lage sein, persönliche Unabhängigkeit zu erlangen und Männer und Frauen ohne Herren zu werden.

Erst im 19. Jahrhundert löste sich das Denken des freien Marktes aus seinen frühen egalitaristischen Verankerungen und bewegte sich allmählich davon weg. Die Denker des freien Marktes betrachteten Paine zufolge den Staat zunehmend als eine Instanz, die ihre Macht im Namen von Sonderinteressen missbraucht. Der andere Grund war die industrielle Revolution.

Im 17. und im 18. Jahrhundert gingen Denker wie der Leveller John Lilburne und der große politische Ökonom Adam Smith davon aus, dass freie Männer, die auf freien Märkten tätig wären, entweder unabhängige Handwerker, Kaufleute oder Teilhaber kleiner herstellender Betriebe sein würden. Die »Nadel-Fabrik«, mit der Adam Smith die Arbeitsteilung veranschaulichte, hatte zehn Mitarbeiter. Thomas Paine und die amerikanischen Gründer, die sowohl die wirtschaftliche wie die politische Freiheit vorzogen, nahmen an, dass die große Masse der Bevölkerung wirtschaftlich selbständig sein würde. Im Amerika des späten 18. und frühen 19. Jahrhunderts »waren die Löhne des freien Marktes hoch« aufgrund eines »chronischen Mangels an Arbeitskräften« und die »Selbständigkeit war eine jederzeit verfügbare Option für fast alle« weißen Männer. Es ergab deshalb Sinn, ökonomische Freiheit, freie Märkte und Unabhängigkeit gleichzusetzen.

Die marktfreundlichen Egalitaristen vom alten Schlag waren darüber hinaus weit davon entfernt, in ihren politischen Vorschlägen doktrinäre Libertaristen zu sein. Viele befürworteten wie Smith und Paine eine staatliche Bildung. Paine schlug »das System einer allgemeinen Sozialversicherung vor, in dem Altersrenten, Hinterbliebenenversorgung und Invaliditätshilfen für Familien vorgesehen waren, deren Mitglieder nicht arbeiten konnten«, und empfahl zudem ein allgemeines System von Teilhaberstipendien.

Zusammenfassend stellt Anderson zum Egalitarismus des freien Marktes vom 17. bis zur Mitte des 19. Jahrhunderts fest:

> Die größte Hoffnung von Adam Smith – eine Hoffnung, die auch radikale Arbeitervertreter von den Levellers bis zu den Chartisten, von Paine bis Lincoln teilten – war, dass die Freigabe der Märkte die Reihen der wirtschaft-

lich Selbständigen enorm erweitern würde, die somit ihre Begabung und ihre Urteilsfähigkeit unabhängig von den sie gängelnden Chefs bei der Beherrschung ihrer eigenen produktiven Tätigkeiten einsetzen könnten.

Die industrielle Revolution führte zu tiefgreifenden Veränderungen, die die Annahmen, auf denen der Egalitarismus des freien Marktes beruht hatte, ins Wanken brachten. »In Sachen Wirtschaftlichkeit wurden die kleinen Unternehmen von den ökonomischen Skaleneffekten in der Industrie geradezu überrollt« und »die Chancen für Selbständigkeit gingen drastisch zurück«. Damit »verbreiterte sich die Kluft zwischen Arbeitgebern und Arbeitnehmern im herstellenden Gewerbe dramatisch«, und zusätzlich »vervielfachten sich die Ränge in der Firmenhierarchie«. Die einschneidenden Veränderungen, welche die industrielle Revolution für die meisten Arbeiter mit sich brachte, und das sich daraus ergebende Missverhältnis zwischen der Theorie des freien Marktes und der Realität, erzeugten »ein symbiotisches Verhältnis zwischen Libertarismus und Autoritarismus, das unsere politischen Diskurse bis zum heutigen Tag wie Mehltau überzieht«, sagt Anderson.

In ihrer zweiten Vorlesung trägt Anderson ihre zentrale und fesselnde These vor, wonach der moderne Industriebetrieb auf ein System der willkürlichen und rechenschaftsfreien »privaten Regierung« und »Diktatur« hinausläuft:

> Die Mehrzahl der Arbeitnehmer in den Vereinigten Staaten wird im Arbeitsleben von kommunistischen Diktaturen regiert. Diese Diktaturen haben gewöhnlich die gesetzliche Autorität, das außerdienstliche Leben ihrer Arbeiter ebenfalls zu regeln – ihre politischen Aktivitäten, sprachlichen Äußerungen, Wahl des Sexualpartners,

> Gebrauch von Freizeitdrogen, Alkohol, Rauchen und Sport. Da die meisten Arbeitgeber diese Autorität über die Freizeit unregelmäßig, willkürlich und unangekündigt in Anspruch nehmen, ist vielen Arbeitnehmern gar nicht bewusst, wie umfassend sie ist. [...] Nur etwa die Hälfte der amerikanischen Arbeitnehmerinnen und Arbeitnehmer genießt bei ihren außerdienstlichen sprachlichen Äußerungen wenigstens einen teilweisen Schutz vor Einmischung des Arbeitgebers.

Anderson vertritt die Auffassung, dass private Regierung dann existiert, wenn Menschen in einigen Bereichen ihres Lebens Autoritäten unterworfen sind, die sie herumkommandieren und bei Missachtung der Anweisungen mit Sanktionen belegen können. Am Arbeitsplatz haben regierende Autoritäten außerdem willkürliche und rechenschaftsfreie Macht über die Arbeitnehmer. Libertaristen, Ökonomen und Politiker des freien Marktes setzen »Freiheit« fälschlicherweise mit Privatwirtschaft gleich und ignorieren die Realität, dass die Beschäftigung in großen Firmen für die meisten Angestellten die Unterwerfung unter eine Willkürmacht mit sich bringt, die über ihr Arbeitsleben hinausreicht. Anderson besteht darauf, dass die meisten Amerikaner und viele andere das Wesen von Freiheit und deren Gegenteil, Herrschaft und Diktatur, vollkommen falsch verstehen. So wie die Sicherheit des Privateigentums von einem starken Staat abhängt, gilt dies auch für viele Formen der Freiheit.

Aktuelle Unternehmenstheorien warten mit Erklärungen dafür auf, weshalb große Wirtschaftsbetriebe existieren und weshalb sie aus Autoritätshierarchien bestehen. Wie Anderson feststellt, sind »effiziente Arbeitsverträge [...] notwendig unvollständig«, denn Manager müssen einen Ermessensspielraum haben, um die Tätigkeiten der Arbeitnehmer zu koordinieren. Diese Theorien erklären jedoch nicht den Umfang der Autorität, welche die Arbeitgeber über das Leben ihrer Angestellten ausüben können. »Beim Arbeitsverhältnis-auf-Widerruf treten die Arbeiter für die Dauer ihrer Beschäftigung unterm Strich *alle* ihre Rechte an die Arbeitgeber ab; eine Ausnahme bilden nur jene Rechte, die ihnen per Gesetz ausdrücklich zugesichert sind.« Das führt dann zu einer weiteren Konsequenz: »Die Autorität von Arbeitgebern über Arbeitnehmer ist außerhalb von Tarifverhandlungen und abgesehen von ein paar anderen Kontexten [...] umfassend, willkürlich und rechenschaftsfrei – sie kann weder zum Gegenstand von Beschwerden noch von Rechtsmittelverfahren gemacht werden.« Die Kontrolle am Arbeitsplatz »ist eine Form privater Regierung«, die durch das Recht verbürgt ist.

Arbeitnehmer können selbstverständlich kündigen, wenn sie die Bedingungen ihrer Beschäftigung ablehnen. Aber die Kosten des Ausscheidens sind für viele von ihnen außerordentlich hoch. Wenn man die Autorität der Arbeitgeber über die Arbeitnehmer leugnet, weil diese schließlich die Freiheit der Abwanderung haben, sei das so, »als sage man, Mussolini sei kein Diktator gewesen, denn die Italiener hätten doch auswandern können«, schreibt Anderson. Denker und Politikerinnen, die dem Libertarismus zuneigen, sind blind für die wahre Natur des Beschäftigungsverhältnisses, weil sie implizit Annahmen übertragen, die nur vor der industriellen Revolution galten, als wirtschaftliche Selbständigkeit und Unabhängigkeit für die meisten Arbeiter noch im Rahmen des Möglichen lagen.

Anderson beendet ihre Anklage des heutigen Denkens über den freien Markt mit dem Zugeständnis, dass den privaten Regierungen in der Wirtschaft ein Großteil der unmittelbaren Zwangsgewalt fehlt, über die wirkliche Staaten verfügen, und dass sie oft Abstand davon nehmen, ihre Macht über das Leben der Arbeitnehmer ungemindert auszuüben – speziell dann, wenn es sich um höher bezahlte und besonders qualifizierte Mitarbeiter und Mitarbeiterinnen handelt. Gleichwohl bleibt die Tatsache, dass »die Verfassung der Regierung am betrieblichen Arbeitsplatz sowohl willkürlich als auch diktatorisch ist«, und sie »wird nicht von der Effizienz oder der Vertragsfreiheit vorgeschrieben, sondern geht vielmehr auf das Konto des Staates«.

Anderson schlägt zum Schluss eine Vielzahl von Möglichkeiten vor, den Arbeitnehmerschutz vor willkürlicher Behandlung zu erhöhen, darunter verbesserte Rechte der Abwanderung, eine Grundrechtecharta für Arbeitnehmer und mehr »Mitsprache« durch eine stärkere Unterstützung von Gewerkschaften und Tarifverhandlungen seitens des Gesetzgebers. Und was am wichtigsten ist: Unsere öffentlichen Diskurse sollten die Realität der Unterwerfung von Arbeitnehmern unter die willkürliche private Regierung am betrieblichen Arbeitsplatz anerkennen und Wege erforschen, die Abhilfe schaffen.

Die erste unserer vier Kommentatoren, Ann Hughes, ist eine führende Historikerin für das frühneuzeitliche England und den englischen Bürgerkrieg sowie Professorin für Geschichte der Frühen Neuzeit an der Keele University im Vereinigten Königreich. Hughes würdigt Andersons Einsatz von historischem Material »als eine Schatzkammer der Vorstellungkraft« und »als ein Vermächtnis für die Gegenwart« als beispielhaft. Sie hebt hervor, dass sich die fortschrittlichen Kräfte in Großbritannien und anderen Ländern neuerdings auf die Levellers berufen, verweist aber auch auf eine »dunklere« und komplexere Sicht des 17. Jahrhunderts in England. Zum einen betont sie, dass die Wirkungen der sich entfaltenden Marktordnung mannigfaltig waren und alles andere als durchweg positiv ausfielen: Ungleichheit und soziale Polarisierung nahmen zu und nicht unerhebliche Anteile der Bevölkerung waren gelegentlich oder sogar häufig auf öffentliche Hilfe angewiesen.

Hughes unterstreicht zudem, dass die Levellers nach unseren Maßstäben bei weitem nicht radikal egalitaristisch waren. Viele unter ihnen schlossen Bettler, aber auch Dienstboten und Lehrlinge sowie Frauen vom Wahlrecht aus. Die Idee des freien Marktes war nicht grundlegend für die Levellers, meint Hughes, sondern war etwas, das sich »aus anderen Elementen des sozialen Lebens herleitete«, und sie erklärt, dass »die wirtschaftlichen und sozialen Auswirkungen der Marktbeziehungen – lange vor der industriellen Revolution – bereits weniger segensreich waren, als es Adam Smith oder Elizabeth Anderson glauben«.

Die Markbeziehungen selbst waren kompliziert, weil sie von den sozialen Phänomenen des Vertrauens und der Glaubwürdigkeit abhingen, und die Marktprinzipien wurden von einem »Sinn für kollektiven und gemeinschaftlichen Aktivismus« sowie von der Achtung angestammter Rechte gemäßigt. Schließlich betont Hughes, dass sich die Levellers ungebrochen auf eine Konzeption stützten, wonach die »Gesellschaft aus Haushalten mit männlichem Vorstand gebildet sei, mit den Frauen als zwar geschätzten, aber doch untergeordneten Beteiligten«, was Thesen über den frühneuzeitlichen Egalitarismus noch komplizierter macht.

David Bromwich, Sterling Professor für Englisch an der Yale University und Autor vieler Werke zur Politik, politischen Theorie und Geschichte, stellt die Frage, wie der Optimismus des 17. Jahrhunderts im Hinblick auf die ökonomische Freiheit und die Marktgesellschaft dem Pessimismus weichen konnte, den Anderson beschreibt. Er ist wie Anderson der Meinung, dass die »politische Theorie nicht am Werkstor haltmachen sollte«, bezweifelt allerdings, dass die Idee der Marktfreiheit, wie sie von Adam Smith und anderen entwickelt wurde, jemals eine ausreichende Basis für politische Freiheit und demokratische Gleichheit geliefert hat. Bromwich argumentiert, dass Smith der Auffassung war, das »Eigeninteresse« würde sich »langfristig zum Wohl der Gesellschaft auswirken«, und zwar »fast unabhängig vom Willen« der gesellschaftlichen und politischen Akteure. Er gibt zu bedenken, dass »Thomas Paine – ein durch und durch radikaler Demokrat – in eine andere Geschichte gehören könnte«: Paine glaubte an Märkte, doch seine Vision »war im Wesentlichen politisch und nur in zweiter Linie ökonomisch«.

Bromwich stimmt Adam Smith darin zu, dass die Ausweitung des Marktes das Wohlstandsniveau aller, auch der Ärmsten, anhebt. Es könne sich sogar herausstellen, dass, wie Smith prahlte, »ein arbeitsamer und sparsamer Landmann« in der kommerziell geprägten Gesellschaft »Annehmlichkeiten« genießen könne, die diejenigen »so manchen afrikanischen Königs, der unumschränkter Herr über Leib und Leben zehntausend nackter Wilder ist«, bei weitem übersteigt. Und doch hat, so lautet die Feststellung Bromwichs, »der afrikanische König [...] *Macht*, und mit dieser Macht geht eine Furchtlosigkeit vor Verelendung einher, die dem europäischen Bauern versagt ist«. Er sieht die Gefahr, dass Anderson »den Unterschied zwischen politischer Macht und Gleichheit auf dem Markt« unterschätzt.

Bromwich äußert am Ende Bedenken angesichts einer Welt, in der alles – einschließlich der Arbeit selbst –

zur Ware wird. Er macht sich Gedanken über den Preis, den die Menschen angesichts der Verdrängung traditioneller Gesellschaften durch den Markt zu zahlen haben, und zitiert in diesem Zusammenhang Oliver Goldsmith, der schon 1770 erkannt habe, dass der Handel das Leben entwurzele und alte Berufe überflüssig mache. Und mittels eines Zitats von Karl Polanyi, geschrieben 170 Jahre nach Goldsmith, verdeutlicht Bromwich seine Besorgnis wegen der Warenförmigkeit von Mensch und Natur, die immer umfassender geworden sei. Er ist Anderson dankbar für die Ermutigung, »noch einmal genauer über die Theorien der Gleichheit und Freiheit in der frühen Neuzeit nachzudenken, die unsere eigene Marktgesellschaft zwar rationalisieren, aber nicht rechtfertigen«.

Unser dritter Kommentator, der Philosoph Niko Kolodny, äußert zunächst Sympathie für Andersons Entscheidung, ihr Hauptaugenmerk auf die *sozialen Beziehungen* der Ungleichheit am Arbeitsplatz zu richten – die »quasipolitischen Beziehungen der ›Regierung‹ zwischen Arbeitgebern und Beschäftigten innerhalb der Firma«. Aber er fragt, was genau an diesem Machtverhältnis es sei, das uns »beunruhigt«, und »welche alternativen sozialen Regelungen uns, wenn auch nur dem Prinzip nach, das Unbehagen nehmen könnten«.

Ein Teil des Problems bestehe darin, argumentiert Kolodny, dass das Management von Wirtschaftsunternehmen zwar häufig einen gewissen Ermessensspielraum braucht, die daraus resultierende Macht über die Beschäftigten jedoch für ungerechtfertigte Absichten genutzt werden kann, die jeder ökonomischen Grundlage entbehren. Zudem könnten wir es selbst dann anstößig finden, nach dem Gutdünken des Chefs regiert zu werden, wenn dies nur für gerechtfertigte Zwecke geschieht, sagt Kolodny. Wie ist das zu erklären? Ist es so, dass personale Herrschaft stets schlimmer ist als die Herrschaft allgemeiner Gesetze? Kolodny bezweifelt, dass dies der springende Punkt ist. Die Märkte sind unberechenbar und verlangen Flexibilität, Gesetze dagegen werden von Menschen gemacht und angewendet. Der grundlegende Unterschied zwischen Arbeitsplätzen und politischer Herrschaft ist der, dass in einer Demokratie durch Abgeordnete regiert wird, die den Bürgern gegenüber als Gleiche rechenschaftspflichtig sind: Niemand ist anderen untergeordnet. In einer Demokratie haben die Bürgerinnen und Bürger bezogen auf ihre Regierung untereinander einen symmetrischen Standpunkt, und sie haben die gleiche Möglichkeit, die Regierenden verantwortlich zu machen. Am Arbeitsplatz hingegen können die Chefs ihre Macht missbrauchen und selbst dann, wenn sie es nicht tun, üben sie eine nicht rechenschaftspflichtige Macht über die Arbeitnehmer aus, so dass diese notwendigerweise untergeordnet sind.

Aber wie problematisch ist die Unterordnung am Arbeitsplatz eigentlich, fragt Kolodny in seinen Schlussüberlegungen. Ist sie gleichbedeutend mit politischer Unterordnung? Drei Gründe sprechen dagegen. Erstens ist es im Allgemeinen leichter, einen Arbeitsplatz zu verlassen als sein Land; die Kosten der Abwanderung sind geringer. Zweitens ist die Wahl des Orts, an dem wir arbeiten, in höherem Maße mit unserer Einwilligung verbunden als die Zugehörigkeit zu dem Land, in dem wir leben. Und schließlich ist Autorität und Kontrolle am Arbeitsplatz letzten Endes dann doch Gegenstand der politischen Herrschaft und wird somit »von einem Standpunkt der [demokratischen] Gleichheit aus kontrolliert«. Wie sehr sollen wir uns also davon beunruhigen lassen, dass »unsere Rechte als Beschäftigte nicht mit unseren Rechten als Bürger vergleichbar sind«? Kolodny riskiert es nicht, darauf eine Antwort zugeben, unterstreicht jedoch die Bedeutung dieser Fragen.

Als Letzter übt Tyler Cowen, ein Ökonom und Publizist, umfassende Kritik an Andersons Thesen zum Ausmaß der Beherrschung von Arbeitnehmern an den heutigen Arbeitsplätzen. Er bestreitet – aus theoretischen und aus empirischen Gründen – die Genauigkeit einer Beschreibung, die private Wirtschaftsunternehmen als »kommunistische Diktaturen in unserer Mitte« bezeichnet. Er zweifelt daran, dass die Kosten der Abwanderung für Arbeiter so hoch sind, wie Anderson behauptet, und er stellt in Frage, dass einzelne Firmen viel »monopsonistische« Macht über ihre Beschäftigten haben. Er vermutet ganz im Gegenteil, dass nicht die Unfreiheit der Arbeitnehmerinnen und Arbeitnehmer, sondern die Stagnation der Löhne das größere Problem sein könnte, weil so viele Beschäftigte an ihrem jeweiligen Arbeitsplatz festhalten – an ihren Kollegen und verschiedenen Vergünstigungen. Sogar Firmen mit der Macht eines Monopsons über die Arbeitnehmer stellen sich anscheinend oft auf die »Präferenzen« ein, die die Beschäftigten hinsichtlich der »Jobqualität« haben. Insbesondere die großen Unternehmen bezahlen den Arbeitern mehr als üblich und verhalten sich generell eher fürsorglich, was die Würde und Diversität ihrer Arbeiter betrifft: zum einen, um den guten Ruf der Firma zu wahren, zum anderen aber auch, um fähiges Personal anzuziehen und zu halten.

Cowen vermerkt außerdem, dass dann, wenn Unternehmen die Aktivitäten »außerhalb des Arbeitsplatzes« überwachen, sie dies meist deshalb tun, weil sie die Würde und »*die Freiheit der anderen Beschäftigten*« schützen wollen – zum Beispiel vor rassistischen oder sexistischen Posts auf Facebook. Tatsächlich profitierten Kollegen und Kunden ganz erheblich davon, wenn Kündigungen allein im Ermessen der Chefs liegen, und obgleich es zweifellos Fälle von Missbrauch gibt, zieht Cowen deren starke Verbreitung in Zweifel.

Cowen betont in seinem Fazit, dass jede Ausgestaltung der Leitung und Kontrolle von Beschäftigten praktische Kompromisse beinhaltet, und bedauert, dass Anderson diese in ihren Alternativvorschlägen zum gegenwärtigen Modell nicht ausreichend berücksichtigt hat. Er denkt, grob gesagt, Anderson übertreibe den derzeitigen Missbrauch managerialer Befugnisse am Arbeitsplatz und spiele das Ausmaß herunter, in dem die kapitalistischen Arbeitsplätze von heute »wichtige Quellen der menschlichen Würde und Erfüllung sind«.

Anderson liefert in ihrer weit ausgreifenden Replik einige Klarstellungen zu ihrer These und reagiert mit einer energischen Erwiderung auf ihre Kritiker.

In der Antwort auf Hughes und Bromwich bekräftigt sie, dass die Marktgesellschaft manchen Arbeitern schon vor der industriellen Revolution schadete. Ihr Hauptinteresse gilt allerdings der sich herausschälenden »Ideologie des freien Marktes«, die von den Levellers bis hin zu Lincoln entwickelt wurde. Sie bestreitet, dass jene frühen Denker des freien Marktes, darunter Adam Smith, so verstanden werden können, als wollten sie unsere kommerziell geprägte Gesellschaft rechtfertigen. Anderson besteht darauf, dass »die industrielle Revolution das *Modell*, für das die frühen Egalitaristen eintraten und das dafür stand, wie eine Marktgesellschaft *mit den geeigneten Reformen* die Arbeiter befreien könnte, entschieden untergrub«. Und sie stellt fest: »Während die frühen Denker kaum dafür verantwortlich zu machen sind, dass sie ihre Hoffnungen in ein Ideal setzten, das durch unvorhersehbare Veränderungen zerstört wurde, ist seinen heutigen Verkäufern durchaus anzulasten, dieses Ideal in einer Welt zu verbreiten, die nicht im entferntesten von ihm beschrieben wird – weder aktuell noch künftig.«

In der Antwort auf Kolodny gibt Anderson zu, dass die hierarchische Organisation am betrieblichen Arbeitsplatz unverzichtbar ist, besteht aber darauf, dass die Hierarchie nicht die Art von willkürlicher und rechenschaftsfreier Autorität rechtfertigt, über die Manager verfügen. Sich in wichtigen Aspekten seines Lebens autonom betätigen zu können, sagt Anderson, ist »ein elementares menschliches Bedürfnis«. Die Arbeitnehmerinnen und Arbeitnehmer sollten stärker mitbestimmen können, wie ihre Arbeitsplätze organisiert sind, selbst wenn »die vollständige Demokratisierung des Arbeitsplatzes« nicht machbar sei, so ihr Standpunkt.

In der Auseinandersetzung mit Cowen gesteht Anderson zu, dass »Kosten und Nutzen alternativer Verfassungen für den betrieblichen Arbeitsplatz« selbstverständlich gegeneinander abgewogen werden müssen, behauptet jedoch unbeirrt, dass der Verstoß gegen Arbeitnehmerfreiheiten viel weiter verbreitet ist, als Cowen dies zugibt. Speziell am unteren Ende der Arbeitsplatzhierarchie, unter den geringer qualifizierten Arbeitern, sind Verstöße gang und gäbe und umfassen Lohndiebstahl, willkürlich festgesetzte Arbeitszeiten und sexuelle Belästigung. Sie sind empirisch belegbar, auch wenn die »akademische Forschung zum Thema Arbeit als marginal eingestuft und daher unterfinanziert ist«. Das grundsätzliche Problem ist nach Anderson, dass *»das Maß an Respekt, Status und Autonomie«*, welches den Arbeitnehmern gewährt wird, *»ungefähr proportional zu ihrem Marktwert ist«*. Zum Schluss verteidigt sie gegen Cowen, dass die Abwanderungsrechte von Arbeitnehmern nicht ausreichen, um ihnen ihre elementare »Würde und Autonomie« zu sichern; sie benötigen auch »Mitsprache« oder »ein Stück weit Autonomie bei Entscheidungen, die ihren Arbeitsplatz betreffen«.

Dieser beeindruckende Band und die Erkenntnisse und Debatten, die hier versammelt sind, werfen ein neues Licht auf Macht und Gerechtigkeit am Arbeitsplatz – Fragen, die im Leben von fast allen Menschen von Bedeutung sind, aber viel zu selten untersucht werden.

Private Regierung

Vorwort

Beginnen wir mit ein paar Fakten dazu, wie die Arbeitgeber heute ihre Angestellten kontrollieren. Walmart verbietet seinen Beschäftigten, während der Arbeit flüchtige Bemerkungen auszutauschen, und nennt dies »Zeitdiebstahl«.[1] Apple inspiziert die persönlichen Gegenstände seiner Angestellten im Einzelhandel, die dadurch jeden Tag bis zu einer halben Stunde unbezahlter Zeit verlieren, während sie in der Schlange darauf warten, durchsucht zu werden.[2] Tyson hindert die Arbeiter in seinen Geflügelfabriken daran, die Toiletten aufzusuchen. Einige waren gezwungen, sich einzunässen, während sie von den Aufsehern verspottet wurden.[3] Etwa die Hälfte aller Beschäftigten in den USA sind von ihren Arbeitgebern schon einmal anlasslos auf Drogen getestet worden.[4] Millionen werden von ihren Arbeitgebern unter Druck gesetzt, bestimmte politische Anliegen oder Kandidaten zu unterstützen.[5]

Wenn uns die US-Regierung solche Vorschriften machen würde, hätten wir längst zu Recht dagegen protestiert, dass unsere verfassungsmäßigen Rechte verletzt werden. Doch amerikanische Arbeiterinnen haben keine derartigen Rechte gegenüber ihren Bossen. Schon wer sich bloß gegen solche Zwänge ausspricht, riskiert seine Entlassung. Deshalb schweigen die meisten Betroffenen.

Der öffentliche Diskurs in den USA schweigt sich ebenfalls weitgehend über die Vorschriften aus, die Arbeitgeber ihren Beschäftigten machen. Wir haben die

Sprache der Fairness und der Verteilungsgerechtigkeit, um über Niedriglöhne und unzureichende Sozialleistungen zu diskutieren. Wir verstehen es, über die Kampagne »Fight for $ 15« zu sprechen, gleichgültig auf welcher Seite wir bei dieser Frage stehen. Aber wenn es darum geht, auf welche Weise die Chefs das Leben ihrer Untergebenen beherrschen, fehlen uns die richtigen Worte.

Stattdessen reden wir so, als ob Arbeitnehmer von ihren Vorgesetzten *nicht* beherrscht werden. Man erzählt uns, dass uns unregulierte Märkte frei machen und dass allein der Staat unsere Freiheiten bedroht. Man erzählt uns, dass alle Transaktionen auf dem Markt freiwillig stattfinden. Man erzählt uns, dass alle Arbeitnehmer unter ihrem Arbeitsvertrag völlig frei sind, weil sie ihn freiwillig eingehen und aus freien Stücken wieder verlassen können – dass die Bosse nicht mehr Autorität über die Arbeiter haben als Kunden über ihren Gemüsehändler.

Aktivistinnen der Arbeiterbewegung argumentieren seit langem, dass dies falsch ist. Auf gewöhnlichen Märkten kann ein Verkäufer die angebotenen Produkte an einen Abnehmer verkaufen und sobald der Vorgang abgeschlossen ist, geht jeder für sich so frei seiner Wege wie zuvor. Arbeitsmärkte sind anders. Sobald Arbeitnehmer ihre Arbeit an einen Arbeitgeber verkaufen, händigen sie *sich selbst* dem Boss aus, dem es dann gestattet ist, sie herumzukommandieren. Anstatt den Verkäufer wieder frei davonziehen zu lassen, unterstellt der Arbeitsvertrag den Verkäufer der Arbeit der Autorität seines Chefs. Seit dem Niedergang der Arbeiterbewegung haben wir jedoch keine wirkungsvollen Formen mehr, über diesen Sachverhalt zu sprechen und somit auch darüber, welche Art von Autorität Vorgesetzte über ihre Untergebenen haben sollten und welche nicht.

Zwei Fragen möchte ich im Folgenden beantworten. Erstens: Warum reden wir so, als ob Arbeitnehmer bei der Arbeit frei sind und als ob die einzigen Gefahren für unsere individuelle Freiheit vom Staat ausgehen? Zweitens: Wie sähe ein Rahmen aus, in dem sich besser darüber reden ließe, wie die Arbeitgeber das Leben von Arbeitnehmern einschränken, so dass sich dann auch eine Diskussion darüber führen ließe, wie man Arbeitsplätze so gestalten kann, dass sie den Interessen der Arbeitnehmer mehr entgegenkommen?

Mein Schwerpunkt liegt in beiden Abhandlungen auf der *Ideologie*. Eine Ideologie ist ein abstraktes Modell, das man verwendet, um sich die soziale Welt vorzustellen und mit ihr beziehungsweise in ihr zurechtzukommen. Ideologien vereinfachen die Welt und übergehen dabei viele ihrer charakteristischen Eigenschaften. Eine Ideologie ist gut, wenn sie uns dabei hilft, uns in der Welt zurechtzufinden. Um uns zu helfen, muss sie die normativ bedeutsamen Eigenschaften der Welt und die wesentlichen kausalen Verknüpfungen zwischen diesen Eigenschaften identifizieren, so dass wir auf sie einwirken können, was uns Menschen letztlich befähigt, wirksame Mittel zur Umsetzung unserer Ziele zu finden. Ideologien helfen uns auch dabei, unseren laufenden Beurteilungen der Welt eine Richtung zu geben, indem sie hervorheben, was wir an dieser Welt bereits für gut oder schlecht halten. Schließlich sind sie auch ein Vehikel für unsere Hoffnungen und Träume. Ein Modell kann Probleme in unserer gegenwärtigen Welt aufdecken, kann aber auch die Ursachen solcher Probleme erkennbar machen, so dass wir eine bessere Welt schaffen könnten, wenn diese Ursachen beseitigt oder bekämpft würden. Mit anderen Worten: Ideologien haben die Funktion von *Idealen*, da sie uns die Welt nicht nur darstellen, wie sie ist, sondern auch, wie sie erfreulicherweise *sein könnte*, wenn bestimmte Maßnahmen ergriffen würden.

Bislang habe ich erklärt, was Ideologien im nicht pejorativen Sinne des Wortes sind. Wir können schwerlich ohne sie auskommen. Durch unsere persönliche Erfahrung haben wir nur mit einem kleinen Ausschnitt der Welt Kontakt. Um eine umfassendere Beurteilung und Planung zu ermöglichen, müssen wir Aspekte der Welt, die wir nicht unmittelbar erfahren, in irgendeiner Weise zur Darstellung bringen, repräsentieren. Und selbst den Teil, mit dem wir Erfahrungen gesammelt haben, filtern wir durch unsere Ideologien, um ein Gefühl dafür zu bekommen, was solche Erfahrungen bedeuten. Wir müssen vereinfachen, damit wir uns auf die wichtigen Dinge konzentrieren können.

Diese Tatsachen über unsere kognitiven Beschränkungen lassen die Gefahr aufkommen, dass unsere Modelle von der Welt im pejorativen Sinne des Wortes ideologisch sind. Dies kommt dann vor, wenn unsere Ideologien problematische Eigenschaften der Welt ausblenden oder diese Eigenschaften in ein irreführend positives Licht setzen, wenn ihnen die normativen Konzepte fehlen, die nötig sind, um das erkennbar zu machen, was an den Eigenschaften problematisch ist, oder sie den Raum der Möglichkeiten falsch darstellen, um bessere Optionen, die Mittel zu deren Realisierung oder deren Vorzüge im Dunkeln zu lassen. Natürlich kann kein Modell alle normativ relevanten Eigenschaften der Welt erfassen. Wenn es nur verhältnismäßig unbedeutende, zufällige und idiosynkratische Eigenschaften außer Acht lässt, sollten wir Nachsicht walten lassen. Wenn diese Eigenschaften aber strukturell so in die soziale Welt eingebettet sind, dass sie die Interessen bestimmbarer Gruppen auf ernste oder unberechtigte Weise systematisch untergraben, müssen wir unser Modell überarbeiten, um solche Eigenschaften zu berücksichtigen, und müssen herausfinden, mit welchen Mitteln sie sich ändern lassen. Das ist dann umso schwieriger, wenn den Interessen derer, die den öffentlichen Diskurs dominieren, mit der herrschenden Ideologie bereits gut gedient ist.

In Kapitel 1 beantworte ich meine erste Frage – warum wir so reden, als ob Arbeiter bei der Arbeit frei seien –, indem ich mich in die Geschichte der Ideologie des freien Marktes vertiefe. Ich argumentiere, dass viele den Markt befürwortende Denker ursprünglich für die Freiheitsinteressen der Arbeiter empfänglich waren. Sie hatten Gründe zu glauben, dass freie Märkte den Arbeitern helfen würden, insofern sie diese aus ihrer Unterordnung unter die Arbeitgeber und andere mächtige Organisationen befreien würden. Sie setzten ihre Hoffnungen in ein Modell, mit dem die Vorhersage verbunden war, dass die Freigabe der Märkte insgesamt die Arbeitsmärkte zu unbedeutenden Erscheinungen einer Welt machen würde, in der die meisten Erwachsenen – jedenfalls so sie männlich waren – wirtschaftlich selbständig wären. Die industrielle Revolution zerstörte diese Hoffnungen, nicht jedoch die Idee der Marktgesellschaft, auf der diese Hoffnungen ruhten. Das Ergebnis ist, dass wir bis heute mit einem Modell unserer Welt arbeiten, das die Beziehung zwischen Arbeitgebern und Arbeitnehmern, in der sich das Arbeitsleben der meisten von uns abspielt, ausspart.

In Kapitel 2 korrigiere ich dieses Defizit, indem ich einen Weg aufzeige, wie wir verstehen und erörtern können, von welcher Art genau diese Beziehung ist: Es ist eine Form von *Regierung*, in der die Chefs die Arbeiter regieren. Die meisten Regierungen der Betriebe in den Vereinigten Staaten sind Diktaturen, in denen Bosse auf eine Art und Weise regieren, die den Regierten im Großen und Ganzen keine Rechenschaft schuldet. Sie regieren die Arbeitnehmer nicht bloß, sie *beherrschen* sie. Dies beschreibt, was ich *private Regierung* nenne. Ich schlage dieses Modell als ein kritisches Werkzeug vor, mit dessen Hilfe wir uns besser auf solche wichtigen und problematischen Eigenschaften unserer Welt konzentrieren können, die sich auf die vitalen Interessen der Arbeitnehmerinnen auswirken und von der herrschenden Ideologie übergangen werden. Ich lege keine Blaupause für eine bessere Verfassung der Regierung am Arbeitsplatz vor. Vielmehr schlage ich einen Rahmen für das Reden über den Arbeitsplatz vor, in dem wir artikulieren können, wie die Arbeitnehmerinteressen von der Macht beeinträchtigt werden, die Arbeitgeber über die Beschäftigten ausüben, und wie alternative Verfassungen für die Regierung am Arbeitsplatz angelegt sein könnten, um den Interessen der Beschäftigten aufgeschlossener und ihrer Würde und Autonomie respektvoller zu begegnen.

Ich möchte der Princeton University für die Einladung danken, die Tanner Lectures on Human Values für das Jahr 2015 zu halten, und der Tanner Lectures Gesellschaft für die Unterstützung meiner Arbeit. Don Herzog las die erste Fassung meiner Vorlesungen und lieferte sehr hilfreiche Kommentare dazu, die es mir ermöglichten, den Texten für den Vortrag den letzten Schliff zu geben. Meine Kommentatoren David Bromwich, Tyler Cowen, Ann Hughes und Niko Kolodny sowie zwei anonyme Prüfer für die Princeton University Press steuerten ausgezeichnete Überlegungen bei, mit deren Hilfe ich meine Ideen schärfen konnte und sie für eine breite Leserschaft klarer ausarbeiten konnte. Alex Gourevitch, Stephen Macedo und mein Lektor Rob Tempio gaben ebenfalls hilfreiche Anregungen. Dafür, dass sie alle so wunderbare Gesprächspartner waren, gilt ihnen mein Dank.

1
Als der Markt noch »links« war

Zwei Bilder der Marktgesellschaft

Das Ideal einer freien Marktgesellschaft war früher einmal ein Anliegen der Linken. Wenn ich von »der Linken« spreche, beziehe ich mich dabei auf egalitäre Denker und auf Parteigänger egalitärer sozialer Bewegungen, angefangen bei den Levellers in der Mitte des 17. Jahrhunderts über die Aufklärung, die Amerikanische und die Französische Revolution bis hin zu den vormarxistischen Radikalen des späten 18. und frühen 19. Jahrhunderts. In den Vereinigten Staaten blieb die Assoziation von Marktgesellschaft mit Egalitarismus auch den Bürgerkrieg hindurch erhalten.[1] Wir müssen ein Verständnis dafür wiedererlangen, warum dies so war, um ermessen zu können, wie wichtig es ist, Ideale in ihrem sozialen Zusammenhang zu beurteilen, und um die Probleme mit den gegenwärtigen Denkweisen im Hinblick auf Ideale der Gleichheit und Freiheit besser zu begreifen.

Betrachten wir zunächst zwei der berühmtesten Passagen, die jemals über die Marktgesellschaft geschrieben wurden. Die erste aus einem Text von Adam Smith skizziert ein Bild der Marktgesellschaft als eine freie Gesellschaft von Gleichen:

> Wenn ein Tier von einem Menschen oder einem anderen Tier etwas zu erlangen wünscht, hat es keine andere Möglichkeit, sie dazu zu bewegen, als die Gunst desje-

nigen zu gewinnen, dessen Dienste es benötigt. Ein [...] Spaniel trachtet auf tausenderlei Weise, die Aufmerksamkeit seines Herrn, der bei Tische sitzt, zu erwecken, wenn er von ihm gefüttert werden will. Der Mensch bedient sich im Umgang mit seinen Mitmenschen zuweilen derselben Künste; und [...] so trachtet er, sie sich durch allerlei liebedienernde und schmeichlerische Aufmerksamkeit gewogen zu machen. [...] Der Mensch hingegen braucht so gut wie unausgesetzt die Hilfe seiner Mitmenschen, und diese würde er vergeblich nur von deren Wohlwollen erwarten. Er wird eher Erfolg haben, wenn er ihre Eigenliebe zu seinen Gunsten wecken und ihnen zeigen kann, daß es zu ihrem eigenen Vorteil ist, das zu tun, was er von ihnen haben will. Wer immer einem anderen einen Handel irgendeiner Art vorschlägt, verfährt auf diese Weise. Gib mir, was ich will, und du wirst das bekommen, was du willst, ist der Sinn eines jeden solchen Vorschlages; [...] Nicht vom Wohlwollen des Metzgers, Brauers oder Bäckers erwarten wir unsere Mahlzeit, sondern von deren Bedachtnahme auf ihr eigenes Interesse. Wir wenden uns nicht an ihre Menschenliebe, sondern an ihre Eigenliebe [...] Nur ein Bettler zieht es vor, hauptsächlich vom Wohlwollen seiner Mitbürger abzuhängen.[2]

Die zweite Textpassage stammt von Karl Marx. Er gestaltet das Bild des Marktes bei Smith zu einem reinen Portal um, das in die Beziehungen von Beherrschung und Unterordnung führt:

Die Sphäre [...] innerhalb deren Schranken Kauf und Verkauf der Arbeitskraft sich bewegt, war in der Tat ein wahres Eden der angebornen Menschenrechte. Was allein hier herrscht, ist Freiheit, Gleichheit, Eigentum und Bentham. Freiheit! Denn Käufer und Verkäufer einer Ware, z.B. der Arbeitskraft, sind nur durch ihren freien Willen bestimmt. Sie kontrahieren als freie, rechtlich ebenbürtige Personen. Der Kontrakt ist das Endresultat, worin sich ihre Willen einen gemeinsamen Rechtsausdruck geben. Gleichheit! Denn sie beziehen sich nur als Warenbesitzer aufeinander und tauschen Äquivalent für Äquivalent. Eigentum! Denn jeder verfügt nur über das Seine. Bentham! Denn jedem von den beiden ist es nur um sich zu tun. [...]

Beim Scheiden von dieser Sphäre der einfachen Zirkulation oder des Warenaustausches, woraus der Freihändler vulgaris Anschauungen, Begriffe und Maßstab für sein Urteil über die Gesellschaft des Kapitals und der Lohnarbeit entlehnt, verwandelt sich, so scheint es, schon in etwas die Physiognomie unsrer dramatis personae. Der ehemalige Geldbesitzer schreitet voran als Kapitalist, der Arbeitskraftbesitzer folgt ihm nach als sein Arbeiter; der eine bedeutungsvoll schmunzelnd und geschäftseifrig, der andre scheu, widerstrebsam, wie jemand, der seine eigne Haut zu Markt getragen und nun nichts andres zu erwarten hat als die – Gerberei.[3]

Diese zwei Textstellen stehen für einen dramatischen Wandel in der egalitären Einschätzung der Marktgesellschaft, der zwischen dem 18. und 19. Jahrhundert stattfand. Mit dem Ausdruck *egalitär* beziehe ich mich auf ein Ideal in den Sozialbeziehungen. Egalitarist zu sein bedeutet, eine Gesellschaft gutzuheißen und zu fördern, deren Mitglieder als Gleiche miteinander umgehen. Kontrastiert mit der sozialen Hierarchie, dem Gegenstand der egalitären Kritik, nimmt diese vage Idee Form an. Stellen wir uns einmal drei Typen oder Dimensionen sozialer Hierarchie vor: die Dimension der Autorität, des Ansehens und des Status. In einer Hierarchie der Autorität steht es Inhabern höherer Ränge frei, Untergeordnete herumzukommandieren. Sie üben willkürliche und rechenschaftsfreie Macht über ihre Untergebenen aus. In einer Hierarchie des Ansehens verachten Inhaber höherer Ränge diejenigen niedrigerer Ränge und pressen ihnen Zeichen respektvoller Ehrerbietung ab, wie beispielsweise Verbeugung, Katzbuckeln und andere Rituale der Selbsterniedrigung, die von Untergebenen in Anerkennung der Überlegenheit des anderen gezeigt werden. In einer Statushierarchie *zählen* die Interessen derer mit höherem Rang aus der Sicht anderer durchaus, während die Interessen der Rangniederen nicht zählen: andere können sie nach Belieben vernachlässigen und sie in Extremfällen straflos mit Füßen treten. Normalerweise sind diese drei Hierarchien miteinander verknüpft.

Smith schildert die Marktbeziehungen als egalitär: Die an einem Handel beteiligten Parteien interagieren unter den Gesichtspunkten gleicher Autorität, gleichen Ansehens und gleichen Status. Er verdeutlicht einen solchen egalitären Gehalt, indem er dem Markthandel das Betteln gegenüberstellt, eine Art von Gabentausch, bei dem die unterlegene Partei als Gegengabe für das von ihr Gewünschte die asymmetrische Achtung im Ausdrucksverhalten zu erkennen gibt – »liebedienernde und schmeichlerische Aufmerksamkeit«. Die Zuhilfenahme der liebedienerischen Schmeichelei legt nahe, dass die so geäußerten Interessen in den Augen des anderen praktisch keinen Stellenwert haben. Der mögliche Wohltäter könnte einen Bettler verjagen, so wie der Herr seinen Spaniel vom Esstisch verscheuchen kann. Für den Bettler ist ein solcher Handlungsvorgang erniedrigend und kann seine Unterwerfung unter die Autorität des anderen beinhalten: Unterwürfigkeit ist die Verhaltensweise von Dienern gegenüber ihren Herren. Hinter jedem Gabentausch, der angeblich eine altruistische Angelegenheit ist, lauert Abhängigkeit, Verachtung und Unterordnung.[4] Beim Markthandel mit dem Metzger, dem Brauer und dem Bäcker dagegen besitzen die Interessen eines jeden Beteiligten aus der Sicht des anderen einen eigenen Stellenwert. Jede Partei drückt ihre Anerkennung aus, indem sie an die Interessen der anderen Seite als Grund für sie appelliert, den Handel anzunehmen. Der Käufer ist kein Untergebener, der um einen Gefallen bettelt. Der Käufer ist allerdings ebenso wenig ein Höhergestellter, der berechtigt ist, dem Metzger, dem Brauer oder dem Bäcker einfach zu befehlen, die Früchte seiner Arbeit auszuhändigen. Käufer müssen die Interessen des *anderen* ansprechen. *Die Parteien führen den Handel unter Wahrung ihrer Würde, ihres Status und ihrer persönlichen Unabhängigkeit durch, die vom jeweils anderen bejaht werden.* Es handelt sich hierbei um ein Modell der Sozialbeziehungen zwischen freien und gleichen Personen.

Marx indes schildert diese unbeschwerte egalitäre Geschichte über den Markthandel als eine äußerst oberflächliche Betrachtung. Der Markt ist eine »geräuschvolle, auf der Oberfläche hausende und aller Augen zugängliche Sphäre«.[5] Wenn das der Garten Eden ist, dann jedenfalls kurz vor dem Sündenfall. Das eigentlich wichtige Geschehen findet statt, sobald der Vertrag unterzeichnet ist und es darangeht, ihn zu erfüllen. Der Arbeiter wird nun aus dem Garten Eden vertrieben und in die Sphäre der Produktion gestoßen. Sein Arbeitgeber verdammt ihn wie Gott dazu, sich im Schweiße seines Angesichts zu plagen. Nun ist klar, wo die beteiligten Parteien in der Ordnung des Ansehens ihren Platz haben: Der Kapitalist trägt eine »bedeutungsvolle« Miene zur Schau, sein Angestellter ist scheu und duckt sich vor ihm. Auch in der Ordnung der Autorität belegen sie ungleiche Plätze: Der Kapitalist schreitet voran, der Angestellte ist verpflichtet, ihm zu folgen, ganz gleich wohin sein Arbeitgeber ihn führt. Und in der Statusordnung sind sie ebenfalls ungleich platziert: Während der Kapitalist freudestrahlend dem Profit aus dem Verhältnis entgegensieht, ist es der Arbeiter, der »nichts andres zu erwarten hat als die – Gerberei«. Die Erfüllung des Vertrags beinhaltet eine ausgeprägte Asymmetrie dahingehend, wessen Interessen *zählen*: Fortan wird der Arbeiter unter Bedingungen schuften müssen, die auf seine Interessen keine Rücksicht nehmen und unter denen alle Rücksicht einzig dem Profit des Kapitalisten gilt.

Was geschah in der Zeit zwischen Smith und Marx, dass sich die egalitäre Einschätzung der Marktgesellschaft umkehren sollte? Es ist nicht die Neubewertung des Eigeninteresses als ein Motiv für den Umgang mit anderen, wie manche vermutet haben. Smith *bestreitet* die These von Marx, dass es bei Marktvorgängen »jedem nur um sich zu tun« ist. Nach seiner Darstellung verlangt ein erfolgreicher Handel von jedem, zu überlegen, wie man *dem anderen* einen Vorteil verschaffen könnte. Ohne teilnehmendes Verständnis dafür, was für den anderen interessant daran sein könnte, mit einem ins Geschäft zu kommen, und ohne Anerkennung des unabhängigen Status des anderen als jemand, dessen Eigentumsrechte geachtet werden müssen, wird kein Geschäftsabschluss zustande kommen.[6] Smith verurteilte den Eigennutz als Grundlage für den Umgang mit anderen kein bisschen weniger als Marx.[7]

Was in der Zwischenzeit zu Buche schlug, war, wie ich argumentieren werde, die industrielle Revolution. Smith schrieb an der Schwelle zur industriellen Revolution, geraume Zeit bevor deren Auswirkungen für die Produktionsverhältnisse vollständig absehbar waren. Marx hingegen schrieb, als diese Umwälzung schon voll im Gange war, die Arbeiterschaft ihre fürchterlichsten Kosten tragen musste und von ihrem Nutzen herzlich wenig mitbekam. Die industrielle Revolution war für Egalitaristen ein verheerendes Ereignis, ein grundsätzlicher Wendepunkt im egalitären sozialen Denken.[8] Sie erschütterte ihr Modell, wie eine freie Gesellschaft von Gleichen durch die Marktgesellschaft aufgebaut werden könnte. Die Geschichte des Egalitarismus im 19. Jahrhundert ist eine Geschichte außergewöhnlicher Neuerungen und des Experimentierens mit alternativen Modellen, von denen einige die Marktgesellschaft pauschal verwarfen, während andere lediglich unterschiedliche Änderungen und Ergänzungen anstrebten. Die meisten dieser Experimente – utopischer Sozialismus, Anarchismus, Syndikalismus, Georgismus, Kommunismus, demokratischer Staatssozialismus, innerbetriebliche Demokratie, um nur ein paar zu nennen – scheiterten entweder, bekamen nie die Chance eines echten Tests oder schafften es nicht, eine gewisse Größenordnung zu erreichen. Die sichtbarsten Erfolge – vor allem die Sozialdemokratie und die Gewerkschaften – sind zwar noch existent, befinden sich aber im Niedergang oder stehen in unserer postindustriellen, globalisierten Ökonomie unter Druck.

Der öffentliche Diskurs ist intellektuell zu dürftig ausgestattet, um mit diesen Herausforderungen fertig zu werden. Der Kalte Krieg löste in der Frage, um was es in den Kämpfen des 19. Jahrhunderts gegangen war, so etwas wie eine Amnesie aus und zeichnete besonders in den Vereinigten Staaten ein vollkommen unterkomplexes Bild der Alternativen. Vorstellungen von einer freien Marktgesellschaft, die vor der industriellen Revolution Sinn ergaben, kursieren heute noch als Ideale, obgleich sie für das krasse Missverhältnis zwischen den sozialen Hintergrundannahmen, die im 17. und 18. Jahrhundert verbreitet waren, und den heutigen institutionellen Realitäten blind sind. Man erzählt uns, dass wir die Wahl haben zwischen freien Märkten und staatlicher Kontrolle, während die meisten Erwachsenen ihr Arbeitsleben gänzlich unter etwas Drittem verbringen: der *privaten Regierung*.

Meine Absicht ist, eine klarere Auffassung davon zu gewinnen, was dieses Dritte ist, welche Herausforderungen es an das Ideal einer freien Gesellschaft von Gleichen stellt und wie es reformiert werden könnte, damit sich dieses Ideal unter den heutigen Bedingungen verwirklichen ließe. Um Klarheit zu erlangen, müssen wir den intellektuellen Kontext des egalitären Denkens vor der industriellen Revolution, als der Markt noch »links« war, wieder zugänglich machen.

Egalitarismus vor der industriellen Revolution: Herrenlose, Levellers und Locke

Die Levellers setzten eine der ersten egalitären sozialen Bewegungen der modernen Welt in Gang. Sie kamen im englischen Bürgerkrieg auf und waren in Cromwells New Model Army stark vertreten, sind aber im Wesentlichen wegen ihrer Forderungen nach einer Verfassungsreform in Erinnerung, die ein nahezu allgemeines Wahlrecht für Männer einschloss, dazu die parlamentarische Vertretung von Bezirken im Verhältnis zur Bevölkerungsstärke, die Abschaffung des House of Lords und der Privilegien von Lords sowie religiöse Toleranz.[9] Ungeachtet ihres Namens, den ihnen Cromwell gegeben hatte, weil er befürchtete, dass mit der Demokratisierung eine massenhafte Umverteilung des Besitzes drohte, waren die Levellers zudem verlässliche Verteidiger des Rechts auf Privateigentum und des Freihandels. Captain John Clarke bekräftigte in den Putney-Debatten, dass das Naturrecht ein Recht auf Eigentum begründe.[10] Das von John Lilburne, William Walwyn, Thomas Prince und Richard Overton verkündete »Third Agreement of the People« sprach dem Staat die Macht ab, »den Stand der Menschen gleichzumachen, den Anstand zu zerstören oder alle Dinge zu Gemeinbesitz zu machen«; die Freiheit des Außenhandels einzuschränken; jemanden vom Zahlen seiner Schulden auszunehmen; oder dauerhafte Zölle oder Verbrauchssteuern auf Waren zu erheben, da diese »für den Handel äußerst belastend und hinderlich« seien.[11] Lilburne griff die staatlich garantierten Monopole für das Druckergewerbe, das Predigen und den Außenhandel an, die genauso wie die erst kurz zuvor untersagten Monopole auf Seife, Salz, Leder und andere Waren gegen »das Gewohnheitsrecht aller freien Männer Englands« verstießen.[12] Er schloss sich aus voller Überzeugung der Petition von William Sykes und Thomas Johnson an, die sich in »Londons Liberty in Chains Discovered« gegen die Lizenzmonopole der Eastland Merchants, der Merchant Adventurers und anderer Kartelle richtete.[13] Walwyn unterbreitete Whitehall eine systematische Argumentation für den Freihandel.[14]

Was versprach sich diese egalitäre Bewegung davon, das Privateigentum und den Freihandel zu fördern, eingedenk der Tendenzen der Marktgesellschaft, Einkommens- und Vermögensungleichheit zu erzeugen? Um das zu verstehen, müssen wir über eine enge Interpretation des Egalitarismus unter dem Gesichtspunkt derzeit gängiger Ideen zur Verteilungsgerechtigkeit hinausgehen.[15] Beim Egalitarismus geht es grundsätzlicher betrachtet um den Abbau oder die Abschleifung sozialer Hierarchie. Die Unterstützung der Levellers für den Freihandel bildete einen wesentlichen Teil eines größeren Programms zur Befreiung der Individuen aus ineinandergreifenden Hierarchien der Beherrschung und Unterordnung. Sie erblickten in freien Märkten einige wichtige institutionelle Komponenten einer freien Gesellschaft von Gleichen, da von freien Märkten eine Vervielfachung der Chancen für Individuen ausging, ein Leben zu führen, das durch persönliche Unabhängigkeit von der Herrschaft anderer charakterisiert war.

Um dies zu verstehen, müssen wir die Gesellschaftsordnung berücksichtigen, gegen die die Levellers rebellierten. Das frühneuzeitliche England war durch allgegenwärtige Hierarchien der Beherrschung und Unterordnung charakterisiert. Außer dem König hatten fast alle Menschen hierarchisch Übergeordnete, die eine nahezu rechenschaftsfreie, im Ermessen liegende Autorität beanspruchten, ihr Leben zu regieren. Die Lords regierten ihre Pächter und Gefolgsleute, Herren ihre Dienstboten, Bischöfe ihre Priester, die Priester ihre Gemeindemitglieder, Kapitäne ihre Matrosen, Gilden ihre Mitglieder, männliche Haushaltsvorstände ihre Frauen, Kinder, Mägde und Knechte.

Regierung gab es überall, nicht bloß in der Hand von Organisationen, die wir heute mit dem modernen Staat gleichsetzen. Die anglikanische Kirche betrieb ihr eigenes System aus Gerichten, Zensur und Besteuerung. Die Kirchengerichte exkommunizierten regelmäßig Gemeindemitglieder wegen Verletzung der Kirchenvorschriften oder verhängten Geldstrafen, selbst wenn dieses Verhalten gesetzeskonform war. Die Kirche zensierte Schriften, die sie für häretisch oder blasphemisch erachtete. Sie zog von den Gemeindemitgliedern ohne Rücksicht auf deren religiöse Überzeugungen den Zehnten ein.[16] Die Exkommunikation hatte Konsequenzen, die über den Ausschluss aus der Kirche hinausgingen: Gemäß dem Test Act waren nur solche Personen für ein öffentliches Amt geeignet, welche die anglikanische Kommunion empfingen. Auch die Gilden betrieben ihr eigenes Gerichtssystem, in dessen Namen sie Mitglieder anklagten, mit Bußgeldern belegten oder ins Gefängnis sperrten, wenn diese gegen die minutiösen Vorschriften der Gilde verstoßen hatten (oder sich auch nur weigerten, einen assertorischen Eid zu leisten, dass sie die Vorschriften eingehalten hatten). In den Gildeordnungen waren solche Dinge wie die Preise und Mengen der zum Verkauf angebotenen Waren sowie die Orte und Tage, an denen der Handel erlaubt war, geregelt.[17] Unter dem Common Law der Coverture wurde die juristische Person einer Ehefrau der ihres Ehemannes unterstellt: Sie konnte kein Eigentum besitzen, Verträge abschließen, in ihrem eigenen Namen vor Gericht klagen oder verklagt werden. Ihr Ehemann hatte gesetzlichen Anspruch auf ihren gesamten Lohn, konnte ihr den Aufenthalt vorschreiben und bei Ungehorsam ein Züchtigungsrecht ausüben. Eine Ehescheidung war sehr schwer zu erreichen.[18] Die Frauen hatten oft mehr Spielraum erworben, als ihnen das Recht nominell zuerkannte – hauptsächlich durch Anfechtung der Autorität ihres Ehemanns und die Berufung auf Gepflogenheiten, seltener durch vorehelich getroffene Vereinbarungen und die Heranziehung vereinzelter Gesetze und Zuständigkeiten, welche die Coverture begrenzten. Dennoch war die Redeweise, dass die Ehemänner ihre Frauen regieren, keine bloß metaphorische.[19] Zu einer Zeit, als die Produktion noch nicht vom Haushalt getrennt war, lebten die Bediensteten – das heißt alle unter Vertrag genommenen Beschäftigten – als untergeordnete Mitglieder einer patriarchalen Großfamilie unter der Regierung ihrer Arbeitgeber.[20] Lehrlinge waren verpflichtet, ihren Dienst ohne Lohn abzuleisten. Unter dem Common Law von Herr und Knecht hatten regulär Beschäftigte ein ganzes Jahr von Sonnenaufgang bis Sonnenuntergang zu arbeiten, bevor sie das Anrecht auf Entlohnung erwarben. Den Herren (Arbeitgebern) stand es frei, jede Summe der Bezahlung ohne anteilsmäßige Aufteilung vorzuenthalten, sobald ein Bediensteter auch nur einen einzigen Tag bei der Arbeit fehlte oder wenn sie irgendeine Arbeitsleistung des Bediensteten für unzureichend hielten. Sie durften sämtliche Entlohnungen ihrer Bediensteten aus Schwarzarbeit einstreichen. Gesetze gegen die Abwerbung verboten konkurrierenden Arbeitgebern, Bediensteten, die bei einem anderen Herrn unter Vertrag waren, einen Arbeitsvertrag anzubieten.[21] Obwohl auch hier Gepflogenheiten und die Marktbedingungen den Bediensteten oftmals mehr Spielraum ermöglichten, als es das Recht vorsah, könnte man sie nach heutigen Maßstäben nicht als frei betrachten.

Verschiedene Ideologien sorgten für eine Rationalisierung dieser Hierarchien.[22] Eine davon war die große Kette der Wesen. Alle Geschöpfe seien in einer großen autoritären Kette der Wesen, die bis zu Gott hinaufreicht, miteinander verknüpft, hieß es, wobei jedes Wesen durch Geburt an sein besonderes Glied in der Kette oder seinen sozialen Rang gebunden sei. Jedermann habe auf seinem Platz einige Geschöpfe über sich und einige unter sich; sogar der König und der Papst müssten sich Gott gegenüber verantworten; selbst die geringsten Menschen hätten Herrschaft über die Tiere. Das Aufbrechen der Rangordnung würde die Kette zerstören, und eine katastrophale Unordnung würde über die Welt hereinbrechen, wodurch alle aus ihrer Verbindung zu Gott herausgelöst würden.[23] Eine andere Ideologie war die patriarchalische Ordnung. Der König als Landesvater stand im selben Verhältnis zu seinen Untertanen wie der Vater zu allen Mitgliedern seiner Großfamilie – zu seiner Frau und den Kindern, zu den Bediensteten und den Sklaven. So wie der Vater unbeschränkte Herrschaft über die ihm unterstellten Mitglieder seines Haushalts genoss und dessen gesamtes Eigentum besaß, so genoss auch der König absolute Autorität über alle seine Untertanen und besaß das gesamte Land seines Reichs.[24] Eine dritte Ideologie speiste sich aus der Lehre von der Erbsünde. Ein der Menschheit innewohnender Hang zur Sünde rechtfertigte den umfassenden äußeren Zwang. Jeder Sünder – jede Person – brauchte jemanden mit Autorität über sich, um auf dem rechten Weg zu bleiben.[25] Die Erbsünde rationalisierte die absolute Autorität über andere und war die traditionelle Rechtfertigung für die Sklaverei.[26]

Im England des 16. Jahrhunderts kam es zu wirtschaftlichen und religiösen Veränderungen, die allmählich verschiedene Individuen aus den traditionellen Autoritätsrastern freisetzten und auf diese Weise Gruppen »herrenloser Menschen« schufen – Menschen, die keinem bestimmtem Individuum zugeordnet waren, dem sie Gehorsam schuldeten.[27] Die am wenigsten Begünstigten waren diejenigen, die durch Entwicklungen in der Landwirtschaft verdrängt wurden, durch Einfriedungen des Landes oder die Trockenlegung der Moore beispielsweise. Einige gingen nach London, wo sie Beschäftigung als Gelegenheitsarbeiter suchten. Einige wurden umherziehende Schausteller, fliegende Händler oder Flickschuster. Manche harrten weiter in ländlichen Gegenden aus, indem sie als Kötter und illegale Siedler in Heideland, Einöden und Wäldern lebten, ein paar Nutztiere hielten, Strickarbeiten annahmen und sich als Tagelöhner verdingten. Andere wurden zu Vagabunden oder Bettlern. Viele dieser Individuen lebten außerhalb eines Pfarreibezirks oder waren auf andere Weise ohne Kirchenbindung. Die Begünstigten unter den herrenlosen Menschen waren diejenigen, die in einem eingeführten Gewerbe selbständig beschäftigt waren – Kleinbauern und dauerhafte Pächter, Ladenbesitzer, Kunsthandwerker und Drucker.

Das Aufkommen von herrenlosen Menschen untergrub die Argumentation für Autorität, die auf der großen Kette der Wesen aufbaute.[28] Diese Argumentation konnte zwar erklären, warum Menschen, die fest in eine untergeordnete Stellung eingefügt sind, denjenigen gehorchen sollten, die sie bereits herumkommandierten. Aber sie war nicht in der Lage anzugeben, welche Menschen diejenigen befehligen sollten, die aus der Kette der Autorität herausgelöst waren. Viele der herrenlosen Menschen waren auch nicht übermäßig daran interessiert, irgendwelche Herren zu finden. Sie verdienten ihren Lebensunterhalt auf eigene Faust.

Als in der Mitte des 17. Jahrhunderts der Bürgerkrieg ausbrach, bildeten herrenlose Männer den Kern von Cromwells New Model Army, die ihre Offiziere nicht nach Herkunft, sondern nach Befähigung auswählte und offene Diskussionen unter den einfachen Soldaten praktizierte. Viele Männer und Offiziere waren Levellers. Obwohl die Levellers im Wesentlichen wegen ihrer Forderungen im Gedächtnis geblieben sind, die Autorität von Königen, Lords und Parlament verfassungsmäßig zu begrenzen und den Staat dem Volk gegenüber rechenschaftspflichtig zu machen, stellte ihr Egalitarismus auch andere soziale Hierarchien in Frage: Die Autorität der Kirche von England und allgemeiner der Priester über die Gemeindemitglieder, der Männer über die Frauen, der Gilden und Handelsmonopole über die Handwerker.

Die Levellers entstanden in einer Zeit religiöser Gärung in der Gesellschaft, deren Saat von der Reformation gelegt worden war. Martin Luthers Lehre von der Priesterschaft aller Gläubigen wurde von den unterschiedlichen protestantischen Sekten buchstäblicher genommen, als er es beabsichtigt hatte. Mit der Verbreitung des Buchdrucks und der fortschreitenden Alphabetisierung konnten die Laien anfangen, in theologischen Angelegenheiten eigenständig zu lesen und zu denken. Wenn aber die Gläubigen eine unvermittelte Verbindung zu Gott unterhalten konnten, ohne dazwischentretende Glieder in der großen Kette der Wesen, warum sollten sie dann Bischöfen oder auch nur Priestern Autorität zugestehen? Beim zentralen religiösen Konflikt des englischen Bürgerkriegs ging es um die Kirchenleitung: Die Puritaner wollten die anglikanischen Bischöfe stürzen und das presbyterianische System der Leitung durch Gemeindeälteste überall einführen. In dieser Phase entstanden noch radikalere demokratische Sekten wie die Baptisten, Quäker, Ranter und Fifth Monarchy Men, bei denen Laienprediger eine Rolle spielten. Führende Köpfe der Levellers stammten aus diesen im Dissens entstandenen Sekten. Sie forderten religiöse Toleranz, die Abschaffung des Zehnten, der Kirchengerichte und der kirchlichen Zensur. Der Millenarismus – die Lehre von der bevorstehenden Rückkehr Christi, um sein Reich auf Erden zu errichten – war unter den Sekten eine übliche Vorstellung. Christi Wiederkunft beinhaltete seine Erlösung der Menschen von ihren Sünden und folglich den Untergang der Lehre von der Erbsünde, die eine Stütze des Autoritarismus war. Die Individuen würden dadurch ihren natürlichen Zustand von Freiheit und Gleichheit (vor dem Sündenfall) zurückerlangen.[29]

Einige der Dissenter-Sekten zogen aus ihren Theologien feministische Schlüsse: »Die Seele kennt keinen Geschlechterunterschied.«[30] Frauen beteiligten sich nun an der Kirchenleitung und manche von ihnen wurden bekannte Predigerinnen. Die Ehescheidung wurde liberalisiert, wobei Männer und Frauen die gleichen Rechte hatten, sich von ihrem Ehegatten scheiden zu lassen. Das Ehegelöbnis der Quäker verzichtete auf den Passus zur Gehorsamspflicht der Ehefrau gegenüber ihrem Mann. Margaret Fell, die Frau des Quäker-Gründers George Fox traf eine voreheliche Vereinbarung, nach der Fox die Verfügung über ihren Besitz versagt blieb.[31] Der Leveller John Lilburne vertrat nachdrücklich, dass Adam und Eva und daher alle ihre Nachkommen »von Natur aus an Macht, Würde, Autorität und Majestät gleich und ebenbürtig waren, keiner von ihnen besaß von Natur aus Autorität, Herrschaft oder gebieterische Macht über den anderen«. Er stellte die autoritäre Lehre von der Erbsünde auf den Kopf, indem er behauptete, Adams Sünde und die aller anderen Männer, die genauso handelten, bestünde in dem arroganten Versuch, über alle anderen ohne deren Zustimmung zu herrschen.[32] Da Adam am Anfang niemanden außer Eva beherrschen konnte, ist die feministische Implikation von Lilburnes Auffassung offensichtlich. Frauen wie Elizabeth Lilburne und Katherine Chidley waren selbst in der Bewegung der Levellers aktiv. Die »Petition of Women«, von der man annimmt, dass sie von Chidley verfasst wurde, bestand auf dem gleichen Recht der Frauen, im Parlament Anträge einzubringen, und beanspruchte für Frauen »ein Interesse an Christus, das dem der Männer gleichkommt, ebenso wie einen verhältnismäßigen Anteil an den Freiheiten dieses Staates«.[33] Die Fifth Monarchy Men traten sogar für das Frauenwahlrecht ein.[34]

Im Kontext der patriarchalistischen Rechtfertigungen der Staatsmacht dienten solche feministischen Ideen auch dazu, die Monarchie zu untergraben. Wenn Ehemänner keine absolute Macht über ihre Frauen besaßen, dann konnte der Anspruch des Königs, seine Untertanen so zu regieren, wie der männliche Haushaltsvorstand seine Familie, nicht nur den Absolutismus nicht mehr rechtfertigen, sondern auch kaum noch irgendeine Form von Autorität in welchem Umfang auch immer. Wenn Frauen unabhängig von ihren Ehemännern einen beurkundeten Besitz haben konnten, lief auch der patriarchalische Anspruch des Königs, Eigentümer allen Besitzes im Reich zu sein, ins Leere.

In dieser Phase ging das Eintreten für Privatbesitz und Freihandel mit weiteren Forderungen einher, die das Monopol der anglikanischen Kirche in religiösen Angelegenheiten sowie die patriarchalen Autoritätsansprüche des Königs in Frage stellten. Die »Root and Branch Petition« von 1640, die eine Abschaffung des Episkopats forderte, klagte nicht nur über Monopole, Patente und Zolltarife, sondern auch über die Verhängung von Bußgeldern und Exkommunikationen durch die Kirche, die damit das Arbeiten und die Ladenöffnung an Feiertagen bestrafte. Die Verfolgung der Dissenter vertrieb die Tuchmacher nach Holland, was den Wollhandel Englands und arme Arbeiter, die auf diesen Handel angewiesen waren, in den Ruin trieb. Die Petition wetterte auch gegen die kirchliche Überwachung der Presse, die benutzt wurde, um religiöse Traktate der Dissenter zu unterdrücken und um Werke zu veröffentlichen, die behaupteten, »dass die Untertanen kein Eigentum an ihrem Grundbesitz haben, sondern dass der König von ihnen nehmen kann, wie es ihm gefällt«.[35]

Das Eintreten der Levellers für Privatbesitz und Freihandel sollte in diesem Zusammenhang gesehen werden. Die persönliche Unabhängigkeit herrenloser Männer und Frauen in Meinungs- und Religionsfragen beruhte auf ihrer Unabhängigkeit in Eigentums- und Handelsangelegenheiten. Wenn der König Eigentumsrechte an sämtlichem Besitz hielt, waren Untertanen mit Land zu bloßen *copyholders* degradiert, deren angestammte Besitzrechte durch Gesetze ausgelöscht werden konnten, die ohne ihre Beteiligung zustande kamen, wie beispielsweise jene, welche Einfriedungen von Land und die Vertreibung der Bewohner aus den Moorlandschaften verlangten.[36] Wenn die Kirche die Dissenter vor ihren eigenen Gerichten bestrafen konnte, sofern diese gegen Kirchendekrete zur Einschränkung des Handels verstoßen hatten, würde das deren Religionsfreiheit ebenso zerstören wie ihre Art und Weise, den Lebensunterhalt zu bestreiten.

Monopole waren eine andere Form staatlich lizensierter privater Regierung, welche die persönliche Unabhängigkeit der kleinen Händler und Handwerker bedrohte. Der Freihandel versprach zwar Wirtschaftswachstum, doch aus Sicht der Levellers war sein Hauptvorteil die Förderung von Chancen auf wirtschaftliche Unabhängigkeit. Die Beseitigung der Gildenmonopole würde die willkürliche und repressive Regierung der Gilden über all diejenigen kleinen Kaufleute und Handwerker beenden, die sich nicht darum scherten, die Regeln zu befolgen, die von den größeren festgelegt worden waren.[37] (William Sykes, dessen Sache von Lilburne verteidigt wurde, war in Rotterdam vom englischen Merchant Adventurers Kartell inhaftiert worden, weil er sich geweigert hatte, einen assertorischen Eid zu leisten, dass er alle Vorschriften der Kaufmannsgilde für den Tuchhandel in Holland eingehalten habe.[38]) Denn dies war nicht nur eine Verletzung des Rechts auf Freiheit. Es war eine Verletzung der Gleichheit: »Patentgesellschaften, die sich mit einem luziferischen Geist aufblasen, weil sie den Wunsch haben, in höhere Sphären vorzudringen als ihre Mitmenschen, haben sich durch heimliche Patente rechtlich verselbständigt«, und dies trotz der Tatsache, dass nach der Magna Charta und anderen Gesetzen Englands »jeder Untertan die gleiche Freiheit hat wie sie«. Monopole versetzen die Menschen »in einen Zustand des Vasallentums« und erziehen ihre Herzen zur »Unterwürfigkeit«.[39]

Schafft die Monopole ab, und der Freihandel würde nicht bloß die bereits existierenden kleinen Handwerker von willkürlicher privater Regierung befreien. Er würde die Chancen, ein eigenes Gewerbe zu gründen – um selbständige, unabhängige, herrenlose Menschen zu werden –, auf viele andere ausweiten. Die Satzungen der Monopole begrenzten den Handel auf bestimmte Städte. Schafft sie ab, und der Handel mit den ihn begleitenden Möglichkeiten, Unabhängigkeit zu erlangen, würde sich über das gesamte Land ausbreiten. Beseitigt künstliche Handelsbarrieren, und »sogar Knechte« könnten es riskieren, in den Handel zu investieren, und hätten die Chance, genug Gewinn zu machen, um unabhängige Steuerzahler zu werden.[40]

Die Levellers übersahen dabei nicht die Vorteile, die der Freihandel denjenigen bringen würde, die niemals die wirtschaftliche Selbständigkeit erlangen würden. Die Abschaffung der Monopole würde auch die Verhandlungsmacht der Seeleute stärken, weil es wegen des höheren Frachtaufkommens im Außenhandel ein Mehrfaches an Schiffen geben würde, und sie würde wegen sinkender Preise die Kaufkraft von »Arbeitern aller Art« steigern.[41] Das erhöhte Handelsvolumen würde auch viele in Beschäftigung bringen, die unter dem Monopol keine Arbeit finden konnten und deshalb auf das Betteln angewiesen waren.[42] Wie wir aus den Beobachtungen Adam Smith' gelernt haben, ist es mit Blick auf die Hierarchie von Ansehen und Status besser, seinen Lebensunterhalt selbst zu verdienen, anstatt zu betteln. So befördert der Freihandel die Gleichheit für viele und sogar für diejenigen, die keine vollständige Unabhängigkeit vom Willen eines Herrn genießen.

Die Levellers verwarfen also die wichtigsten Argumente für soziale Hierarchien aller Art – die große Kette der Wesen, den Patriarchalismus und die Erbsünde. Ihre Kritik an willkürlicher und rechenschaftsfreier Staatsgewalt war ein wesentlicher Bestandteil ihrer Kritik an anderen Formen der Beherrschung – der Kirche über alle englischen Untertanen, der Männer über die Frauen, der Grundherren über die Pächter, der Gilden über die Handwerker. Der Staat bekannte sich zu diesen anderen Formen der Regierung, indem er die Monopole vergab (wobei die etablierte Kirche von England nur eine weitere Form von Monopol war), den Freihandel beschränkte und in die Geburtsrechte englischer Untertanen eingriff, die von diesen als eine Form des Eigentums betrachtet wurden.[43] Die Levellers befürworteten Eigentumsrechte und Freihandel, weil sie für die persönliche Unabhängigkeit der Individuen eintraten und diese vor der Beherrschung durch andere zu schützen trachteten. Beide Institutionen verbesserten das Potential von Männern und Frauen, Herrenlose zu werden, und erhöhten die Würde und Verhandlungsmacht derer, die Bedienstete blieben, indem sie deren Löhne und Realeinkommen steigerten und indem sie Bettler in Arbeit brachten und damit aus ihrem Elend holten.

John Locke war ebenfalls ein Egalitarist, der sich für weitreichende Rechte auf Privateigentum und Verträge aussprach. Verband er den Egalitarismus in derselben Weise mit Eigentumsrechten und Vertragsfreiheit wie die Levellers? Für eine ausführliche Erörterung dieser Frage fehlt hier der Platz, weshalb ich lediglich einige substantielle Ähnlichkeiten zwischen den Levellers und Locke herausstellen möchte, der einige Jahrzehnte nach ihnen wirkte. Lockes Verfassungsprinzipien – Volkssouveränität, ein nahezu allgemeines Wahlrecht für Männer, die Gleichheit vor dem Gesetz, die gleiche politische Vertretung der Distrikte, das Supremat des House of Commons – sind allesamt auch von den Levellers verfochten worden.[44] Wie bei ihnen ist seine egalitäre Kritik an der willkürlichen und nicht rechenschaftspflichtigen Staatsgewalt stark mit der Kritik an anderen Formen von Regierung verknüpft. Insbesondere sein Feminismus (sein Standpunkt, dass Frauen ein Anrecht haben auf unabhängige Eigentumsrechte, Vertragsfreiheit, Scheidung und persönliche Autonomie von ihren Ehemännern) ist für seine Kritik an patriarchalischen Konzepten zur Verteidigung der absoluten Monarchie unverzichtbar.[45] Er vertritt ebenso nachdrücklich, dass Landbesitzer nicht berechtigt sind, die Situation der Armen auszunutzen, indem sie das Angebot einer existenzsichernden Lebensgrundlage an die Unterordnung unter ihre Willkürmacht binden.[46] Sobald wir unser Augenmerk wie bei den Levellers auf das egalitäre Interesse richten, Beziehungen der Beherrschung und Unterwerfung zu vermeiden, ist sehr viel leichter zu erkennen, warum die Marktgesellschaft im Zusammenhang der Institutionen des 17. Jahrhunderts ein egalitäres Anliegen sein konnte.

Der Egalitarismus vor der industriellen Revolution: Adam Smith

Bislang ist deutlich geworden, dass die Egalitaristen im 17. Jahrhundert für Privateigentum und Freihandel eintraten, weil sie antizipierten, dass ein Wachstum der Marktgesellschaft dabei helfen würde, die sozialen Hierarchien aus Beherrschung und Unterordnung abzubauen. Die staatlich zugelassenen Monopole waren Instrumente, mit denen die ranghöheren Schichten die mittleren und unteren Schichten repressiv regierten. Die Bekämpfung von Wirtschaftsmonopolen gehörte zu einer umfassenderen Agenda des Abbaus von Monopolen in allen Lebensbereichen der Gesellschaft: Nicht bloß die Gilden, sondern auch Monopole der Kirche und der Presse, die Monopolisierung des Stimmrechts durch die Reichen und die Monopolisierung der Macht in der Familie durch Männer gehörten aufgelöst. Indem man die Monopole beseitigt, würden weit mehr Menschen in der Lage sein, persönliche Unabhängigkeit zu erlangen und Männer und Frauen ohne Herren zu werden. Selbst diejenigen, die Bedienstete blieben, würden durch ein höheres Einkommen und gesteigerte Verhandlungsmacht gegenüber ihren Herren an Ansehen und Status gewinnen.

Hielt sich diese Sicht das 18. Jahrhundert hindurch? Um diese Frage beantworten zu können, müssen wir nur Adam Smith, den führenden Verfechter der Marktgesellschaft im 18. Jahrhundert, zu Rate ziehen. Heute wird Smith als jemand gelesen, der die Marktgesellschaft deshalb verteidigte, weil diese zu Wirtschaftswachstum und einer effizienten Allokation der Ressourcen führen würde. Dies sind unzweifelhaft bedeutende Themen in seinen Schriften. Allerdings glaubte er nicht, dass Wirtschaftswachstum und Effizienz die wichtigsten Vorzüge der Marktgesellschaft seien. Vielmehr bringe der Übergang vom Feudalismus zur Marktgesellschaft, der vom Aufstieg des Handels und der Manufakturen vorangetrieben werde, »Ordnung und eine gute Verwaltung und damit die Freiheit und Sicherheit des einzelnen bei den Landbewohnern [...], die bisher fast unausgesetzt im Kriegszustand mit ihren Nachbarn und in Hörigkeit gegenüber ihren Oberherren gelebt hatten. Diese Wirkung [...] ist aber *die bei weitem wichtigste von allen.*«[47]

Der entscheidende vermittelnde Faktor, der zu diesen günstigen Wirkungen führte, war der Übergang vom Gabentausch zum Markthandel als der wesentlichen Grundlage, mit deren Hilfe die Individuen ihre Bedürfnisse deckten. Der Feudalismus beruhte auf der »Gastfreiheit«: Weil die Märkte unterentwickelt waren, konnte der Grundherr seinen Ertragsüberschuss nicht anders verwenden

> als indem er hundert oder tausend Menschen ernährt. Er ist daher jederzeit von einer Vielzahl von Dienstmannen und Gefolgsleuten umgeben, die ihm als Gegenwert für ihren Unterhalt nichts bieten können und, da sie zur Gänze von seiner Freigebigkeit leben, ihm gehorchen müssen [...]. Die Bauern waren vom großen Grundeigentümer in jeder Hinsicht ebenso abhängig wie seine Dienstmannen. Selbst diejenigen, die ihm nicht hörig waren, konnten jederzeit hinausgesetzt werden [...]. Ein jederzeit hinauszusetzender Pächter [...] ist vom Eigentümer ebenso abhängig wie jeder beliebige Dienstbote oder Gefolgsmann und muß ihm ebenso vorbehaltlos gehorchen. [...] Der Unterhalt beider hängt von seiner Freigebigkeit ab, und dessen Fortdauer steht in seinem Belieben.

> Auf der Befehlsgewalt, die große Grundeigentümer bei solchem Stand der Dinge notwendigerweise über ihre Pächter und Dienstmannen ausübten, beruhte die Macht der früheren Barone. Notwendigerweise wurden sie in Friedenszeiten die Richter und in Kriegszeiten die Anführer aller derjenigen, die auf ihren Gütern wohnhaft waren. [...] Nicht nur die höchste Zivil- und Strafgerichtsbarkeit, sondern auch die Macht, Truppen auszuheben, Geld zu schlagen und selbst Verordnungen für ihre eigenen Leute zu erlassen: alle diese Rechte besaßen die großen Grundeigentümer schon einige Jahrhunderte lang als Allod.[48]

Ist jemand für seinen Unterhalt vom Wohlwollen eines anderen abhängig, dann liefert dies die Person der Gnade des anderen aus und ermöglicht die Unterwerfung. Gaben sind nicht gratis: »Gastfreiheit« wird als Gegenleistung zum Gehorsam gewährt. Das Ergebnis ist *private Regierung*: die nicht rechenschaftspflichtige Herrschaft über die Nutznießer des Wohlwollens. Doch private Regierung war *schlechte* Regierung. Sie brachte die meisten Menschen in die Lage »unterwürfiger Abhängigkeit«, und nicht nur das, denn die Feudalherren befanden sich untereinander ständig im Krieg, und das Land blieb ein »Schauplatz von Gewalttaten, Räubereien und Unruhen«.[49]

Der Aufstieg von Handel und Manufakturen hatte ironischerweise vorteilhafte Auswirkungen:

> Alles für uns und nichts für die anderen, dürfte immer und überall der üble Leitsatz der Herren der Menschheit gewesen sein. Sobald sie daher eine Möglichkeit ausfindig machten, den ganzen Wert ihrer Rente selbst zu konsumieren, zeigten sie keine Neigung mehr, sie mit anderen zu teilen. Für ein paar diamantene Schnallen etwa

> oder etwas ebenso Läppisches und Unnützes gaben sie den Unterhalt oder, was dasselbe ist, den Preis des Unterhalts von tausend Menschen für ein Jahr hin, und mit ihm das ganze Gewicht und Ansehen, das er ihnen verschaffen konnte. [...] und so tauschten sie nach und nach ihre ganze Macht und Stellung für die Befriedigung der kindischsten, gewöhnlichsten und niedrigsten aller Eitelkeiten ein.[50]

Nach Adam Smith' Darstellung war der Aufstieg von Handel und Manufakturwesen ein Anreiz für die Menschen, die Ländereien ihrer Herrschaften zu verlassen und Handwerker oder Händler zu werden. Obwohl Letztere zum Lebensunterhalt immer noch auf die Ausgaben der Großgrundbesitzer angewiesen waren, trugen die Grundherren fortan nur einen kleinen Anteil zu ihrer jeweiligen Existenzsicherung bei. Daher war kein Grundherr in der Lage, ihnen Befehle zu erteilen: Für sein Geld bekam er zwar Schnallen, aber keine Autorität. Auf diese Weise befreite die Ersetzung des Gabentauschs durch den Markthandel Handwerker und Händler aus ihrer »unterwürfigen Abhängigkeit«. Ein ähnlicher Prozess befreite die Bauern. Als die Grundherren ihre Dienstmannen entließen, mussten sie nicht so viel von ihrer Ernte für die Erhaltung von Hunderten oder Tausenden aufwenden. Die Lords entließen also viele ihrer sofort hinaussetzbaren Pächter, während sie für die verbliebenen die Pacht erhöhten. Diese verbliebenen Pächter waren allerdings nur dazu bereit, höhere Pacht zu zahlen, wenn sie dafür auch langfristige Pachtverträge bekamen. Durch dieses Mittel waren die Bauern ebenfalls von der Unterwürfigkeit gegenüber den Grundherren befreit. Sofort hinaussetzbare Pächter, die Vertreibung fürchten mussten, wenn sie sich nicht jeder Laune ihres Grundherrn fügten, mussten vor ihm katzbuckeln. Bauern, die durch langfristige Pachtverträge geschützt waren, mussten nur ihre Pacht zahlen. Der Marktnexus ersetzte ein Verhältnis von Beherrschung und Unterwerfung durch einen geschäftlichen Austausch nach Rechtsregeln auf der Grundlage wechselseitiger Interessen und persönlicher Unabhängigkeit. Da sie die Autorität der Grundbesitzer untergrub, stärkte die Marktgesellschaft außerdem die Macht der nationalen Regierung, was inneren Frieden, Ordnung und geregelten Vollzug des Rechts brachte.[51]

So weit ist die Beschreibung des Aufstiegs der Marktgesellschaft bei Adam Smith eine historische Darstellung. Sie berücksichtigt nicht die *erwarteten* Wirkungen einer *Freigabe* der Märkte – der Beseitigung aller monopolisierenden Beschränkungen des Handels. Die bedeutendsten dieser Beschränkungen waren Erstgeburtsrecht und festgelegte Erbfolgen für den Grundbesitz, die fast den gesamten Grund und Boden geschlossen und ungeteilt im Besitz der erstgeborenen Söhne weniger großer Familien hielten. Smith verurteilte diese Beschränkungen, denn sie »beruhen auf der unsinnigsten aller Annahmen, nämlich der, daß jede nachfolgende Generation von Menschen nicht den gleichen Anspruch auf die Erde und alles, was zu ihr gehört, habe«, sondern dass der Landbesitz »nach dem Gutdünken von Leuten zu beschränken und zu regeln sei, die vielleicht schon seit fünfhundert Jahren tot sind«.[52] Diese Regelung sei ineffizient, weil große Landbesitzer mehr am demonstrativen Konsum interessiert seien als an der Verbesserung des Bodens, die eine mühevolle Aufmerksamkeit für »kleine Einsparungen und kleine Gewinne« erfordere.[53] Die effizientesten landwirtschaftlichen Produzenten seien die Kleinbauern, kleine Landbesitzer, die ihr eigenes

Land bearbeiten. Weder Pächter, die ihre Pacht teilweise in Naturalien entrichten, noch Pächter, die hinausgesetzt werden können, und nicht einmal langfristige Pächter hätten einen starken Anreiz, in Verbesserungen des Bodens zu investieren, weil ihr Grundherr einen Teil oder sogar den ganzen Zugewinn einziehen würde. Auch die Sklaverei sei nicht effizient, weil Sklaven keinen Anreiz haben, schwer zu arbeiten.[54] Wären das Erstgeburtsrecht und die festgelegte Erbfolge hingegen abgeschafft, würden große Ländereien nach dem Tod des Eigentümers aufgeteilt und verkauft werden. Die Bodenpreise fielen, weil ein größeres Angebot an landwirtschaftlicher Fläche auf den Markt gelangen würde. Dies würde Bauernhöfe auch für diejenigen erschwinglich machen, die am produktivsten seien – die Kleinbauern. Smith erblickte in Nordamerika ein Modell für das, was daraufhin geschehen würde: Sogar Individuen mit höchst bescheidenen Mitteln könnten einen eigenen Bauernhof erwerben und Kleinbauern würden den Agrarsektor dominieren.[55]

Smith glaubte, dass bei einem dereinst vollständig freien Markt auch die Sektoren des Handels und der Manufakturen von kleinen Unternehmen in der Hand von unabhängigen Handwerkern und Kaufleuten mit höchstens ein paar Beschäftigten dominiert werden würden. Großunternehmen wären ein Ergebnis von staatlich vergebenen Monopolen, Zolltarifen und anderer merkantilistischer Schutzmaßnahmen. Einzig für vier Typen von »Routine«-Geschäften, die keine Innovation oder unternehmerische Vision verlangten, sei es nötig, jene großen Konzentrationen von Kapital aufzubringen, die von Aktiengesellschaften gebraucht würden: für das Bankgewerbe und für Versicherungen sowie für Kanäle und für die Wasserversorgung. Denn diese würden sonst leicht bankrottgehen, und zwar selbst dann, wenn sie in den

Genuss staatlicher Schutzmaßnahmen kommen.[56] Auf einem freien Markt, bei dem alle Eintrittshindernisse beseitigt wären, würden Firmen, die von ihren Eigentümern geführt werden, die Direktoren von Aktiengesellschaften im Wettbewerb ausstechen, weil Eigentümer mehr Energie, Aufmerksamkeit und Geschick in ihre Geschäfte investierten, da sie ihr eigenes Geld riskierten. Mit vielen Neueintritten in den offenen Markt würden die Profitraten fallen. Wenn aber die Profite niedrig ausfallen, können nur wenige große Vermögen angesammelt werden, so dass fast alle Kapitaleigner arbeiten müssten, um sich ihren Lebensunterhalt zu sichern.[57]

Kein Wunder, dass die von Smith geschilderte Nadelfabrik, sein Modell für ein Unternehmen mit einer effizienten Arbeitsteilung, nur zehn Arbeiter beschäftigte.[58] *The Wealth of Nations* wurde im Jahr 1776 veröffentlicht. Smith schrieb also zu einer Zeit, als die industrielle Revolution noch in den Kinderschuhen steckte. Die Feinspinnmaschine »Jenny« wurde zwar schon 1764 erfunden, blieb allerdings geheim, bis sie 1770 patentiert worden war, und 1776 kam sie erst in einigen wenigen Fabriken zum Einsatz. Niemand hätte den Siegeszug von Blakes »dunklen Satansmühlen«[59] auf der Grundlage einer so schmalen Beweislage vorhersehen können. Smith glaubte berechtigterweise, dass wirtschaftliche Skaleneffekte für die Herstellung der meisten Güter vernachlässigbar wären.

Wir sehen also, dass sich Smith' ökonomische Vision einer freien Marktgesellschaft mit der mehr als ein Jahrhundert früher entstandenen Vision der Levellers in Übereinstimmung bringen lässt. Schafft Gilden, Monopole, Zolltarife, Beschränkungen für Landverkäufe und andere staatlich erzwungene Einschränkungen der »natürlichen Freiheit« ab, und die Konzentrationen großen

Reichtums würden aufgelöst werden, während sich die Arbeit einer »liberalen Belohnung« erfreuen könnte.[60] Alle verbleibenden Ungleichheiten des Reichtums würden dann kaum noch eine Rolle spielen. Zu Smith' Zeiten gab es nur zwei Dinge, die großer Reichtum erkaufen konnte und für Menschen mit bescheideneren Mitteln nicht erreichbar waren: Herrschaft über andere und Luxusartikel.[61] Für die Reichen ersetzte die aufkommende Marktgesellschaft das Streben nach Herrschaft durch das Streben nach demonstrativem Konsum. Dies war von einem egalitären Standpunkt betrachtet ein großer Gewinn. Beseitigt die Hindernisse für freie Märkte, und die Vermögen der Reichen würden sich schnell zerstreuen, während sich die Chancen wirtschaftlicher Selbständigkeit vervielfachen würden.[62] Dies wäre ein weiterer riesiger Fortschritt für die Gleichheit. Es war eine zutiefst humane Vision.

Egalitarismus vor der industriellen Revolution: Von Paine zu Lincoln

Stellen wir uns eine freie Marktgesellschaft vor, in der fast jeder entweder als Kleinbauer, Handwerker oder kleiner Händler selbständig ist oder aber in einer kleinen Firma mit hohen und stetig steigenden Löhnen arbeitet, die ausreichen, um nach einigen Jahren des Sparens den Erwerb eines eigenen Bauernhofs oder einer Werkstatt zu ermöglichen. Die Märkte wären vollkommen durch Wettbewerb charakterisiert, so dass niemand Marktmacht über andere hätte. Die Profite wären niedrig und jedermann müsste für seinen Lebensunterhalt arbeiten, weshalb man Arbeit nicht verachten würde. Die materielle Ungleichheit wäre auf individuelle Unterschiede beschränkt, die auf persönlichen Arbeitsaufwand und Geschick zurückgingen und nicht auf Ungleichheit qua Geburt, staatlich gewährte Privilegien, Eigentum an Kapital oder Befehlsgewalt über die Arbeit anderer. Jeder würde jedem auf Augenhöhe begegnen. Alle würden persönliche Unabhängigkeit genießen. Niemand wäre der Beherrschung durch einen anderen unterworfen. Würde das nicht einem egalitären Utopia nahekommen, einer wahrhaft freien Gesellschaft von Gleichen?

Die Egalitaristen glaubten, ein solches Utopia in Amerika heraufziehen zu sehen. Heute ist dies schwer vorstellbar, da die Vereinigten Staaten unter den reichsten Staaten der Welt das Land mit der größten Ungleichheit sind. Seit der Zeit von Adam Smith bis zu Lincoln war Amerika jedoch die größte Hoffnung der Egalitaristen zu beiden Seiten des Atlantiks.

Sicher, die Sklaverei war ein monströser Schandfleck auf dieser Hoffnung.[63] Aber in den berauschenden Jahren der amerikanischen Revolution und der frühen amerikanischen Republik herrschte der Optimismus. Die Northwest Ordinance von 1787 hatte die Ausbreitung der Sklaverei auf die Territorien des Nordwestens verboten. Um 1804 hatten sämtliche Nordstaaten Gesetze gegen die Sklaverei verabschiedet. Viele dachten, der Sklaverei als einer ineffizienten Wirtschaftsweise sei ein natürlicher Tod bestimmt, wie Smith argumentiert hatte.

Im Zeitalter der Revolutionen bot Amerika den freien Arbeitern Möglichkeiten wie kein anderes Land in der Welt. Die große Mehrheit der freien Bevölkerung arbeitete selbständig entweder als Kleinbauer, als unabhängiger Handwerker oder Händler. Erfahrene Facharbeiter hatten eine gute Chance, nach ein paar Jahren ihr eigenes Unternehmen zu besitzen. Im Norden waren nicht nur die Sklaverei, sondern auch andere Formen unfreier Arbeit wie Lehrlingsjahre und Vertragsknechtschaft stark im Niedergang begriffen.[64] Die Zukunft schien das Versprechen echter persönlicher Unabhängigkeit für alle bereitzuhalten.

Der große Verfechter dieser Vision in der revolutionären Ära war Thomas Paine, der in drei Ländern wirkte. Paine, der als Quäker aufgewachsen war und zum Korsettmacher ausgebildet wurde, verachtete soziale Hierarchien und widmete sein Leben der politischen Agitation für die Gleichheit. Er galt als Held der amerikanischen Revolution, weil er *Common Sense* verfasst hatte, die bis dahin bekannteste und einflussreichste politische Streitschrift. *Common Sense* mobilisierte die Siedler der Kolonie nicht nur für die Unabhängigkeit, sondern auch für die Idee, dass Amerika als Republik der Welt zeigen würde, wie eine freie Gesellschaft von Gleichen aussehen wird. Während der Französischen Revolution wurde er in den Nationalkonvent gewählt. Er wurde auch von amerikanischen und englischen Radikalen zum Helden erklärt, die seine Schriften bis weit in das 19. Jahrhundert hinein lasen. Die Chartisten, die von 1838 bis 1848 aktiv waren, setzten ihn auf ihre Leseliste.

Paines ökonomische Ansichten waren im Großen und Ganzen libertär. Demnach können die Individuen fast alle ihre Probleme selbst lösen, ohne dass sich der Staat in ihre Angelegenheiten einmischt.[65] Alle Verbesserungen der Produktionstechnik verdanken sich unternehmerisch denkenden Individuen, die nur hoffen, dass die Regierung sie in Ruhe lassen wird.[66] Eine gute Regierung wird nicht mehr tun, als den Individuen die freie Ausübung ihrer Beschäftigungen in »Frieden und Sicherheit« zu garantieren, damit sie bei geringstmöglicher Steuerlast die Früchte ihrer Arbeit genießen können.[67] Paine war sein Leben lang ein Befürworter von Handel,

Freihandel und freien Märkten.[68] Er wandte sich gegen die staatliche Regulierung von Löhnen und behauptete, die Arbeiter sollten auf dem freien Markt über ihre Löhne verhandeln.[69] Entgegen dem verbreiteten Misstrauen in die Finanzwelt war Paine jemand, der sich an vorderster Stelle für die Gründung der Bank of North America aussprach, und zwar zum einen, um Handwerker mit Krediten zu versorgen, und zum anderen, weil er sie als Bollwerk gegen einen Staat ansah, der zu viele Banknoten ausgab.[70]

Die meisten Probleme, argumentierte er, sind eine Folge des Regierungshandelns. Das exzessive Drucken von Papiergeld (und nicht das Horten, wie von den Volksmassen vermutet werde) sei die Ursache der Inflation. So kritisierte er während des Revolutionskriegs, der mit einer Inflation einherging, die Forderungen nach Preiskontrollen und argumentierte auch im französischen Nationalkonvent gegen solche.[71] Er sprach sich für Hartgeld und fiskalische Verantwortung aus.[72] In den meisten Staaten – sein Hauptbeispiel war England – sei die Regierung die größte Last für die Gesellschaft, weil sie Krieg führe, die Schulden in die Höhe treibe und drückende Steuern auferlege. Die Ausgabenpolitik der Regierung sei meistens verschwenderisch. Besteuerung sei Diebstahl und die Regierung ein »fortgesetztes System von Krieg und Erpressung«.[73] Menschen, die von öffentlichen Geldern leben, seien Schmarotzer, die den Fleißigen zur Last fallen.[74] Die Regierung sei außerdem die Hauptursache für Armut, da »die in jeden Winkel und jede Ecke der Betriebsamkeit eindringende Hand der Regierung [...] den Erwerb der Menge als Beute an sich reißt«.[75] Er machte einen Vorschlag zur Beseitigung der Armut in England, der die Rückzahlung der drückenden Steuern vorsah, die die Armen zahlen mussten. Kürzt die Steuern drastisch, und den Armen wird es gut gehen, während die Bessergestellten keine Armensteuern mehr zahlen müssen, um das Wohlfahrtssystem zu stützen![76]

Paines Ansichten zur politischen Ökonomie klingen so, als seien sie aus einem Programmheft der Republikanischen Partei des heutigen Establishments herausgerissen.[77] Wie konnte er angesichts dieser Positionen nach seinem Tod im Jahr 1809 für Jahrzehnte zum Helden der radikalen Arbeiterschaft in den Vereinigten Staaten und England werden? Er beweist enormes Zutrauen in freie Märkte und zeigt nicht die Spur eines antikapitalistischen Klassenkonflikts, der die Politik des 19. Jahrhunderts kennzeichnete. Die Antwort darauf ist, dass die radikalen Arbeitervertreter den Zugang zur Selbständigkeit als entscheidend dafür ansahen, Armut zu verhindern und in der Gesellschaft einen Status als Gleiche zu erlangen. Im späten 18. und im frühen 19. Jahrhundert kamen die radikalsten Arbeiter nicht aus dem entstehenden Industrieproletariat, sondern es waren Handwerker, die ihre eigenen Betriebe führten.[78] Und als solche waren sie Kapitalisten und Arbeiter zugleich: Sie besaßen eigenes Kapital, mussten aber auch für ihren Lebensunterhalt arbeiten. Als Inhaber kleiner Betriebe waren ihnen Handel und offener Zugang zu Märkten und Krediten wichtig. Amerika, wo eine fast allgemeine wirtschaftliche Selbständigkeit entweder tatsächlich realisiert war oder den freien Arbeitern eine realistische Aussicht zu sein schien, lieferte den Beweis für dieses Konzept. Paine war der größte Ideenverbreiter des amerikanischen Experiments.

In einem Wirtschaftszusammenhang, in dem die Selbständigen ihren Status und ihre Möglichkeiten von mächtigen Institutionen bedroht sehen, ist es sinnlos, Arbeiter gegen Kapitalisten antreten zu lassen. Stattdessen spielt die volksnahe Politik die normal arbeitenden Menschen gegen die Eliten aus – womit diejenigen gemeint sind, die zu diesem Zeitpunkt die mächtigeren Institutionen kontrollieren. Auch kann die volksnahe Politik die normale Arbeitsbevölkerung gegen die Müßiggänger positionieren – die wie die Aristokraten nicht für ihren Lebensunterhalt arbeiten müssen, sondern von der Arbeit anderer leben. In den Augen der Levellers befürwortete der Staat alle Arten repressiver privater Regierung – seitens der Grundherren, der etablierten Kirche, der Gilden oder des Patriarchats. Bei Paine jedoch verengte sich die präindustrielle egalitäre Vision zu einer Fixierung auf den Staat. Fast alle Staaten außer den Vereinigten Staaten waren demnach korrupt. Korruption existiert immer dann, wenn der Staat die Eliten auf Kosten der gewöhnlichen arbeitenden Bevölkerung begünstigt – wenn sein Handeln »parteilich begünstigt und unterdrückt«.[79] Paine zählte mehrere Formen ungerechter Günstlingswirtschaft auf, die normal arbeitende Menschen unterdrückten. Bequem lebende Grundherren erhielten eine besondere Vertretung im House of Lords und eine Reihe eigener Gesetze, die speziell auf sie zugeschnitten waren.[80] Der Staat vergab Freibriefe (das heißt Monopole) an die Eliten, und zwar zu Lasten des Rechts aller Menschen, sich im Handel zu betätigen, sowie auf Kosten des Wirtschaftswachstums.[81] Er besteuerte die arbeitende Bevölkerung, um den König und seinen Hof aus Müßiggängern üppig auszustatten.[82] Er verteilte Pfründe, um die Stimmen von Parlamentsmitgliedern zu kaufen und die überzähligen jüngeren Söhne der Aristokratie, die unter dem Erstgeburtsrecht kein Erbe zu erwarten hatten, unterzubringen.[83] Die bei weitem schlimmste Korruption bestand in den blutigen und ungeheuer kostspieligen Kriegen, die der Staat führte, um Ausplünderung und

Imperialismus abzusichern, was in die Höhe schießende Steuerlasten und öffentliche Schulden zur Folge hatte. Da die Aristokratie das System der Besteuerung kontrollierte, nahm sie sich selbst von den meisten Steuern aus und bürdete die Last dieser Kriegsfinanzierung über drückende Verkaufssteuern der arbeitenden Bevölkerung auf.[84]

Paines libertäre Agenda mit niedrigen Steuern und Freihandel war für eine exportgeleitete agrarische Ökonomie – was für Amerika im späten 18. Jahrhundert zutraf – angesichts hoher Getreidepreise durchaus sinnvoll. »Der Handel, durch den es [Amerika] so reich geworden ist, entspricht den Lebensbedürfnissen und wird immer Märkte finden, solange man in Europa noch ißt.«[85] In einem Land, das unter einem chronischen Arbeitskräftemangel litt und in dem die Selbständigkeit für fast alle eine greifbare Option war, waren die Löhne auf dem freien Markt hoch.[86] Wenn der Großteil der Bevölkerung selbständig ist, ist ein Plädoyer gegen staatliche Einmischung eine völlig andere Aussage, als sie es heute wäre. Es gibt keinen großen Bedarf an Bestimmungen im Bereich der Beschäftigung, wenn es wenige Beschäftigte gibt und so gut wie allen eine Abwanderung in die Selbständigkeit möglich ist. Wenn es keine Unternehmen gibt, die groß genug sind, um Marktmacht zu erobern, gibt es keinen Bedarf für Anti-Trust-Verordnungen. Wenn Boden reichlich vorhanden und praktisch kostenlos zu haben ist, werden Vorschriften für die Landnutzung und gegen Verschmutzung kaum nötig sein, weil die Menschen stark verteilt und die Umweltfolgen (so weit sie die Menschen damals verstanden) minimal sind. Wenn die Menschen die Qualität fast aller Waren im Verkauf selbst prüfen und einschätzen können und beinahe jeder selbst anbaut, was zu Hause gegessen wird, gibt es wenig

Bedarf für Gesetze, welche die Sicherheit von Konsumgütern regeln. In einem Zeitalter, in dem das Bankwesen primitiv und weite Bereiche der Ökonomie noch nicht monetarisiert waren, konnten undurchschaubare Finanzinstrumente keine Wirtschaft in die Knie zwingen. Es gab also wenig Bedarf für eine komplexe Regulierung der Finanzwirtschaft. Ohne jede Vorstellung von Zentralbankintervention oder moderner Geldpolitik war der Goldstandard die bessere Strategie als eine, die es den Staaten erlaubt, nach Gutdünken Papiergeld auszugeben – eine Praxis, die zu Paines Zeiten eine zerstörerische Inflation auslöste. Paines Amerika kam wahrscheinlich dem Ziel, ein Marktversagen zu verhindern, wie es heutige Wirtschaftswissenschaftler definieren, näher als irgendwo anders auf der Welt.

Eine Frage allerdings trieb Paine auch noch gegen Ende seines Lebens um: die weit verbreitete Armut. In *The Rights of Man* argumentierte er, dass die Armut in England als Problem gelöst werden könnte, wenn man die von den Armen gezahlten Steuern erstatten würde, die den englischen König, seinen Hof, die Pfründe, das Militär und das Kolonialsystem unterhielten. Würde man diese unsinnigen Ausgaben zurückdrehen und die Armensteuern abschaffen, bliebe dennoch ein Überschuss, der an die Armen zurückgegeben oder für die Ausbildung ihrer Kinder verwendet werden könnte, damit diese davor bewahrt werden, als Erwachsene in die Armut abzurutschen.

Paines Denken beinhaltete ein systematischeres Verständnis der Armutsursachen. Armut konnte nicht einfach nur auf einen korrupten Staat zurückgehen, der die Armen mit überhöhten Steuern auspresste, um verschwenderische Ausgaben zu finanzieren, oder auf die Monopolisierung und weitere Formen der Günstlingswirtschaft. Die Menschen bräuchten Zugang zur Bildung, um der Armut zu entgehen. In »Agrarian Justice« ging Paine sogar so weit, die Angemessenheit des Systems einer nahezu allgemeinen wirtschaftlichen Selbständigkeit in Frage zu stellen, das er in Amerika vor Augen hatte. Der große Mangel eines solchen Systems sei, dass es die Familien bei der Armutsvermeidung von der Arbeit abhängig macht. Was aber geschieht, wenn in der Familie aus Altersgründen oder aufgrund von Invalidität, Krankheit oder Tod niemand mehr arbeiten kann? Die Reichen hätten einen Kapitalstock, von dem sie leben könnten, ohne zu arbeiten. Zum Schutz vor Armut würden alle etwas Vergleichbares benötigen. Paine schlug das System einer allgemeinen Sozialversicherung vor, in dem Altersrenten, Hinterbliebenenversorgung und Invaliditätshilfen für Familien vorgesehen waren, deren Mitglieder nicht arbeiten konnten. Zusätzlich schlug er ein System allgemeiner Teilhaber-Stipendien für junge Erwachsene vor, Stipendien, die sie für den Start ins Leben verwenden könnten, um wahlweise weitere Bildung oder Werkzeuge zu erwerben, damit ihre Arbeit genug einbringen würde, um Armut auszuschließen. Dies war der erste realistische Vorschlag der Welt für eine umfassende Sozialversicherung und der erste realistische Vorschlag zur Beseitigung der Armut.

Paine bestand darauf, dass dies keine Abkehr von seinen Prinzipien des Privateigentums und der freien Märkte darstelle. Bis zuletzt Individualist, rechtfertigte er sein Sozialversicherungssystem mittels strikt Locke'scher Eigentumsprinzipien. Die Einnahmen für die Sozialversicherung würden aus einer Erbschaftssteuer kommen, was zu diesen Zeiten auf eine Grundsteuer hinauslief. Das war gerecht, weil die Grundbesitzer, als sie einen Teil der Erdoberfläche für sich einzäunten, der ursprünglich allen gemeinsam gehört hatte, die anderen nicht für ihre Landnahme entschädigt hatten. Selbst wenn sie bei der ursprünglichen Aneignung das Land mit ihrer Arbeit gemischt hatten, gab ihnen das nur ein Anrecht auf den Wert, den ihre Arbeit dem Land hinzugefügt hatte. Sie konnten nicht beanspruchen, dass ihnen der Wert der rohen Naturressource zustehe oder der Wert flankierender Nutzungen, die den Marktpreis des Bodens gesteigert hatten. Jedes Mitglied der Gesellschaft hatte Anrecht auf den jeweiligen Pro-Kopf-Anteil an diesen Werten. Grundbesitzer schuldeten also allen anderen noch einen Pachtzins. Durch diese logische Argumentation rechtfertigte Paine die Sozialversicherung als ein allgemeines Recht, und nicht als eine milde Gabe.[87]

Diese Ausarbeitung einer systematischen ökonomischen Erklärung der Armut, bei der Armut nicht an besondere Begünstigungen gebunden war, die ein korrupter Staat verteilte, sollte in der an Paine orientierten radikalen Ideologie der Arbeiterschaft später unterentwickelt bleiben. Englische Radikale wie William Cobbett und die Chartisten konzentrierten sich weiterhin auf die politische Korruption als Quelle der Unterdrückung unabhängiger Arbeiter. Die Idee der Sozialversicherung als systematische Lösung für ein Problem, das einem System inhärent war, in dem freie Märkte den einzigen Mechanismus für die Allokation von Einkommen darstellten, musste erst auf den Aufstieg des Sozialismus warten, bis sie wieder aufgegriffen wurde – und dann ironischerweise ausgerechnet von den Feinden des Sozialismus. Bismarck, der als bekannter Antisozialist die Aktivitäten der deutschen Sozialdemokratie untersagte, führte das erste Sozialversicherungsgesetz der Welt ein.

Selbst als die industrielle Revolution der vorsozialistischen Ära des egalitären Arbeiterradikalismus in Europa ein Ende bereitete – der Chartismus tat 1848 seinen letzten Atemzug –, überdauerte der Traum einer freien Gesellschaft von Gleichen, die auf unabhängigen Kleinproduzenten aufbaut, in den Vereinigten Staaten den Bürgerkrieg. Dies war das Ideal, auf das die Republikanische Partei vor dem Sezessionskrieg gegründet war. Ihr zentraler Grundsatz, die Ablehnung der Sklavenhaltung, beruhte nicht so sehr auf dem moralischen Unrecht, das die Sklaverei den Sklaven zufügte (obgleich dies anerkannt war), als vielmehr auf der Bedrohung, welche die Sklaverei für den wirtschaftlich selbständigen Arbeiter darstellte. Der zentrale Programmpunkt der Republikanischen Partei der Vorkriegszeit zielte darauf ab, die Ausweitung der Sklavenhaltung auf die Territorien im Norden zu untersagen. Die Errichtung riesiger Plantagen mit Sklavenbewirtschaftung in den Territorien des Nordens würde Land entziehen, das andernfalls freien Männern zur Verfügung stünde, um sich als Kleinbauern unabhängig zu machen, und, würde diese für den Rest ihres Lebens der Lohnarbeit zuführen.[88] Präsident Lincoln machte die Meinung seiner Partei deutlich. Er wies die Theorie zurück, wonach alle Arbeiter entweder Lohnarbeiter oder Sklaven sein müssten – entweder vom Kapital gemietet oder gekauft – und, falls angeworben, »ihr Leben lang an diese Situation gekettet sind«. Er verurteilte diese Thesen als die Mudsill-Theorie der Gesellschaft – die von dem Sklaverei-Befürworter Senator James Hammond aus South Carolina vertretene Idee, dass jede Gesellschaft eine minderwertige Klasse von Menschen benötige, die die Drecksarbeit zu leisten habe, auf der die Zivilisation aufruhe, so wie jedes stabil gebaute Haus auf einer Grundschwelle [*mudsill*] aufruhen müsse.[89] Lincoln trug die alternative Auffassung vor,

> dass es so etwas wie den freien angeworbenen Arbeiter, der sein Leben lang an diese Bedingung gebunden ist, notwendigerweise nicht gibt. [...] Viele unabhängige Männer in dieser Versammlung waren zweifellos vor ein paar Jahren noch angeworbene Arbeiter. Und ihr Fall ist beinahe, wenn auch nicht ganz, die allgemeine Regel. Der kluge, mittellose Anfänger in der Welt arbeitet eine Zeit lang gegen Entlohnung, spart einen Überschuss, mit dem er Werkzeuge oder Land für sich kauft, arbeitet dann wieder einige Zeit lang auf eigene Rechnung und heuert auf lange Sicht einen anderen Anfänger an, um ihm zu helfen. Das, so sagen ihre Befürworter, ist freie Arbeit – das gerechte und großzügige und erfolgreiche System, das allen den Weg öffnet, allen Hoffnung gibt, sowie Energie und Fortschritt und eine Verbesserung der Situation für alle [bringt].[90]

Dieser Fortschritt der freien Arbeit zur vollen wirtschaftlichen Selbständigkeit ist genau das, um was es bei der »Gesellschaft von Gleichen« ging.[91]

Galt das republikanische Versprechen tatsächlich »für alle«? Der Homestead Act von 1862 war ein Versuch, das Versprechen zu erfüllen. Für die Masse der Lohnarbeiter in den großen Städten des Nordens war dies bereits ein ziemlich unrealistischer Traum, der ihre Bedürfnisse als Arbeiter nicht ansprach. Ganz unrealistisch war er für freie Schwarze und für chinesische Vertragssklaven sowie für mexikanisch-amerikanische Peonen und indigene Amerikaner, die alle einen »Mittelstatus der semi-freien Arbeit« einnahmen.[92] Mit dem 13. Verfassungszusatz, der die Sklaverei abschaffte, wollte man diesem Versprechen auch für Nichtweiße einen realen Gehalt geben. Peonage und andere Formen unfreiwilliger Knechtschaft waren nach diesem Verfassungszusatz verboten – obwohl Prozesse gegen verschiedene Formen von Peonage bis weit in die 1940er Jahre geführt wurden, als der Traum von der allgemeinen wirtschaftlichen Selbständigkeit schon längst für immer zerstört war. Für unsere Absichten viel aufschlussreicher ist die Tatsache, dass der 13. Verfassungszusatz die Grundlage für das Bürgerrechtsgesetz von 1866 bildete, das die Rassendiskriminierung bei Verkauf und Verpachtung von Grundbesitz untersagte. Dass ein Gesetz zum Verbot der Sklaverei dazu diente, ein Recht auf Landkauf zu stützen, war nur sinnvoll vor dem Hintergrund einer Ideologie, die freie Arbeit mit Selbständigkeit gleichsetzte, die wiederum voraussetzte, dass der Arbeiter die von ihm dafür benötigten Mittel kaufen oder pachten konnte. Doch dieses Versprechen blieb unerfüllt, weil die Vision der radikalen Republikaner für den Wiederaufbau, die eine Aufteilung der früheren Sklaven-Plantagen unter den befreiten Menschen vorsah, scheiterte.

Selbst wenn das Programm der radikalen Republikaner für den Wiederaufbau durchgeführt worden wäre, hätte diesem Ideal der freien Arbeit jedoch der Untergang gedroht. Was in den Vereinigten Staaten als ein hoffnungsvolles, inspirierendes egalitäres Ideal begonnen hatte, erlag in drei Hinsichten der Selbstzerstörung.

Erstens gelang es dem Ideal der allgemeinen Selbständigkeit nie, die unbezahlte Hausarbeit einzubeziehen, die für das Familienleben unabdingbar war und in übergroßer Mehrheit von Frauen geleistet wurde. Die im Kongress über den 13. Verfassungszusatz geführte Debatte machte klar, dass die Frauen von dem Versprechen der vollständig freien Arbeit ausgeschlossen waren. Ungeachtet dieses Zusatzes behielten die Männer das Eigentum an der Arbeit ihrer Frauen.[93] Dieser Widerspruch war dem Ideal freier Arbeit inhärent, da die Unabhängigkeit der Männer von der Verfügung über die Arbeit ihrer

Frauen abhängig war.[94] Hinter dem angeblichen Universalismus und Hyperindividualismus des Ideals verbarg sich eine Anmaßung männlicher Kontrolle über die Arbeit der Frauen – und der Kinder. Die feministische Bewegung, die aus der Bewegung zur Abschaffung der Sklaverei hervorging, sollte diesen Widerspruch später hervorheben, als die Frauen anfingen, am Arbeitsplatz und zu Hause einen unabhängigen und gleichen Status einzufordern.

Zweitens war es ironischerweise so, dass der Bürgerkrieg, der die Sklaverei im Namen unabhängiger Arbeit beendete, genau die Kräfte verstärkte, welche die Universalisierung dieses Ideals noch unerreichbarer machten, was sogar für die Klasse weißer Männer galt. Der Bürgerkrieg war eine starke Triebkraft für die Industrialisierung und verhalf infolgedessen großen Unternehmen, die das System der Lohnarbeit nutzten, zum Triumph über die Kleinbetriebe.

Drittens enthielt das Ideal implizit eine Hierarchie des Ansehens, die letztlich dessen egalitäre Ansprüche ins Gegenteil verkehren sollte. Wenn die einzige voll anerkennenswerte Arbeit die unabhängige, selbständige Arbeit ist, und wenn man, um die Anerkennung als Gleicher zu erlangen, sein eigenes Unternehmen führen muss, was soll man dann von denen halten, die ihr gesamtes Leben lang Lohnarbeiter bleiben? Für Lincoln war klar: »Wenn irgendwer das ganze Leben hindurch in der Lage des angeworbenen Arbeiters bleibt, ist das nicht der Fehler des Systems, sondern liegt entweder an einem abhängigen Charakter, dem das lieber ist, oder an mangelnder Voraussicht, an Torheit oder vereinzeltem Pech.«[95] Selbst im Jahr 1861, als der Weg nach Westen noch möglich war, übertraf das rasche Tempo der Einwanderung und der städtischen Industrialisierung die Abwanderung von Menschen nach Westen. Lincolns abschätziges Urteil über Lohnarbeiter ist vergleichbar damit, denjenigen einen Vorwurf zu machen, die bei dem Spiel *Reise nach Jerusalem* am Ende ohne Stuhl dastehen, und zugleich abzustreiten, dass die Anlage des Spiels irgendetwas mit dem Ergebnis zu tun hat. Was als ein egalitäres Ideal seinen Anfang nahm, endete somit als weiteres Fundament einer Hierarchie des Ansehens: Es verhalf dazu, den Geschäftsmann auf eine höhere Stufe zu heben als den Lohnarbeiter.[96]

Der Kataklysmus der industriellen Revolution

Die industrielle Revolution erschütterte das egalitäre Ideal der universellen Selbstregierung im Bereich der Produktion. In Sachen Wirtschaftlichkeit wurden die kleinen Unternehmen von den ökonomischen Skaleneffekten in der Industrie geradezu überrollt, was dazu führte, dass sie nach und nach durch Großunternehmen ersetzt wurden, die viele Arbeiter beschäftigten. Die Chancen für wirtschaftliche Selbständigkeit gingen im Laufe des 19. Jahrhunderts drastisch zurück und haben bis zum heutigen Tag fortwährend weiter abgenommen. Durch die industrielle Revolution veränderten sich auch der Charakter der Arbeit und die Beziehung zwischen den Eigentümern und Arbeitern in der Fertigung, die Kluft zwischen ihnen wurde immer größer.

In einer vorindustriellen Werkstatt von begrenzter Größe gab es eine Hierarchie der Meister über die Gesellen und die Lehrlinge. Insbesondere die Lehrlinge, die kein Recht auf einen Lohn hatten (wie viele amerikanische Praktikanten heute), waren unfrei. Doch mehrere Faktoren schränkten diese Hierarchie ein. Die Meister arbeiteten Seite an Seite mit ihren Gesellen und leisteten dieselbe Arbeit, während sie den Lehrlingen die dazu nötigen Fertigkeiten beibrachten. Die Tatsache, dass sie Arbeit derselben Art verrichteten wie die ihnen Unterstellten und dazu in derselben Werkstatt tätig waren, milderte die Arbeitsbedingungen. Die Meister konnten ihre Untergebenen nicht an einem Ort arbeiten lassen, dessen Bedingungen so unangenehm oder unsicher waren, dass sie selbst dort nicht arbeiten wollten. Sie konnten auch kein Arbeitstempo vorschreiben, das rücksichtsloser war, als sie es für ihre Person ertragen wollten. Das Arbeitstempo des typischen Handwerkerbetriebs war entspannt und sah viele Arbeitspausen vor. Die Meister fraternisierten mit ihren Gesellen, und Alkohol machte unter ihnen sogar während der Arbeitszeit die Runde. Schließlich konnten sich begabte Gesellen in den Vereinigten Staaten noch zu Beginn des 19. Jahrhunderts berechtigte Hoffnungen darauf machen, nach ein paar Jahren in Lohnarbeit einen eigenen Betrieb zu eröffnen, ganz nach dem Muster, das Lincoln für den Normalfall hielt. Angesichts einer solch kurzen, leicht begehbaren Brücke, die von einem Rang zum nächsthöheren führte, war es für Arbeiter verhältnismäßig einfach, die Hierarchie, die tatsächlich existierte, mit den egalitären republikanischen Werten zu versöhnen.[97]

Die industrielle Revolution vergrößerte die Kluft zwischen Arbeitgebern und Beschäftigten in der Fertigung ganz massiv. Die Arbeitgeber verrichteten nicht mehr dieselbe Arbeit wie ihre Angestellten, wenn sie überhaupt arbeiteten. Die geistige Arbeit wurde von der Handarbeit getrennt, die radikal vereinfacht wurde. Die Ränge in der Firmenhierarchie vervielfachten sich. Leitende Angestellte arbeiteten bisweilen nicht einmal mehr im gleichen Gebäude. Dies begünstigte eine gravierende

Verschlechterung der Arbeitsbedingungen. Die Arbeiter wurden der unnachsichtigen, zermürbenden Disziplin von Uhr und Maschine unterworfen. Anstatt mit ihren Arbeitern zu trinken, predigten die Arbeitgeber Mäßigung, Fleiß, Pünktlichkeit und Disziplin. Die Bedingungen waren hart, die Arbeitszeiten lang, die Löhne niedrig und die Aussichten auf Beförderung waren, ohne Rücksicht darauf, wie hart man arbeitete, minimal.

Das 19. Jahrhundert erlebte die Verbreitung totaler Institutionen in der gesamten Gesellschaft: das Gefängnis, die Irrenanstalt, das Hospital, das Waisenhaus, das Armenhaus, die Fabrik. Jeremy Benthams berühmt-berüchtigter Gefängnisplan, das Panopticon, war sein Modell für diese anderen Institutionen.[98] Weitere Liberale wie etwa Joseph Priestley verbündeten sich mit den Fabrikbesitzern und Sozialreformern, um diese neuartigen Typen hyperdisziplinärer Institutionen zu fördern. Hier lag der zentrale Widerspruch der neuen liberalen Ordnung: »Obwohl diese Radikalen Unabhängigkeit, Freiheit und Autonomie im Staatswesen und für den Markt predigten, sah ihre Predigt Ordnung, gleichförmige Abläufe und Unterordnung für Fabrik, Schule, Armenhaus und Gefängnis vor.«[99]

Die vorindustriellen radikalen Arbeitervertreter erkannten den umfassenden Abbau von Autonomie, Ansehen und Status, den die neue Produktionsordnung im Vergleich zum Handwerker-Status mit sich brachte, und bezeichneten sie deshalb als *Lohnsklaverei*. Die Liberalen nannten sie *freie Arbeit*. Die unterschiedliche Perspektive traf genau den Punkt, den Marx herausstellte. Wenn man nur die Bedingungen des Eintritts in den Arbeitsvertrag und den Austritt aus ihm anschaut, begegnen sich Arbeiter und Arbeitgeber scheinbar unter der Bedingung von Freiheit und Gleichheit für beide Seiten. Das wurde aus liberaler Sicht betont. Wenn man aber die tatsächlichen Bedingungen betrachtet, unter denen ein Arbeiter den Vertrag zu erfüllen hat, so stehen die Arbeiter in einem Verhältnis völliger Unterordnung zu ihrem Arbeitgeber. Genau das ist es, was von radikalen Arbeitervertretern betont wurde.

Im Licht dieser Überlegungen kehren wir nun zu der Gegenüberstellung von Smith und Marx zurück, die am Anfang dieser Vorlesung stand. Häufig wird vermutet, dass ihre unterschiedlichen Einschätzungen der Marktgesellschaft auf fundamental gegensätzlichen Werten beruhten. Doch beide staunten über die Art und Weise, wie die Marktgesellschaft Innovationen in Gang setzte, Produktionseffizienz und Wirtschaftswachstum steigerte. Und beide beklagten den Qualifikationsverlust und die Abstumpfung als Folgen einer immer kleinteiliger werdenden Arbeitsteilung für die Arbeiter.[100] Sie unterschieden sich eher in dem Punkt, was sie von einer Marktgesellschaft für die Arbeiter erwarteten. Die größte Hoffnung von Adam Smith – eine Hoffnung, die auch radikale Arbeitervertreter von den Levellers bis zu den Chartisten, von Paine bis Lincoln teilten – war, dass die Freigabe der Märkte die Reihen der wirtschaftlich Selbständigen enorm erweitern würde, die somit ihre Begabung und ihre Urteilsfähigkeit unabhängig von den sie gängelnden Chefs bei der Beherrschung ihrer eigenen produktiven Tätigkeiten einsetzen könnten. Kein Wunder, dass Smith' optimistische Darstellung der Marktbeziehungen den Metzger, den Brauer und den Bäcker in den Mittelpunkt rückte – denn sie alle sind unabhängige Geschäftsinhaber. Die freie Marktgesellschaft konnte so lange als »links«, als egalitäres Anliegen, verfochten werden, wie »die bei weitem wichtigste« ihrer Wirkungen »die Freiheit des einzelnen [war]«, gerade bei Menschen,

»die bisher fast unausgesetzt [...] in Hörigkeit gegenüber ihren Oberherren gelebt hatten«. Mit der industriellen Revolution warf die Allgegenwart von Märkten im Bereich der *Arbeit* die Produktionsarbeiter auf einen noch tieferen Stand der Unterwerfung zurück, als sie ihn im Verhältnis zu ihren Vorgesetzten zuvor gehabt hatten. Adam Smith, der den Eigennutz verachtete, der das Streben nach Anhäufung großer Vermögen lächerlich machte und den »Hang, die Reichen und Mächtigen zu bewundern und beinahe göttlich zu verehren, [...] [als] die größte und allgemeinste Ursache der Verfälschung unserer ethischen Gefühle« anführte, hätte das nicht gutgeheißen.[101]

Die vorindustriellen Egalitaristen hatten keine Antwort auf die Herausforderungen der industriellen Revolution. Ihr Modell dafür, wie man eine freie Gesellschaft von Gleichen vermittelst einer fast universellen wirtschaftlichen Selbständigkeit durch freie Märkte hervorbringen könnte, hatte sich zerschlagen. Die Befürworter des Laissez-faire, die frühere Argumente für die Marktgesellschaft unbekümmert auf einen sozialen Kontext anwendeten, der das genaue Gegenteil derjenigen Wirkungen hervorrief, welche von ihren Vorgängern vorhergesagt und gefeiert worden waren, verkannten, dass die alten Argumente nicht mehr zutrafen. Auf diese Weise entstand ein symbiotisches Verhältnis zwischen Libertarismus und Autoritarismus, das unsere politischen Diskurse bis zum heutigen Tag wie Mehltau überzieht. Daher müssen wir erst noch besser verstehen, worin genau die Herausforderung besteht, mit der wir es zu tun haben: die der *privaten Regierung*.

2
Private Regierung

Kommunistische Diktaturen in unserer Mitte

Stellen wir uns eine Regierung vor, die fast jedem einen Vorgesetzten zuweist, dem man gehorchen muss. Obwohl die Vorgesetzten den meisten Untergebenen eine Arbeitsroutine vorgeben, der zu folgen ist, gibt es keine Herrschaft des Rechts. Die Anweisungen können willkürlich erfolgen und sich ohne vorherige Ankündigung oder Einspruchsmöglichkeit jederzeit ändern. Die Vorgesetzten sind gegenüber denjenigen, die sie herumkommandieren, nicht rechenschaftspflichtig. Sie sind von ihren Untergebenen weder gewählt noch von ihnen absetzbar. Die Untergebenen haben bis auf wenige eng definierte Fälle kein Recht, bei Gericht Beschwerde darüber einzulegen, wie sie behandelt werden. Sie haben zudem kein Recht darauf, bei sie betreffenden Anweisungen beratend einbezogen zu werden.

In der Gesellschaft, die von dieser Regierung beherrscht wird, gibt es mehrere Hierarchieebenen und -ränge. Der Inhalt der Anweisungen, die den Menschen erteilt werden, variiert je nach ihrem Rang. Den höherrangigen Individuen kann erhebliche Entscheidungsfreiheit bei der Ausführung der ihnen gegebenen Anweisungen eingeräumt werden, und sie können ihrerseits bestimmten Untergebenen einige Anweisungen erteilen. Das hochrangigste Individuum nimmt keine Anweisungen entgegen, erteilt jedoch viele. Bei den auf den untersten Rängen Platzierten können Körperbewegungen und Kommunikation über einen Großteil des Tages genauestens kontrolliert werden.

Diese Regierung akzeptiert keine persönliche oder private Sphäre der Autonomie, die sanktionsfrei wäre. Sie kann Kleidervorschriften erlassen und bestimmte Frisuren verbieten. Jedermann lebt unter Überwachung, womit sichergestellt wird, dass die Anweisungen von allen eingehalten werden. Die Vorgesetzten können in den E-Mails der Untergebenen herumschnüffeln und deren Telefongespräche aufzeichnen. Anlasslose körperliche Durchsuchung und Inspektionen persönlicher Gegenstände können an der Tagesordnung sein. Die Untergebenen können zu medizinischen Untersuchungen beordert werden. Die Regierung kann die Sprache diktieren und Gespräche in anderen Sprachen verbieten. Sie kann die Diskussion bestimmter Themen untersagen. Mitglieder dieser Gesellschaft können wegen ihrer im Konsens erfolgten sexuellen Aktivität oder wegen der Wahl eines Ehepartners oder einer Lebensgefährtin sanktioniert werden. Sie können wegen ihrer politischen Aktivität belangt werden und von ihnen kann gefordert werden, sich in einer Form politisch zu beteiligen, mit der sie nicht einverstanden sind.

Das von dieser Regierung geführte Wirtschaftssystem der Gesellschaft ist kommunistisch. Außer der Arbeit selbst besitzt die Regierung alle Produktionsmittel in der Gesellschaft, die sie regiert. Sie organisiert die Produktion mit Hilfe zentralistischer Planung. Die Regierungsform ist eine Diktatur. In manchen Fällen wird der Diktator von einer Oligarchie ernannt. In anderen Fällen ist der Diktator selbsternannt.

Obgleich die Kontrolle, die diese Regierung über ihre Mitglieder ausübt, allgegenwärtig ist, sind ihre Sanktionsbefugnisse begrenzt. Sie kann niemanden wegen der Missachtung von Anordnungen hinrichten oder inhaftieren lassen. Sie kann aber einzelne Mitglieder auf untere Ränge zurückstufen. Die am häufigsten verhängte Sanktion ist die Exilierung. Den Individuen steht es auch von sich aus frei zu emigrieren, doch wenn sie das tun, gibt es normalerweise kein Zurück. Exil oder Emigration können schwerwiegende Nebenfolgen haben. Die große Mehrheit hat keine weitere realistische Option, als die Einwanderung in eine andere kommunistische Diktatur zu versuchen, von denen allerdings viele zur Auswahl stehen. Ein paar Individuen schaffen es, in das anarchische Hinterland zu entkommen oder ihre eigene Diktatur zu errichten.

Diese Regierung sichert sich Einverständnis und Wohlverhalten meistens mit dem Zuckerbrot. Da sie alle Einkommen in der Gesellschaft steuert, zahlt sie denjenigen mehr, die ihre Anordnungen besonders gut befolgen, und befördert sie auf höhere Ränge. Weil sie die Kommunikation kontrolliert, verfügt sie auch über einen Propagandaapparat, dem es nicht selten gelingt, viele Unterstützer für das Regime zu gewinnen. Dies muss überhaupt nicht auf Gehirnwäsche hinauslaufen. In vielen Fällen unterstützen die Menschen das Regime bereitwillig und fügen sich dessen Anordnungen, weil sie sich damit identifizieren und von ihm profitieren. Andere stehen hinter dem Regime, weil sie auch dann, wenn sie selbst einem Vorgesetzten untergeordnet sind, Gelegenheit haben, Herrschaft über jene auszuüben, die ihnen unterstellt sind. Es sollte also nicht überraschen, dass der Rückhalt für das Regime aus diesen Gründen meist umso stärker wird, je höher der Rang ist, den eine Person innehat.

Wären Menschen, die einer solchen Regierung unterworfen sind, frei? Ich gehe davon aus, dass die meisten

Amerikaner das nicht glauben würden. Und doch arbeitet die Mehrheit von ihnen genau unter einer solchen Regierung: Es ist der moderne Arbeitsplatz, wie er in den Vereinigten Staaten für die meisten Unternehmen existiert. Der Diktator ist der CEO oder Hauptgeschäftsführer, die Vorgesetzten sind Manager, die Untergebenen sind Arbeitnehmerinnen und Arbeitnehmer. Die Oligarchie, die den CEO ernennt, existiert für Kapitalgesellschaften in öffentlichem Besitz: Es handelt sich um den Aufsichtsrat. Die Bestrafung mit Exil ist die Kündigung. Das Wirtschaftssystem des modernen Betriebs ist kommunistisch, weil die Regierung – das heißt das Unternehmen – das gesamte Anlagevermögen besitzt[1] und die Spitze der Unternehmenshierarchie den Produktionsplan entwirft, den die Untergeordneten ausführen. Im modernen Betrieb gibt es keine internen Märkte. Im Grunde genommen ist die Außengrenze der Firma als der Punkt *definiert*, an dem die Märkte aufhören und die autoritäre zentralistische Planung und Leitung anfängt.[2]

Die Mehrzahl der Arbeitnehmer in den Vereinigten Staaten wird im Arbeitsleben von kommunistischen Diktaturen regiert. Diese Diktaturen haben gewöhnlich die gesetzliche Autorität, das außerdienstliche Leben ihrer Arbeiter ebenfalls zu regeln – ihre politischen Aktivitäten, sprachlichen Äußerungen, Wahl des Sexualpartners, Gebrauch von Freizeitdrogen, Alkohol, Rauchen und Sport. Da die meisten Arbeitgeber diese Autorität über die Freizeit unregelmäßig, willkürlich und unangekündigt in Anspruch nehmen, ist vielen Arbeitnehmern gar nicht bewusst, wie umfassend sie ist. Die meisten glauben zum Beispiel, dass ihr Chef sie wegen ihrer Facebook-Posts in der Freizeit oder wegen ihrer Unterstützung für einen politischen Kandidaten, den ihr Chef ablehnt, nicht kündigen kann. Nur etwa die Hälfte der amerikanischen Arbeitnehmer genießt bei ihren außerdienstlichen sprachlichen Äußerungen wenigstens einen teilweisen Schutz vor Einmischung des Arbeitgebers.[3] Noch viel weniger verfügen bei sprachlichen Äußerungen im Beruf über einen Rechtsschutz, davon ausgenommen sind lediglich einige eng definierte Umstände. Sogar dort, wo sie einen Anspruch auf Rechtsschutz haben, wie bei sprachlichen Äußerungen im Rahmen gewerkschaftlicher Aktivität, sind ihre gesetzlichen Rechte aufgrund der nachlässigen Durchsetzung oftmals nichts als sprichwörtlich tote Buchstaben. Arbeitgeber, die entschlossen sind, die Gewerkschaften draußen zu halten, kündigen umgehend jeden, der es wagt, diese auch nur zu erwähnen, und die Kosten eines Rechtsstreits machen es den Arbeitnehmern unmöglich, sie dafür zu belangen.

Ich vermute, dass diese Beschreibung kommunistischer Diktaturen in unserer Mitte, die unser Leben allgegenwärtig regieren, und zwar häufig mit einem weit höheren Maß an Kontrolle als der Staat, für die meisten Menschen einigermaßen überraschend wäre. Viele Geschäftsführer amerikanischer Firmen, die sich selbst für libertäre Individualisten halten, wären überrascht, sich als Diktatoren einer kleinen kommunistischen Regierung geschildert zu sehen. Warum erkennen wir einen solchen allgegenwärtigen Teil unserer sozialen Verhältnisse nicht als das, was er ist? Sollten wir diese Regierungsformen nicht mindestens ebenso sehr der kritischen Überprüfung unterziehen, wie wir sie dem demokratischen Staat angedeihen lassen? Ich beabsichtige im Folgenden zu erklären, weshalb die öffentlichen Diskurse und die politische Philosophie die Allgegenwart autoritärer Kontrolle in sowohl unserem Arbeitsleben als auch unserer außerdienstlichen Zeit größtenteils vernachlässigen und weshalb wir ihr unsere Aufmerksamkeit wieder zuwenden sollten. Außerdem möchte ich einige Gedanken dazu skizzieren, was wir dagegen tun sollten – denn die Vernachlässigung dieser Fragen ist verhältnismäßig jung. Von der industriellen Revolution bis in die Zeit des New Deal waren sie heiße Themen des öffentlichen Diskurses, der akademischen und juristischen Theoriebildung sowie der politischen Agitation. Nun sind sie die Provinz von Forschenden marginalisierter akademischer Untergebiete – von Arbeitshistorikern, Wissenschaftlerinnen auf dem Gebiet des Arbeitsrechts und einigen Arbeitsökonomen – zusammen mit ein paar Arbeiterjuristen und Arbeiteraktivisten.

Unsere derzeit wichtigsten Werkzeuge für die Erfassung unseres Arbeitslebens wurden noch vor der industriellen Revolution angefertigt und ursprünglich als Bildgeber für Zukünftiges entworfen. Von den organisierten Arbeiterbewegungen, die in der Erkenntnis entstanden, dass die industrielle Revolution grundsätzlich unumkehrbare Veränderungen für die Perspektiven von Arbeitern herbeigeführt hatte, wurden sie als nutzlos verworfen. Seit dem schweren Niedergang der organisierten Arbeiterbewegungen wurden sie wieder eingesetzt, nun aber als Scheuklappen, die uns die Sicht auf unsere tatsächlichen institutionellen Verhältnisse im Bereich der Arbeit nehmen sollen. Wir benötigen andere Werkzeuge, um die normativ relevanten Eigenschaften unserer derzeitigen Institutionen der Arbeitsplatzkontrolle klar zu erkennen. Insbesondere müssen wir das Konzept der *privaten Regierung* wiederbeleben.

Private Regierung: Die Idee

Die meisten modernen Betriebe sind private Regierungen. Damit meine ich nicht bloß, dass sie sich im sogenannten privaten Sektor befinden und eine gewisse innere Autoritätsstruktur aufweisen, wie sie zum Beispiel in den Regeln für die Unternehmensführung vorgesehen ist. Ich denke dabei vielmehr an eine bestimmte Art der Verfassung einer Regierung, unter der die Subjekte unfrei sind.

Die Vorstellung von *privater Regierung* mag wie ein Widerspruch in sich erscheinen. In dem verarmten Vokabular, das den zeitgenössischen öffentlichen Diskurs beherrscht und in einem beträchtlichen Umfang auch die heutige politische Philosophie, wird der Begriff der *Regierung* oft so behandelt, als sei er gleichbedeutend mit dem des Staates, der nach unterstellter Definition ein Teil der *öffentlichen Sphäre* ist. Das vermeintliche Gegenstück, die *Privatsphäre*, ist der Ort, wo nach üblicher Vorstellung die Regierung aufhört und folglich die individuelle Freiheit anfängt. Eine charakteristische Äußerung für diese Auffassung im öffentlichen Diskurs der USA stammt beispielsweise von Ken Cuccinelli, ehemals Generalstaatsanwalt von Virginia: »Unsere ureigenste Freiheit für ein System aufzugeben, das es der Regierung erlaubt, sich noch weiter in unser Privatleben einzumischen […] [ist] nicht die Antwort. […] Jeder einzelne Schritt, den die Regierung tut, um ihre Macht auszubauen, vergrößert das *Stück*, das sie vom Freiheitskuchen hat. […] Da es nur zwei Stücke gibt, wird jedes Mal, wenn das Stück der Regierung am Freiheitskuchen wächst, das Stück des Bürgers *verringert.*«[4] Von Cuccinelli hängt allerdings nichts ab, er drückt lediglich eine Sicht aus, die im öffentlichen Diskurs breit akzeptiert ist – ganz gewiss unter Libertären, doch nicht nur unter ihnen. Lassen Sie uns dieses Durcheinander entwirren.

Erstens existiert Regierung überall dort, wo einige in einem oder mehreren Lebensbereichen über die Autorität verfügen, anderen Weisungen zu erteilen, die von Sanktionen gedeckt sind.[5] Der moderne *Staat* ist bloß eine Form der Regierung unter anderen; von Max Weber wird sie als »staatliche Zwangsanstalt« definiert, die ein Monopol in Anspruch nimmt, den legitimen Gebrauch physischen Zwangs für ein Gebiet festlegen zu können.[6] Der umgangssprachliche Wortgebrauch vor dem 19. Jahrhundert ist viel klarer, was die Unterscheidung Regierung/Staat angeht, als es unser Sprachgebrauch heute ist. Das wird zum Beispiel bei John Adams deutlich, der auf Abigails berühmten Brief antwortet, in dem sie ihn darum bittet, auch an »die Ladies zu denken«:

> Man hat uns gesagt, dass unser Kampf die Fesseln der Regierung überall gelockert hat; dass Kinder und Lehrlinge ungehorsam sind; dass es in Schulen und Colleges unruhig zugeht; dass Indianer ihre Aufseher beleidigt haben und Neger vor ihren Herren frech aufgetreten sind. Aber dein Brief war die erste Andeutung, dass ein anderer Stamm, der zahlreicher und mächtiger ist als der ganze Rest, unzufrieden geworden ist. [...] Verlass dich drauf, wir haben Besseres vor, als unsere männlichen Systeme aufzulösen.[7]

Adams gibt hier freimütig zu, dass Regierung »überall« ist – Eltern (und *Gouvernanten*) stehen als Regierung über Kindern, Meister über Lehrlingen, Lehrer über Schülern, Aufseher über Indianern, Herren über Sklaven, Ehemänner über Ehefrauen. Wie wir in Kapitel 1 gesehen haben, war dieses Verständnis des Bedeutungsumfangs von Regierung den Akteuren im England des 17. Jahrhunderts ebenso vertraut.

Betrachten wir nun die Unterscheidung zwischen öffentlich und privat. Wenn etwas legitimerweise *vor* dir privat gehalten wird, bedeutet das, es ist nicht deine Angelegenheit. Dies bringt wenigstens eine der folgenden Konsequenzen mit sich: Du hast keinen Anspruch, etwas darüber zu wissen; deine Interessen haben für Entscheidungen hinsichtlich dieser Sache kein Gewicht; du bist nicht berechtigt, Entscheidungen in dieser Sache zu treffen oder diejenigen, die dazu Entscheidungen treffen, für die Folgen verantwortlich zu machen, die diese Entscheidungen für dich haben. Wenn etwas *für* dich privat ist, bedeutet das, es ist deine Angelegenheit *und* dass du andere davon ausschließen kannst, es zu ihrer Angelegenheit zu machen. Dies zieht wenigstens eine der folgenden Konsequenzen nach sich: Du bist berechtigt, andere daran zu hindern, davon zu wissen; du musst die Interessen anderer bei Entscheidungen in dieser Sache nicht berücksichtigen; du bist anderen wegen deiner Entscheidungen hinsichtlich der Sache nicht rechenschaftspflichtig; du darfst andere von Entscheidungen im Hinblick auf die Sache ausschließen.

Wenn etwas *öffentlich* ist, bedeutet das, es ist die Angelegenheit einer mehr oder weniger gut definierten Gruppe von Menschen (Mitgliedern *der Öffentlichkeit*), so dass niemand berechtigt ist, irgendein Mitglied der Gruppe davon auszuschließen, die Sache zur eigenen Angelegenheit zu machen. Das Öffentliche im informationellen Sinne reicht typischerweise viel weiter als das Öffentliche bezogen auf Status, Entscheidungsfindung und Rechenschaftspflicht. Die drei letztgenannten Kategorien beziehen sich auf die Regelung der fraglichen Sache. Deren öffentlicher Status im Hinblick auf die Regelung beinhaltet Mittel, mit deren Hilfe die Öffentlichkeit den Status geltend macht, Ansprüche hinsichtlich ihrer Regelung anzumelden, und mit deren Hilfe sie sich selbst organisiert, um kollektive Entscheidungen in dieser Sache zu treffen und/oder die Individuen, die für solche Entscheidungen gewählt oder ernannt wurden, zur Rechenschaft anzuhalten.

Privatheit besteht im Verhältnis zu Personen. Eine Sache, die im Hinblick auf manche Personen privat ist, kann im Hinblick auf andere öffentlich sein. Ein privater Club ist für Nichtmitglieder privat, für seine Mitglieder im Allgemeinen jedoch etwas Öffentliches: Der Club wird normalerweise Sitzungen abhalten, zu denen die Mitglieder eingeladen werden. In diesen Sitzungen werden sie über die Tätigkeiten und die finanzielle Lage des Clubs unterrichtet, können sicherstellen, dass ihre Interessen bei den Vorgängen im Club berücksichtigt werden, sich an Entscheidungen beteiligen und verlangen, dass die Funktionäre des Clubs Rechenschaft ablegen. Daraus folgt, dass in der Gesellschaft nicht eine einzige Öffentlichkeit oder eine einzige Privatsphäre vorhanden ist. Es gibt viele Sphären, und ob sie öffentlich oder privat sind, hängt davon ab, wer man ist.[8]

Heute assoziieren wir den Staat mit »der« Öffentlichkeit und Dinge, die keine Angelegenheit des Staates, sondern Angelegenheit des Individuums selbst sind, mit »der« Privatsphäre. In dem Maße, wie diese Assoziationen als inhärente gelten, wird die Idee *privater Regierung* widersprüchlich erscheinen. Gehört nicht alles, was in der Privatsphäre liegt, zur individuellen Freiheit, und ist nicht alles, was *öffentlicher* Kontrolle (einer Regierung, die man irrigerweise auf den Staat beschränkt) unterliegt, eine Beschränkung individueller Freiheit? Das ist Cuccinellis Idee, die eigentlich nur Vorstellungen widerspiegelt, die im gegenwärtigen öffentlichen Diskurs fest verwurzelt sind.

Doch die Assoziation des Staates mit der Öffentlichkeit ist natürlich keine inhärente, sondern sie ist eine kontingente soziale Errungenschaft von größter Bedeutung. Die jahrhundertelangen Kämpfe für die Volkssouveränität und eine republikanische Regierungsform sind Versuche gewesen, den Staat zu etwas Öffentlichem zu machen: zu etwas, das eine Angelegenheit der Menschen ist, das für sie durchschaubar ist und ihren Interessen dient, in dem sie Mitsprache haben und über die Macht verfügen, den Herrschern Rechenschaft abzuverlangen. Autoritäre Regierungen halten am Gegenteil fest – daran, dass die Staatsgeschäfte die Privatangelegenheit der Herrschenden sind.

Dieser Punkt gilt verallgemeinert für *alle* Regierungen, nicht bloß für Regierungen, die vom Staat geführt werden. Man ist der *privaten Regierung* unterworfen, wo immer (1) man Autoritäten untergeordnet ist, die einen herumkommandieren und wegen mangelnder Gefügigkeit in irgendeinem Lebensbereich sanktionieren, und wo es (2) die Autoritäten in einer großen Bandbreite von Fällen nicht als Angelegenheit der Betroffenen behandeln, welche Anweisungen sie erteilen und weshalb sie Sanktionen anordnen. Eine Regierung ist im Hinblick auf ein Subjekt privat, wenn sie diesem Subjekt in irgendeinem Lebensbereich Anweisungen erteilen kann, die sanktionsbewehrt sind, wenn dieses Subjekt keine Mitsprache dabei hat, wie die Regierung vorgeht, und wenn es zudem nicht den Status besitzt, um (außer unter eng definierten Voraussetzungen) fordern zu können, dass bei den Entscheidungen der Regierung auch seine Interessen berücksichtigt werden sollten. Die private Regierung ist eine Regierung, die willkürliche, nicht rechenschaftspflichtige Macht über die Regierten hat. Natürlich gibt es graduelle Unterschiede. Die Befugnisse einer Regierung können in gewissen Hinsichten von anderen Regierungen sowie durch soziale Normen und andere Druckmittel in Schach gehalten werden.

Wichtig ist, dass *die private Qualität einer Regierung im Verhältnis zum Regierten definiert wird, und nicht im Verhältnis zum Staat*. Die Vorstellung von Regierungen, die gegenüber dem Staat unter privater Regie bleiben, ist uns viel vertrauter: Wir sprechen von Unternehmensführung, von Kirchenleitung usw. und beziehen uns dabei auf rechtliche Gebilde, die im Verhältnis zum Staat privat verfasst sind. Eine solche Vorstellung privater Regierung abstrahiert von den Menschen, die regiert werden, und von ihrem Verhältnis zu diesen Regierungen. Sie hebt nur auf die Tatsache ab, dass der Staat aus der Entscheidungsfindung in diesen Regierungen herausgehalten wird. Meine Definition privater Regierung konzentriert sich auf die Tatsache, dass bei vielen dieser Regierungen auch die Regierten aus der Entscheidungsfindung herausgehalten werden.

Betrachten wir nun die Verbindungen einer Regierung zur Freiheit. Was Cuccinelli schildert, ist ein Nullsummenspiel um die Freiheiten des Staates und die Freiheiten seiner Bürger. Es gibt jedoch mindestens drei Konzepte von Freiheit: ein negatives, ein positives und ein republikanisches. Wenn man negative Freiheit hat, greift niemand von außen in die eigenen Handlungen ein. Hat man positive Freiheit, verfügt man über ein großes Tableau an Optionen, die einem effektiv zugänglich sind, vorausgesetzt, man hat die entsprechenden Mittel.[9] Hat man die republikanische Freiheit, wird man von niemandem beherrscht – man ist keinem willkürlichen, rechenschaftsfreien Willen eines anderen unterworfen.[10]

Diese drei Arten von Freiheit kommen unterschiedlich zum Tragen. Eine Person, die sich ganz allein auf einer unbewohnten Insel befindet, besitzt vollständige negative und republikanische Freiheit, aber so gut wie gar keine positive Freiheit, weil es nichts zu tun gibt, außer Kokosnüsse zu essen. Die Günstlinge eines absoluten Monarchen mögen zwar viel negative und positive Freiheit genießen, wenn er ihnen großzügige Privilegien und hochbezahlte Pfründe gewährt hat. Aber es fehlt ihnen immer noch die republikanische Freiheit, denn er kann ihnen ihre Vergünstigungen jederzeit nehmen und sie auf eine Laune hin in den Kerker werfen lassen. Die Bürger wohlhabender sozialer Demokratien haben beträchtliche positive und republikanische Freiheit, unterliegen indes zahlreichen negativen Freiheitsbeschränkungen in Form komplexer staatlicher Regelungen, die ihre Wahl in zahllosen Aspekten ihres Lebens einschränken.

Alle drei Arten von Freiheit sind wertvoll. Es gibt gute Gründe dafür, sie gegeneinander abzuwägen. Wenn wir uns nur auf die negative Freiheit konzentrieren und ausschließlich rivalisierende Güter betrachten, könnte es so aussehen, als habe Cuccinelli recht mit der festen Größe des Freiheitskuchens: Die Freiheit des einen Handelnden in Bezug auf das rivalisierende Gut *G* schließt offenbar die Freiheit eines anderen Handelnden in Bezug auf dieses Gut aus. Das hieße aber, negative *Freiheiten* mit *ausschließlichen Rechten* zu verwechseln. Hobbes' Naturzustand, in dem jeder die negative Freiheit hat, sich jedes rivalisierende Gut zu nehmen oder um dessen Besitz zu konkurrieren, ist nicht im Geringsten inkohärent. Es wäre ein sozialer Zustand vollkommener negativer Freiheit – eines anarchistischen Kommunismus, in dem die Welt ein nicht geregeltes Kollektivgut ist. Es wäre außerdem ein katastrophaler Zustand. Die

Produktion würde schnell zusammenbrechen, wenn jedermann die Freiheit hätte, sich das zu nehmen, für dessen Herstellung ein anderer gearbeitet hat. Sogar die natürlichen Ressourcen der Erde würden im nicht geregelten Gemeinschaftseigentum rasch erschöpft sein. Ohne Eigentumsrechte – Rechte, andere auszuschließen – würden die Menschen sehr arm sein und unsicher leben. Chancen – *positive* Freiheiten – sind mit der Einrichtung eines Systems von Eigentumsrechten wesentlich größer.

Dies ist ein Standardargument für ein Regime privater Eigentumsrechte, an dem es nichts auszusetzen gibt. Doch seine logischen Implikationen werden häufig übersehen. Jede Schaffung eines privaten Eigentumsrechts zieht eine damit korrelierende Pflicht nach sich, jemanden daran zu hindern, sich unerlaubt am Eigentum eines anderen zu schaffen zu machen, eine Pflicht, die durch Individuen oder den Staat mit Hilfe von Zwang durchsetzbar sein muss. Private Eigentumsrechte bringen daher, gemessen am Zustand maximaler negativer Freiheit, hohe Nettoverluste an negativer Freiheit mit sich. Wenn Lalitha beispielsweise eine Landparzelle in ihrem Privatbesitz hat, ist ihre Freiheit in Bezug auf diese Parzelle durch ein *ausschließliches Recht* gesichert, das auf Kosten der identischen negativen Freiheit von sieben Milliarden anderer Menschen in Bezug auf diese Parzelle geht. Wenn wir gute Libertaristen sind und darauf bestehen, dass sich die Rechtfertigung jedweder Beschränkung der Freiheit auf irgendeine andere, wichtigere Freiheit berufen muss, hängt das libertaristische Argument für Privateigentum davon ab zu akzeptieren, dass die positive Freiheit sehr oft zu Recht die negative Freiheit aussticht. Daraus folgt, dass selbst massive staatliche Einschränkungen negativer Freiheit (in Form der Durchsetzung privater Eigentumsrechte) die Freiheit insgesamt vergrößern können (in einer Rechnung, die positive Freiheit höher gewichtet als negative Freiheit, wie es jede Rechnung tun muss, die Privateigentum unter dem Aspekt der Freiheit rechtfertigen kann).

Staatlich erzwungene Einschränkungen negativer Freiheit können auch die Freiheit insgesamt vergrößern, indem sie die republikanische Freiheit ausbauen. Das ist ein altehrwürdiges Argument aus der republikanischen Tradition: Ohne robusten Schutz der privaten Eigentumsrechte (die, wie wir gesehen haben, große Nettoverluste negativer Freiheit mit sich bringen) ist eine republikanische Regierungsform nicht gesichert, weil der Staat leicht zu einer Despotie verkommt, die Willkürmacht über ihre Untertanen ausübt. Diese Argumentation wurde vom modernen libertaristischen Schrifttum übernommen.[11]

Die Form des Arguments ist auf substaatliche private Regierungen gleichermaßen anwendbar. Wenn man einer privaten Regierung unterworfen ist – einem Zustand republikanischer Unfreiheit –, kann man die Freiheit erweitern, indem man der Macht privater Regierungschefs, Individuen herumzukommandieren oder wegen verweigerter Folgsamkeit zu sanktionieren, Beschränkungen negativer Freiheit entgegensetzt. Dies könnte eine staatliche Regelung privater Regierungen beinhalten. Verlangt ein Staat zum Beispiel verbindlich von den Arbeitgebern, dass sie davon absehen, ihre Beschäftigten aufgrund ihrer sexuellen Orientierung oder Identität zu diskriminieren, vergrößert das die republikanische und negative Freiheit der Arbeitnehmer, ihre sexuellen Identitäten auszudrücken und ihre sexuellen Partner und Lebensgefährten frei zu wählen. Es erweitert außerdem ihre positiven Freiheiten, weil sich mehr Menschen zum Comingout in der Lage sehen und sich dadurch die Chancen für

LGBTs allgemein erhöhen, mit anderen Menschen ähnlicher sexueller Orientierung Beziehungen zu unterhalten. Auf diese Weise können staatlich verordnete Einschränkungen der negativen Freiheit einiger Menschen eine Ausweitung aller drei Freiheiten für viele andere Menschen bewirken.

Private Regierung ist somit ein vollkommen schlüssiges Konzept. Um das zu begreifen, müssen wir die falsche Verengung des Geltungsbereichs von Regierung auf den Staat ablehnen und zur Kenntnis nehmen, dass in Tätigkeitsbereichen, die gegenüber dem Staat privat verfasst bleiben, jemandes Freiheit auch von privaten Regierungschefs eingeschränkt werden kann und dass verstärkte staatliche Beschränkungen für die negativen Freiheiten der Menschen enorme Nettogewinne an individueller positiver und republikanischer Freiheit erzielen können. In dem Maße, wie die Menschen, die vom Staat in ihrer Freiheit beschränkt werden, als private Regierungschefs über andere eingesetzt sind, lassen sich sogar Nettogewinne bei den negativen Freiheiten erzeugen.

Regierung am Arbeitsplatz und die Theorie der Firma als ideologische Scheuklappe

Beschäftigte sind durchgängig der privaten Regierung, wie ich sie definiert habe, unterworfen. Warum ist das so? Hinsichtlich der gesetzlichen Autorität des Arbeitgebers, Beschäftigte zu regieren, markierte die industrielle Revolution keinen deutlichen Bruch. Arbeitgeber waren juristisch gesprochen immer autoritäre Herrscher, was einer Erweiterung ihrer patriarchalen Rechte, die eigenen Haushalte zu regieren, entsprach.

Die industrielle Revolution verschob die hauptsächliche Stätte bezahlter Arbeit vom Haushalt zur Fabrik. Im Prinzip hätte dies nun ein befreiender Moment sein können, insofern er die Möglichkeit bot, die Beaufsichtigung des Arbeitsplatzes von der Beaufsichtigung des Hauses zu trennen. Doch die Arbeitgeber in der industriellen Produktion behielten ihren Rechtsanspruch, das häusliche Leben ihrer Beschäftigten zu regieren. Die Ford Motor Company gründete im frühen 20. Jahrhundert eigens eine soziologische Abteilung, die dafür zuständig war, die Wohnungen der Beschäftigten unangekündigt zu inspizieren, um sicherzustellen, dass diese einen geordneten Lebenswandel führten. Arbeiter kamen nur dann für den berühmten 5-Dollar-Tageslohn in Frage, wenn sie ihre Wohnungen sauber hielten, Nahrungsmittel aßen, die für gesund erachtet wurden, sich des Trinkens enthielten, die Badewanne ausreichend benutzten, keine Untermieter beherbergten, nicht zu viel für Verwandte im Ausland ausgaben und an die kulturellen Normen des Landes angepasst waren.[12]

Heutige Arbeitnehmer könnten eigentlich einen Seufzer der Erleichterung ausstoßen, wäre da nicht die Tatsache, dass die meisten noch immer der Kontrolle ihres Privatlebens durch den Arbeitgeber ausgesetzt sind. In einigen Fällen ist dies ausdrücklich so, wie zum Beispiel bei den vom Arbeitgeber bereitgestellten Krankenversicherungen. Nach dem Affordable Care Act (ACA) können Arbeitgeber von versicherten Arbeitnehmern einen Prämienzuschlag von 30 Prozent erheben, wenn diese die vom Arbeitgeber auferlegten Gesundheitsprogramme nicht einhalten, die sportliche Betätigung, Diäten, den Verzicht auf Alkohol und andere Substanzen vorschreiben können. Die Penn State University hat gemäß dieser Bestimmung erst jüngst damit gedroht, einen Zuschlag von 100 Dollar pro Monat von den Beschäftigten zu erheben, falls sie sich weigerten, an einer Erhebung zum Thema Gesundheit teilzunehmen, die Fragen nach ihrer familiären Situation, nach dem Sexualverhalten, der Familienplanung und nach den persönlichen Finanzen einschloss.[13] In anderen Fällen ist die Autorität des Arbeitgebers über das außerdienstliche Leben von Arbeitern ohnehin implizit gegeben, da sie das Nebenprodukt der Arbeitsverhältnis-auf-Widerruf-Richtlinie ist: Da die Arbeitgeber die Beschäftigen aus jedem Grund oder auch grundlos vor die Tür setzen können, können sie diese wegen ihrer Sexualität, ihrer Partnerwahl oder wegen irgendeiner anderen, aus deren Sicht privaten Wahl entlassen – es sei denn, der jeweilige Staat hat ein Gesetz erlassen, das dem Arbeitgeber die Diskriminierung speziell aus diesen Gründen verbietet. Der Autoritarismus am Arbeitsplatz begleitet uns wie eh und je.

Mit dem erstrebten Ziel einer fast allgemeinen wirtschaftlichen Selbständigkeit zielten die marktbefürwortenden Egalitaristen darauf ab, die Arbeiter aus solchen Regimen zu befreien, indem sie so gut wie jedem die Chance eröffnen wollten, der eigene Chef zu werden. Warum ist dieses Vorhaben gescheitert? Warum sind Arbeitnehmerinnen und Arbeitnehmer einer Diktatur unterworfen? Innerhalb der Wirtschaftswissenschaften wird die Antwort auf diese Frage von der Theorie der Firma erwartet. Sie gibt vor, politisch neutrale, technische und ökonomische Gründe dafür zu haben, weshalb die Produktion meistens in den Händen hierarchischer Organisationen liegt, in denen die Beschäftigten den Chefs untergeordnet sind, und nicht in denen einzelner Arbeiter, die autonom agieren. Was die Organisation der Produktion in fortgeschrittenen Ökonomien angeht, hat die Theorie der Firma wichtige Einsichten zu bieten. Ihr gelingt es jedoch nicht, den umfassenden Geltungsbereich der Autorität zu erklären, die Arbeitgeber über die Arbeitnehmer haben. Schlimmer noch, ihre Vertreter *leugnen* manchmal sogar, dass Letztere der Autorität ihrer Bosse unterliegen, und streiten dies mit einer Begrifflichkeit ab, welche eine Illusion der Freiheit von Arbeitnehmern widerspiegelt und bestärkt, die auch den öffentlichen Diskurs in weiten Teilen kennzeichnet. Sowohl die Theorie der Firma als auch der öffentliche Diskurs übersehen einen wichtigen Teil der Realität: dass Arbeitnehmer der *privaten Regierung* ihrer Arbeitgeber unterworfen sind.

Der marktbefürwortende egalitäre Traum scheiterte zum Teil aufgrund von ökonomischen Skaleneffekten. Der technologische Wandel, der die industrielle Revolution vorantrieb, war mit riesigen Konzentrationen an Kapital verknüpft. Um eine dampfbetriebene Baumwollspinnerei, eine Stahlgießerei, ein Zementwerk, eine Chemiefabrik oder Eisenbahnen am Laufen zu halten, mussten viele Arbeitskräfte tätig sein. Bei modernen Betrieben wie Flughäfen, Krankenhäusern, pharmazeutischen Laboren und in der Computerfertigung liegt der Fall nicht anders, ebenso bei technologieärmeren Betrieben wie Freizeitparks, Schlachthäusern, Konferenzhotels und Megasupermärkten. Die höhere Effizienz einer Produktion, die große, unteilbare Kapitalinvestitionen einsetzt, erklärt, warum es sich nur wenige einzelne Arbeiter leisten können, ihr eigenes Kapital aufzubringen. Sie erklärt, warum die Unternehmen, die für den Löwenanteil der Produktion verantwortlich sind, entgegen der Hoffnung marktfreundlicher Egalitaristen nicht in Alleinbesitz sind.

Die ökonomischen Skaleneffekte erklären allerdings

nicht, warum die Produktion nicht von unabhängigen Auftragnehmern übernommen wird, die ohne externe Aufsicht handeln und sich ihr Kapital leihen. Man könnte sich ein Fertigungsunternehmen vorstellen, das seine Betriebshalle und die Maschinen an eine Reihe selbständiger unabhängiger Auftragnehmer vermietet und diese mit Materialien beliefert. Jeder Auftragnehmer würde einen Teil oder eine Vorstufe des Produkts herstellen, die den Auftragnehmern auf der nächsten Produktionsstufe zum Kauf angeboten wird. Der letzte Auftragnehmer würde das fertige Produkt an Großhändler oder gegebenenfalls an einen Kapitalgeber verkaufen. Zwischen dem amerikanischen Bürgerkrieg und dem Ersten Weltkrieg arbeiteten einige Fabriken in New England nach einem vergleichbaren System. Sie wurden von hierarchisch organisierten Firmen abgelöst. Die Theorie der Firma erklärt dies mit den übermäßigen Kosten, die das Abschließen von Verträgen zwischen den Lieferanten von Produktionsfaktoren erzeugt.[14] In dem untergegangenen System New Englands standen sich unabhängige Auftragnehmer in einer Reihe bilateraler Monopole gegenüber, was zu opportunistischen Verhandlungen führte. Die Forderung nach periodischer Neuverhandlung der Quoten veranlasste die Auftragnehmer, Informationen zurückzuhalten und Innovationen aus strategischen Gründen aufzuschieben. Unabhängige Auftragnehmer nutzten die Maschinerie zu schnell ab, schafften es nicht, ihre Produktion mit Arbeitern auf anderen Produktionsstufen reibungslos zu koordinieren (was zu überschüssigen Beständen an Zwischenprodukten führte), und bekamen sowohl im Hinblick auf die Materialeinsparung als auch auf die Produktentwicklung nicht genügend Anreize für Innovationen.[15]

Die moderne Firma löst diese Probleme, indem sie die

Vertragsverhältnisse unter den produktiv Tätigen sowie zwischen diesen und den Besitzern anderer Produktionsfaktoren durch zentralisierte Autorität ersetzt. Ein Manager oder eine Managerhierarchie gibt zur Umsetzung zentralisierter Zielvorgaben Anweisungen an die Beschäftigten aus. Dies ermöglicht die enge Abstimmung verschiedener Arbeitskräfte und bündelt den Nutzen aller Formen von Innovation innerhalb der Firma als Ganzes. Die Manager können die Arbeitnehmer überwachen, um sicherzustellen, dass sie unermüdlich arbeiten, mit den Kolleginnen und Kollegen kooperieren und kein Kapital vergeuden. Da sie unbegrenzte Autorität über die Beschäftigten ausüben, können sie deren Leistungen je nach Bedarf anders einsetzen, um Innovationen einzuführen, Abwesende zu ersetzen und mit unvorhergesehenen Schwierigkeiten fertig zu werden. Autoritätsbeziehungen schalten die Kosten aus, die mit einer ständigen Aushandlung und Auftragsvergabe unter den Beteiligten in der Produktion einer Firma verbunden sind. Oder um den Punkt anders auszudrücken: Der Schlüssel zur besseren Effizienz der Hierarchie ist die unbegrenzte Autorität der Manager. Es ist unmöglich, im Voraus sämtliche Eventualitäten zu bestimmen, die verlangen könnten, dass die anfängliche Übereinkunft dazu, was ein Arbeiter tun soll, geändert werden muss. Effiziente Arbeitsverträge sind deshalb notwendig unvollständig, spezifizieren nicht alles genau, zu was ein Arbeitnehmer vielleicht einmal aufgefordert werden wird.

Diese Theorie der Firma erklärt zwar, warum es überhaupt Firmen gibt und warum sie aus Autoritätshierarchien bestehen, doch sie erklärt nicht den umfassenden Geltungsbereich der Autorität des Arbeitgebers über die Arbeitnehmer in den Vereinigten Staaten. Sie erklärt zum Beispiel nicht, warum die Arbeitgeber weiterhin Autorität über das außerdienstliche Leben von Arbeitnehmern haben, wenn man bedenkt, dass die Wahl des Sexualpartners, die Unterstützung einer Kandidatin in der Politik oder das Posten von Facebook-Kommentaren nichts mit der produktiven Effizienz zu tun haben. Schlimmer noch, Vertreter der Theorie der Firma nehmen anscheinend nicht einmal zur Kenntnis, wie autoritär die Firmenleitung wirklich ist. Wichtige Theoretiker spielen eben jene Autorität herunter, die sie angeblich zu erklären versuchen, oder leugnen sogar deren Existenz.

Nehmen wir beispielsweise Ronald Coase, den Begründer der Theorie der Firma. Er räumt ein, dass Firmen »Inseln vorsätzlicher Macht« sind.[16] Der Arbeitsvertrag ist ein Kontrakt, in dem der Arbeitnehmer »zustimmt, den Anweisungen eines Unternehmers zu gehorchen«. Aber »der Vertrag sollte im Wesentlichen nur die Grenzen der Befugnisse des Unternehmers beinhalten«, sagt er nachdrücklich.[17] Dies legt nahe, dass diese Grenzen Gegenstand von Verhandlungen oder zumindest der Verständigung zwischen den Vertragsparteien sind. In der übergroßen Mehrzahl der Fälle außerhalb von Zusammenhängen, in denen entweder für kollektive Tarifabschlüsse oder für Beschäftigte in Spitzenpositionen verhandelt wird, ist das nicht zutreffend. Die meisten Arbeitnehmer werden ohne irgendwelche Verhandlungen über eine inhaltliche Zuordnung der Autorität des Arbeitgebers eingestellt und haben keinen schriftlichen oder mündlichen Vertrag, der irgendwelche diesbezüglichen Grenzen festhalten würde. Wenn sie einen Arbeitnehmer-Leitfaden erhalten, in dem solche Grenzen angedeutet sind, reicht in den meisten Staaten die Aufnahme einer simplen Verzichtserklärung aus (was gängige Praxis ist), um jedwede darin enthaltene vertragliche Ausnahme zum Arbeitsverhältnis-auf-Widerruf null und nichtig zu machen.[18] Kein Wunder, dass Arbeitnehmer schockiert und empört sind, wenn ihr Chef sie kündigt, weil sie entweder zu attraktiv sind,[19] weil sie nicht zu einer politischen Veranstaltung kommen, die der Unterstützung des vom Chef bevorzugten politischen Kandidaten dient,[20] oder sogar deshalb, weil die Tochter von einem Bekannten der Chefin vergewaltigt wurde.[21]

Was bestimmt denn dann den Geltungsbereich und die Grenzen der Autorität des Arbeitgebers, wenn es nicht die Übereinstimmung der Vertragsparteien ist? Letztlich ist es der Staat, der dies mit einem komplizierten System von Gesetzen regelt – nicht nur mit dem Arbeitsrecht, sondern auch mit Gesetzen zur Regelung der Unternehmensführung, mit Vorschriften zur Sicherheit am Arbeitsplatz, für Zusatzleistungen, gegen Diskriminierung und weitere Dinge. In den Vereinigten Staaten sieht der Standard-Arbeitsvertrag eine Beschäftigung-auf-Widerruf vor. Zu dieser Doktrin gibt es im Bundesrecht nur wenige Ausnahmen, vor allem bezogen auf Diskriminierung, auf Beurlaubung aus familiären und medizinischen Gründen sowie auf gewerkschaftliche Betätigung. Im Großen und Ganzen verleiht diese Art des Beschäftigungsverhältnisses dem Arbeitgeber jedoch eine umfassende gesetzliche Autorität nicht nur über das Arbeitsleben von Arbeitnehmern, sondern auch über deren Verhalten nach Dienstschluss, weil sie den Arbeitgeber dazu berechtigt, Arbeitnehmerinnen aus jedem Grund oder grundlos zu kündigen. Beim Arbeitsverhältnis-auf-Widerruf treten die Arbeiter für die Dauer ihrer Beschäftigung unterm Strich *alle* ihre Rechte an die Arbeitgeber ab; eine Ausnahme bilden nur jene Rechte, die ihnen per Gesetz ausdrücklich zugesichert sind. Die Autorität von Arbeitgebern über Arbeitnehmer ist außerhalb von Tarifverhandlungen und abgesehen von ein paar anderen

Kontexten, wie etwa der Festanstellung als Universitätsprofessorin, umfassend, willkürlich und rechenschaftsfrei – sie kann weder zum Gegenstand von Beschwerden noch von Rechtsmittelverfahren gemacht werden. Der *Staat* hat die Verfassung der Regierung am Arbeitsplatz etabliert: Es ist eine Form der privaten Regierung.

Unter den Autoren, die sich der Theorie der Firma verpflichtet fühlen, ist der Widerstand dagegen, diese Realität anzuerkennen, offenbar weit verbreitet. Armen Alchian und Harold Demsetz sagen zum Beispiel in ihrem klassischen Aufsatz zu dem Thema:

> Es ist üblich, die Firma so zu sehen, als sei sie durch die Macht charakterisiert, strittige Fragen durch Genehmigung, durch Autorität oder durch Disziplinarmaßnahmen zu lösen. [...] Das ist eine Täuschung. Die Firma [...] verfügt über keine Macht der Genehmigung, keine Autorität, keine Disziplinarmaßnahmen, die sich auch nur im Geringsten von gewöhnlichen vertraglichen Vereinbarungen zwischen zwei beliebigen Marktteilnehmern unterscheiden. Ich kann jemanden nur »bestrafen«, indem ich von künftigen Geschäften zurücktrete oder für irgendeine Unterlassung, unsere Handelsvereinbarung einzuhalten, vor den Gerichten einen Regressanspruch geltend mache. Das ist alles, was ein Arbeitgeber tun kann. Er kann entlassen oder verklagen, so wie ich meinem Lebensmittelhändler kündigen kann, indem ich nicht mehr bei ihm einkaufe, oder ihn wegen des Verkaufs nicht einwandfreier Produkte verklagen kann. Was ist dann der Gehalt der vermuteten Macht, Arbeiter zu verschiedenen Aufgaben einzuteilen und heranzuziehen? Er ist exakt derselbe wie bei der Macht eines einzelnen kleinen Konsumenten, seinen Lebensmittelhändler für verschiedene Aufgaben einzuteilen und heranzuziehen. [...] Wenn man davon spricht, Arbeitnehmer für verschiedene Aufgaben einzuteilen, an-

> zuweisen oder heranzuziehen, ist das eine täuschende Art festzustellen, dass der Arbeitgeber ständig mit der Neuverhandlung von Verträgen befasst ist, deren Bedingungen für beide Seiten akzeptabel sein müssen. Einem Beschäftigten zu sagen, er soll diesen Brief tippen, anstatt jenes Dokument abzuheften, ist so, wie wenn ich dem Lebensmittelhändler sage, er soll mir diese Marke Thunfisch verkaufen anstatt jene Marke Brot. Ich habe keinen Vertrag, die Einkäufe bei meinem Lebensmittelhändler fortzusetzen, und weder der Arbeitgeber noch der Beschäftigte sind durch irgendwelche vertraglichen Verpflichtungen daran gebunden, ihr Verhältnis fortzuführen.[22]

Alchian und Demsetz behaupten anscheinend, wo immer es Individuen freistehe, aus einem Verhältnis auszuscheiden, könne in dem Verhältnis keine Autorität existieren. Das ist so, als sage man, Mussolini sei kein Diktator gewesen, denn die Italiener hätten doch auswandern können. Das Recht auf Auswanderung mag zwar mitunter dazu führen, dass Regierende ihre Macht von sich aus mäßigen, wird diese Macht aber wohl kaum zum Verschwinden bringen.[23]

Alternativ dazu könnten sie behaupten wollen, dass dort, wo es für Ungehorsam nur die Sanktionen des Exils oder der Zivilklage gibt, keine Autorität existiert. Das würde aber diejenigen überraschen, die den unzähligen staatlichen Vorschriften unterliegen, welche allein durch zivilrechtliche Sanktionen gedeckt sind. Einer staatlichen Vorschrift würde es auch dann nicht an Autorität fehlen, wenn die einzige Sanktion für ihre Missachtung die erzwungene Aufgabe des Arbeitsplatzes wäre. Abgesehen davon stehen den Managern neben der Kündigung und dem Klageweg noch zahllose andere Sanktionen zur Verfügung: Sie können Beschäftigte degradieren und tun es oft, sie können Lohnkürzungen vornehmen, können ihnen unangenehme Arbeitszeiten oder zu viele oder zu wenige Arbeitsstunden zuweisen, sie können ihnen gefährliche, schmutzige, niedere oder zermürbende Aufgaben zuteilen, können ihr Arbeitstempo erhöhen, ihnen ein Versagen anhängen und sie in sehr weitgezogenen Grenzen erniedrigen und drangsalieren.

Vielleicht ist ihr Gedanke aber auch der, dass dort, wo Zustimmung die Beziehung zwischen den Vertragsparteien vermittelt, diese keine der Unterordnung unter eine Autorität sein kann. Auch das wäre eine Überraschung, und zwar für die gesamte Tradition des Gesellschaftsvertrags, bei der es genau darum geht, unter welchen Umständen das Volk einer Regierung zustimmen kann. Oder ist die Idee, dass Autorität nur da existiert, wo die Untergeordneten den Anweisungen blind und automatisch gehorchen? Aber dann gibt es sie so gut wie nirgendwo. Um dafür zu sorgen, dass ihren Anordnungen Folge geleistet wird, verlassen sich selbst die repressivsten Regime in der Regel nicht allein auf blanken Terror und Gehirnwäsche, sondern bedienen sich einiger Mittel, die mehr auf Überzeugung und Belohnung abzielen.

Möglicherweise lassen sich Alchian und Demsetz von der oberflächlichen Symmetrie des Arbeitsvertrags verleiten: Bei der Beschäftigung-auf-Widerruf können auch die Arbeitnehmer aus jedem Grund oder grundlos kündigen. Dies verleitet die Autoren zu einer Gleichsetzung der Kündigung durch den Arbeitnehmer mit der Entlassung durch den Chef. Doch Arbeitnehmer haben keine Macht, den Boss aus seiner Stellung in der Firma zu entfernen. Und die eigene Kündigung bürdet den Arbeitern oft höhere Kosten auf, als wenn sie von ihrem Chef entlassen werden, weil sie dadurch nicht berechtigt sind,

Zahlungen der Arbeitslosenversicherung zu beantragen. Es ist schon eine recht seltsame Art ausgleichender Macht, mit der die Beschäftigten die Macht ihrer Chefs angeblich in Schach halten können, wenn sie sich mit ihrem Einsatz typischerweise mehr Nachteile einhandeln als mit der schlimmsten Sanktion, die von den Bossen gegen sie verhängt werden kann. Drohungen sind nur dann wirksam, wenn sie glaubwürdig sind.

Die Ironie besteht darin, dass Alchian und Demsetz eine Theorie der Firma anbieten. Eigentlich sollte diese Theorie die Frage beantworten, warum die Produktion nicht vollständig über Markttransaktionen unter unabhängigen, selbständig wirtschaftenden Marktteilnehmern abgewickelt wird, sondern vielmehr über Autoritätsbeziehungen. Das heißt, sie müssten eigentlich erklären, warum die Hoffnung der marktbefürwortenden, vorindustriellen Egalitaristen nicht aufging. Alchian und Demsetz sind unfähig, jene autoritären Implikationen in vollem Umfang zu ertragen, die sich aus der Anerkennung einer Grenze zwischen dem Markt und der Firma ergeben – selbst in einem Aufsatz nicht, in dem es darum geht, gerade dies zu erklären. So versuchen sie, die Metapher des Marktes auf die firmeninternen Beziehungen auszuweiten, und tun so, als ob jede Interaktion am Arbeitsplatz durch eine Aushandlung zwischen Managern und Arbeitnehmern vermittelt ist. Der ganze Sinn der Firma ist jedoch der Theorie zufolge, Marktkosten auszuschalten, also die betriebsinterne Preisfestsetzung per Verhandlung über jede Transaktion unter den Arbeitern und zwischen Arbeitern und Managern zu erübrigen.

Alchian und Demsetz vertreten keineswegs eine Einzelmeinung. Michael Jensen und William Meckling beispielsweise sind ebenfalls der Auffassung, dass Autorität mit der Firma nichts zu tun hat; diese sei lediglich ein

Nexus von Verträgen unter unabhängigen Individuen.[24] In einer seiner jüngeren Publikationen propagiert John Tomasi die Vorstellung, dass die abhängig Beschäftigten unabhängigen Auftragnehmern gleichen, die die Bedingungen ihrer Verträge mit den Arbeitgebern frei aushandeln, um vertragliche Arbeitsbedingungen zu erhalten, die perfekt auf ihre idiosynkratischen Spezifikationen zugeschnitten sind.[25] Während Arbeitnehmer und Arbeitnehmerinnen an der Spitze der Unternehmenshierarchie eine solche Freiheit ebenso besitzen wie eine Handvoll Topathleten, Mediengrößen und Starakademiker, ignoriert Tomasi die Tatsache, dass die große Mehrheit der Arbeitnehmer, die nicht durch Gewerkschaften vertreten wird, die Bedingungen für die Autorität des Arbeitgebers überhaupt nicht aushandelt. Warum sollten sich Arbeitgeber auch Gedanken darüber machen, wenn doch die Arbeiter, mit Billigung des Staates, bei der Annahme eines Stellenangebots ohnehin alle Freiheiten abtreten, die ihnen von staatlicher Seite nicht ausdrücklich vorbehalten sind?

Nicht nur die Vertreter einer Theorie der Firma neigen dazu, Beschäftigte so darzustellen, als seien sie unabhängige Auftragnehmer, auch der öffentliche Diskurs schließt sich dem an.[26] Dadurch entsteht der Eindruck, der betriebliche Arbeitsplatz sei eine Fortsetzung von Markttransaktionen im Horizont rechtlicher Gleichstellung, so als ob der Arbeitsvertrag kein bisschen anders wäre als der von Adam Smith geschilderte Einkauf beim Metzger, Bäcker oder Brauer. Alchian und Demsetz äußern sich diesbezüglich ganz explizit, indem sie für das Beschäftigungsverhältnis eine Analogie zum Verhältnis zwischen Kunde und Lebensmittelhändler herstellen. Doch Metzger, Bäcker und Brauer bleiben nach dem Verkauf ihrer Waren von ihren Kunden unabhängig. Die Arbeitnehmer hingegen können sich nicht von der Arbeit trennen, die sie mit dem Arbeitsvertrag verkauft haben; indem Arbeitgeber die Verfügung über Arbeit kaufen, kaufen sie die Verfügung über Menschen.

Was hat zu diesem Fehler geführt? Die Antwort darauf ist zum Teil, dass eine Darstellung dessen, was die Egalitaristen vor der industriellen Revolution von der Marktgesellschaft für die Arbeiter erhofften, unbesehen auf die Welt nach der industriellen Revolution übertragen wurde. Es wird noch immer unentwegt die gleiche Rechtfertigung für die Marktgesellschaft vorgebracht – dass sie die persönliche Unabhängigkeit der Arbeiter vor willkürlicher Autorität schützen würde –, die sich im Hinblick auf ihre ursprüngliche Ambition längst als gescheitert erwiesen hat. Das Ergebnis ist so etwas wie eine politische Hemiagnosie. Wie Patienten, die eine ihrer Körperhälften nicht wahrnehmen können, kann eine große Klasse dem Libertarismus zuneigender Denker und Politiker – mit nicht geringem öffentlichen Zuspruch – die eine Hälfte der Ökonomie nicht wahrnehmen: Sie können jene Hälfte nicht wahrnehmen, die sich *jenseits* des Marktes abspielt, *nachdem* der Arbeitsvertrag geschlossen ist.

Diese Tendenz wurde beim Übergang zur industriellen Revolution durch eine Verengung der egalitaristischen Sicht verstärkt. Während die Levellers und andere Radikale Mitte des 17. Jahrhunderts gegen alle Arten willkürlicher Regierung agitierten, verengte Thomas Paine seine Kritik weitgehend auf korrupte Machenschaften des Staates. Ebenso sprach die Republikanische Partei selbst dann noch hauptsächlich im Namen der Interessen von Geschäftsleuten und derer, die künftig selbst ein Geschäft betreiben wollten, als längst klar geworden war, dass die überwältigende Mehrheit der abhängig Beschäftigten keine realistische Aussicht hatte, diesen Status zu verwirklichen, und dass die meisten einflussreichen Geschäftsleute nicht, wie Lincoln gehofft hatte, Alleineigentümer waren (mit höchstens ein paar Angestellten, für die mehrheitlich vorgesehen war, nach Ablauf weniger Jahre in den Status der Selbständigkeit aufzusteigen), sondern Manager großer Organisationen, die Arbeiter und Arbeiterinnen regierten, deren Schicksal es sein sollte, ihr gesamtes Arbeitsleben lang lohnabhängig zu bleiben. So schlug eine politische Agenda, die einst egalisierende und auch befreiende Wirkungen versprochen hatte, in eine um, die das private, willkürliche, rechenschaftsfreie Regieren über die große Mehrheit stützte.

Schließlich versuchten die Laissez-faire-Liberalen des 19. Jahrhunderts mit ihrer bizarren Kombination aus Feindseligkeit gegenüber der Staatsmacht und Begeisterung für hyperdisziplinarische totale Institutionen, diese widersprüchlichen Argumentationslinien zusammenzuführen, indem sie ihren Fokus auf die Eintritts- und Austrittsbedingungen des Arbeitsvertrags verengten, während sie das, was tatsächlich in den Fabriken vor sich ging, in eine Blackbox verbannten. Sie waren in der Tat die treibende Kraft hinter der deutlichen Verbesserung, die für die Beschäftigten bei den Eintritts- und Austrittsbedingungen erzielt wurde.[27] Nach dem Common Law für Herr und Knecht waren die Beschäftigten durch einjährige Verträge an ihre Arbeitgeber gebunden (Lehrlinge und Dienstverpflichtete länger). Sie konnten vor Ablauf der Vertragszeit nur mit dem Risiko kündigen, alle bis dahin aufgelaufenen Löhne zu verlieren, und waren nicht berechtigt, Löhne aus Schwarzarbeit zu behalten. Anderen Arbeitgebern war es untersagt, sie anzuwerben, während sie noch unter Vertrag standen.[28] Im Laufe des

19. Jahrhunderts wurden die Arbeiter von diesen Zwängen befreit.[29]

Diese Befreiung, das ist sattsam bekannt, war ein zweischneidiges Schwert. Denn auch die Arbeitgeber wurden befreit, und zwar von jeder Verpflichtung, Arbeiter beschäftigen zu müssen. Wie schon erwähnt, hatte das Schlimmste, was die Arbeiter ihrem Chef antun konnten, Folgen, unter denen sie mindestens so stark litten wie unter den Folgen des Schlimmsten, was ihnen der Chef antun konnte. Für die Masse der Arbeiter, die am untersten Ende der Hierarchie angesiedelt waren, gab dies als Drohpotential wenig her, es sei denn, es wurde in einem Streik kollektiv angewendet. Sie hatten unter diesen Bedingungen keine realistische Erwartung auf Befreiung vom Autoritarismus am Arbeitsplatz.

Und so ist es nicht überraschend, dass es bei einem zentralen Kampf der britischen Arbeiter Mitte des 19. Jahrhunderts um die Begrenzung der täglichen Arbeitszeit ging – sogar mehr darum als um höhere Löhne. Dies war richtig, obwohl die Arbeiter in dieser Phase der industriellen Revolution – während der ersten fünfzig bis sechzig Jahre – unter »Engels Lohnpause«, einer Stagnation bei den Löhnen, litten.[30] Auch mein Schwerpunkt liegt nicht auf Fragen der Entlohnung oder distributiven Gerechtigkeit, sondern auf der Freiheit des Arbeitnehmers. Wenn die industrielle Revolution bedeutete, dass arbeitende Menschen bei der Arbeit nicht ihr eigener Herr sein konnten, dann konnten sie doch zumindest versuchen, die Länge des Arbeitstages zu begrenzen. So würden ihnen wenigstens einige Stunden gehören, in denen sie selbst entscheiden konnten, anstatt den Befehlen anderer zu folgen.[31]

Das war ein von den europäischen Arbeiterbewegungen in der Mitte des 19. Jahrhunderts unmittelbar erstrebtes Ziel. Im weiteren Verlauf des Jahrhunderts gaben die Arbeiter ihre marktfreundlichen, individualistischen, egalitären Hoffnungen größtenteils auf und wandten sich sozialistischen, kollektivistischen Alternativen zu – oder anders gesagt: Es ging ihnen um eine Reorganisation der innerbetrieblichen Führungsstrukturen. Das Problem war, dass die den Arbeitnehmern verfügbaren Optionen fast ausschließlich aus privaten Regierungen bestanden. Die Laissez-faire-Liberalen propagierten die Freiheit des freien Marktes und gaben ihnen den Rat: Sucht euch euren Leviathan aus! Ebenso hätte man den Bürgern des kommunistischen Blocks in Osteuropa sagen können, dass ihre Freiheit ja dadurch gewährleistet sei, dass sie in jedes beliebige Land auswandern können – solange es sich hinter dem Eisernen Vorhang befindet. Abwanderungen der Bevölkerung hätten wahrscheinlich einen gewissen Druck auf kommunistische Herrscher ausüben können, ihre Herrschaft zu lockern. Aber warum sollte der Leviathan die entscheidende Linie ziehen, vor der ein Wettbewerb stattzufinden hat? Kein Liberaler oder Libertärer würde sich, was die Wahl staatlicher Regierungen angeht, mit einem Wettbewerbsgleichgewicht zufriedengeben, das vor dieser entscheidenden Linie zustande kommt. Die Arbeiterbewegungen lehnten eben genau dies für nichtstaatliche Regierungen ab.

Auf deren Einwand hatten Libertaristen und Laissez-faire-Liberale keine glaubwürdige Antwort. Wir sollten nicht so töricht sein anzunehmen, dass das Wettbewerbsgleichgewicht in den Arbeitnehmer-Arbeitgeber-Beziehungen jemals von politisch neutralen Marktkräften und vermittelt durch die reine Vertragsfreiheit hergestellt wurde, wobei das Ergebnis einzig und allein vom freien Spiel der eigenwilligen Präferenzen der Individuen bestimmt wurde. Das ist eine ebenso große Täuschung wie die Vorstellung, dass der betriebliche Arbeitsplatz nicht autoritär organisiert ist. Jedes Wettbewerbsgleichgewicht kommt vor einem Hintergrund der Zuschreibung von Eigentumsrechten und anderen Rechten zustande, die der Staat etabliert. Der Staat sorgt für die unverzichtbare rechtliche Infrastruktur entwickelter Ökonomien als eine Art öffentliches Gut; und er wird in dieser Funktion benötigt, um die Kooperation in jenen gewaltigen Größenordnungen zu erleichtern, durch die sich die reichen und hochkomplexen Ökonomien heute auszeichnen.[32] Es ist also der Staat, der die Grundordnung dafür festlegt, wie Betriebe geführt werden. Und wir müssen feststellen: Es handelt sich um eine Form von autoritärer, privater Regierung, bei der die auf Widerruf beschäftigten Arbeitnehmerinnen und Arbeitnehmer *alle* ihre Rechte an ihre Arbeitgeber abtreten, mit Ausnahme derjenigen, die ihnen durch das Gesetz speziell zugesichert sind.

Die Freiheit des Eintritts und des Austritts aus jedem Beschäftigungsverhältnis reicht nicht aus, um dieses Ergebnis zu rechtfertigen. Um dies deutlich zu machen, betrachten wir einen analogen Fall für das Recht der Coverture, die der Staat lange als den Regelfall des Ehevertrags etabliert hatte.[33] Unter der Coverture verlor eine Frau nach der Eheschließung mit einem Mann sämtliche Rechte, Eigentum zu besitzen und Verträge in eigenem Namen abzuschließen. Der Ehemann hatte das Recht, ihre Bewegungsfreiheit einzuschränken, sich aller ihrer Löhne zu bemächtigen, sie zu schlagen und zu vergewaltigen. Die Ehescheidung zu erhalten, war sehr schwierig. Der Ehevertrag war nur dann gültig, wenn er von beiden Seiten freiwillig akzeptiert wurde. Es war ein Vertrag, der in die Unterwerfung führte, da er die Unterordnung der Frau unter die private Regierung ihres Ehemanns mit sich brachte. Stellen wir uns eine Modifikation dieses patriarchalen Herrschaftsregimes vor, die es beiden Ehepartnern erlaubt, sich auf eigenen Wunsch scheiden zu lassen, und es zudem gestattet, jede Klausel des Standardvertrags durch eine voreheliche Vereinbarung abzuändern. Dies gleicht der Modifikation, die Laissez-faire-Liberale der privaten Regierung des betrieblichen Arbeitsplatzes hinzufügten. Völlig zu Recht würden Frauen einwenden, dass ihre Freiheiten mit dieser Modifikation noch immer nicht respektiert würden, weil die Coverture trotz allem eine patriarchalische Grundgesinnung wahrt, bei der die Männer nach wie vor praktisch alle Karten in der Hand haben. Die Modifikation würde einigen Glücklichen ermöglichen, der Unterwerfung durch ihren Ehemann zu entkommen, doch das reicht nicht aus, um die patriarchale Autorität zu rechtfertigen, welche die große Mehrheit der Männer über ihre Frauen behalten würde.[34] Die Zustimmung zu einer Option in einer Gesamtmenge kann die Gesamtmenge der Optionen an sich nicht rechtfertigen.

Zurück in die Zukunft

Wir haben mit Hilfe eines Blicks in die Geschichte sehen können, warum eine bestimmte Art des libertaristischen Denkens über die Marktgesellschaft und deren Verheißung in ihrem ursprünglichen Zusammenhang vor der industriellen Revolution durchaus Hand und Fuß hatte und warum es für Egalitaristen zu dieser Zeit vernünftig war, sie zu befürworten. Aber die industrielle Revolution zerstörte den Zusammenhang, in dem diese Vision Sinn ergab. Der neue Kontext machte aus einer vormals befreienden egalitären Vision ein Argument für einen allgegenwärtigen Autoritarismus am Arbeitsplatz – für eine willkürliche, hierarchische, private Regierung. Die sich herausbildende Rhetorik eines Laissez-faire-Liberalismus, der im 19. Jahrhundert aufkam, spielte die wahren Probleme herunter und stellte in Orwell'scher Manier Unterwerfung als Freiheit hin.

Die Arbeiterbewegungen von der Mitte des 19. Jahrhunderts bis nach dem Zweiten Weltkrieg ließen sich davon nicht hinters Licht führen.[35] Das soll nicht heißen, dass sie durchweg vernünftige Ideen hatten, wie das Problem zu lösen sei. Ich habe nicht den Platz, um hier die Torheiten des demokratischen Staatssozialismus wiederzugeben.[36] Und auch nicht dafür, die Katastrophen eines Staatskommunismus zu schildern, die von derselben totalitären Vision beherrscht waren wie die ursprünglichen Erfinder totaler Institutionen– nur um ein Vielfaches größer dimensioniert, viel gewalttätiger und unberührt von jeglicher Skepsis in Bezug auf die Staatsmacht. Wie die ursprünglichen Erfinder hatten die Staatskommunisten weder das Ideal der Freiheit noch das Ideal der Gleichheit im Blick, sondern waren auf utilitaristischen Fortschritt und die Perfektionierbarkeit des Menschen unter dem Zwang privater Regierung aus.

Mir geht es vielmehr darum, dass der öffentliche und akademische Diskurs mit dem drastischen Rückgang der organisierten Arbeiterschaft und speziell mit dem Siegeszug des angeblich freien Marktes seit dem Ende des Kalten Kriegs größtenteils ein Problem aus dem Blick verloren hat, das die organisierten Arbeiterinnen und Arbeiter im 19. Jahrhundert klar sahen: die Allgegenwart privater Regierung am Arbeitsplatz. Im Grunde betrifft das die meisten von uns – wir arbeiten unter der Autorität kommunistischer Diktatoren und sehen die Wirklichkeit nicht als das, was sie ist.

Viele unter uns, insbesondere die meisten derjenigen, die meine Ausführungen lesen, finden die Situation gar nicht so schlecht. Meine Leserinnen und Leser sind höchstwahrscheinlich unkündbare Professoren oder Anwärterinnen auf Festanstellung, die – das ist unter nichtorganisierten Arbeitnehmern in den Vereinigten Staaten so gut wie einmalig – erhebliche, auch einklagbare Rechte haben und bei ihrer Arbeit einen Grad an Autonomie genießen, der unter Beschäftigten sonst eher Seltenheitswert besitzt.[37] Wenn meine Leser Studierende oder Absolventinnen eines Colleges sind, werden sie vermutlich künftig die Diktatoren oder höherrangigen Angestellten privater Regierungen sein. Vielleicht werden sie auch dem System entkommen und zu der relativ kleinen Schar von Freiberuflern gehören, die keine eigenen Angestellten haben. Die Menschen, um die ich mir Gedanken mache, sind die 25 Prozent der Beschäftigten, die verstehen, dass sie bei der Arbeit einer Diktatur unterworfen sind,[38] und die weiteren ungefähr 55 Prozent, die weder gesichert selbständig noch Manager auf der Führungsebene sind; die weder zur schmalen elitären Riege der Stars ohne Managerfunktion gehören, welche dennoch die Macht haben, Arbeitsverträge nach ihren Angaben zu diktieren (Spitzensportler, Entertainer, akademische Superstars), und noch nicht einmal zur ständig weiter schrumpfenden Klasse der Arbeiter mit immer niedriger ausfallenden Tarifabschlüssen. Diese 55 Prozent sind nur noch einen Schritt – eine willkürliche und repressive Entscheidung aus dem Management – davon entfernt zu erkennen, was die 25 Prozent bereits wissen. Aber diese 80 Prozent erhalten im gegenwärtigen öffentlichen und akademischen Diskurs so gut wie keine Anerkennung.

Ich behaupte nicht, dass private Regierungen am betrieblichen Arbeitsplatz genau so mächtig sind wie Staaten. Ihre Sanktionsmacht ist schwächer, und die Kosten der Emigration aus repressiven privaten Regierungen sind im Allgemeinen geringer als die Kosten der Emigration aus Staaten. Doch private Regierungen setzen eine viel minutiösere, anspruchsvollere und umfassendere Überwachung der Beschäftigten durch, als demokratische Staaten das in irgendeinem Bereich außerhalb von Gefängnissen und dem Militär tun. Private Regierungen erlegen den Arbeitern Kontrollen auf, die bei demokratischen Staaten nicht verfassungskonform sind, sofern sie Bürgern zugemutet werden, die keine Gefängnisinsassen oder Militärangehörige sind.

Die negativen Freiheiten der meisten Arbeitnehmer sind de facto beträchtlich größer als die Freiheiten, auf die sie im Rahmen ihres Arbeitsverhältnisses einen gesetzlichen Anspruch haben. Wettbewerbsdruck, soziale Normen, mangelndes Interesse und schlichter Anstand hindern die meisten Arbeitgeber daran, ihre Autorität in vollem Umfang auszuspielen. Dass die Freiheit der Beschäftigten nicht sicher gewährleistet ist, sollte uns dennoch etwas angehen. Sie arbeiten in einem Zustand republikanischer Unfreiheit, ihre Freiheiten sind anfällig für eine Aufhebung ohne Rechtfertigung, Ankündigung, Prozess oder Berufung. Dass sie substanziell größere negative Freiheit genießen, als ihnen von Rechts wegen zusteht, rechtfertigt das Fehlen republikanischer Freiheit in diesem Fall ebenso wenig wie die Tatsache, dass die meisten Ehefrauen mehr Freiheiten hatten, als es ihr Rechtsanspruch vorsah, die Coverture – sogar jene durch freie Scheidung modifizierte – rechtfertigen konnte.

Nehmen wir einmal an, es befinden sich Menschen unter einer privaten Regierung, also in einem Zustand republikanischer Unfreiheit oder der Unterwerfung unter den willkürlichen Willen eines anderen. Normalerweise ist das auch ein Zustand, in dem die negative Freiheit erheblich eingeschränkt ist. Mit welchen Mitteln könnten die Menschen nun ihre Freiheit erlangen? Eine Möglichkeit wäre, der Unterwerfung unter eine Regierung insgesamt ein Ende zu machen. Sollte es sich bei der betreffenden Regierung um einen Staat handeln, ist dies die anarchistische Antwort. Wir haben bereits gesehen, dass dann, wenn die Regierung ein Arbeitgeber ist, die Antwort vieler Egalitaristen vor der industriellen Revolution darin bestand, für ein Eigentumsregime einzutreten, das die wirtschaftliche Selbständigkeit fördert und das sie vielleicht sogar zu einer Chance macht, die fast allen – jedenfalls fast allen Männern – offensteht. Dies läuft darauf hinaus, die Anarchie zur wesentlichen Form der Ordnung am Arbeitsplatz machen zu wollen.

Die Theorie der Firma erklärt, warum dieser Ansatz nicht die produktiven Vorteile der Massenproduktion wahren kann. So etwas wie eine unvollständig spezifizierte Autorität über Gruppen von Arbeitskräften ist erforderlich, um Marktbeziehungen innerhalb der Firma ersetzen zu können. Die Theorie der Firma erklärt zwar die Notwendigkeit von Hierarchie, erklärt oder rechtfertigt jedoch nicht privates Regieren am Arbeitsplatz. Dass die Verfassung der Regierung am betrieblichen Arbeitsplatz sowohl willkürlich als auch diktatorisch ist, wird nicht von der Effizienz oder der Vertragsfreiheit vorgeschrieben, sondern geht vielmehr auf das Konto des Staates. Die Vertragsfreiheit erklärt die Arbeitsplatzverfassung des Wettbewerbsgleichgewichts ebenso wenig, wie die Verehelichungsfreiheit die Unterwerfung der Frauen unter das Patriarchat durch die Coverture erklärt.

Mit anderen Worten, den großen Wettbewerb zwischen Individualismus und Kollektivismus in der Produktionsweise hat der Kollektivismus klar gewonnen. Beinahe die gesamte Produktion wird mittlerweile von Arbeiterteams ausgeführt, welche große, unteilbare Formen der Kapitalausstattung nutzen, die in Gemeinschaftsbesitz sind. Die Tätigkeiten dieser Teams werden von Managern geleitet, die einem zentral vorgegebenen Produktionsplan folgen. Dies hat sich als Ergebnis der industriellen Revolution durchgesetzt und wurde von Kapitalisten und Sozialisten gleichermaßen gutgeheißen. Dass Befürworter des Kapitalismus weiterhin so reden, als ob ihr bevorzugtes Produktionssystem den »Individualismus« hochhält, ist einfach nur ein Symptom der institutionellen Hemiagnosie, das heißt des nicht mehr angebrachten Einsatzes einer hoffnungsvollen vorindustriellen Vision von dem, was die Marktgesellschaft an Verbesserungen bringen würde. Man redet so, als ob diese Vision unsere aktuelle Realität beschreiben würde, wo doch in Wirklichkeit in weiten Bereichen der Produktion Marktbeziehungen durch Regierungsbeziehungen ersetzt wurden.

Die Arbeiter im 19. Jahrhundert wandten sich in der Frage des Arbeitsplatzregimes von individualistischen Lösungen ab und interessierten sich für kollektivistische Lösungen, weil sie erkannten, dass in der neuen industriellen Ordnung an interpersonalen Autoritätsbeziehungen – Regierungen über Gruppen von Arbeitskräften – kein Weg vorbeiführte. Wenn Regierung unausweichlich oder zur Lösung bestimmter wichtiger Probleme nötig ist, besteht die einzige Möglichkeit, den regierten Menschen Freiheit zu bringen, darin, die Regierung zu etwas Öffentlichem zu machen, indem sie den Regierten Rechenschaft schuldig ist. Daher stellt sich die Aufgabe, private Regierung durch öffentliche Regierung zu ersetzen.

Wenn die Regierung ein Staat ist, haben wir einige

recht gute Ideen, wie wir vorgehen müssen: Die gesamte Geschichte der Demokratie unter der Herrschaft des Rechts ist im Grunde eine Abfolge von Experimenten dazu, wie man die Regierung des Staates zu etwas Öffentlichem machen und den Menschen unter dem Staat Freiheit bringen kann. Diese Experimente dauern bis heute an.

Was aber, wenn die Regierung ein Arbeitgeber ist? Hier sind die Dinge weniger klar. Es gibt vier allgemeine Strategien, um die Freiheiten und Interessen der Regierten unter jedem Typus von Regierung voranzubringen und zu schützen: (1) Abwanderung, (2) die Rechtsstaatlichkeit, (3) substanzielle verfassungsmäßige Rechte und (4) Mitsprache. Schauen wir uns die einzelnen Punkte der Reihe nach an.

Die Abwanderung wird normalerweise als eine hervorragende libertaristische Strategie zum Schutz individueller Rechte angepriesen. Abwanderungsrechte üben Druck auf Regierungen aus, ihren Subjekten bessere Bedingungen anzubieten, indem man die Regierungen zwingt, um Subjekte zu konkurrieren. »Das Recht, den Arbeitgeber zu wechseln, ist die Verteidigung gegen schlechte Arbeitszeiten, Bezahlung, Arbeitsbedingungen oder Behandlung.«[39] In Anbetracht dieser Tatsache ist es verwunderlich, wie entspannt manche Libertaristen mit der Gültigkeit von versklavenden Verträgen umgehen, aus denen eine Abwanderung nicht erlaubt ist.[40] Aus ihrer Sicht ist die Vertragsfreiheit höher anzusetzen als die Freiheit eines Individuums unter einer solchen Regierung oder sogar die Freiheit, diese Regierung zu verlassen. Obwohl Verträge, die in Sklaverei und Peonage führen, keine Rechtsgültigkeit mehr beanspruchen können, sind andere vertragliche Sperren gegen eine Abwanderung verbreitet und nehmen zu. Konkurrenzausschlussklauseln, die Beschäftigte daran hindern, vor Ablauf einiger Jahre für andere Arbeitgeber derselben Branche zu arbeiten, sind von den technischen Berufen ausgehend (wo ihnen nahezu die Hälfte der Beschäftigten unterliegt) zu Berufen wie Sandwichzubereiter, Pestizidversprüher, Ferienlagerbetreuer und Hairstylist vorgedrungen.[41] Arbeitgeber können ihre Beschäftigten zwar nicht mehr in Leibeigenschaft halten, doch sie können das Humankapital von Arbeitnehmern gefangen setzen. Kalifornien ist einer der wenigen Staaten, der Konkurrenzausschlussklauseln verbietet. Wie die Dynamik von Kaliforniens Wirtschaft beweist, werden solche vertraglichen Vorkehrungen gegen eine Arbeitnehmerabwanderung für das Wirtschaftswachstum nicht nur nicht benötigt, sondern untergraben es wahrscheinlich sogar.[42] Es sollte eine starke Rechtsvermutung gegen solche Schranken für die Abwanderung geben, um die Freiheit von Arbeitnehmerinnen zu schützen, aus der Regierung ihres Arbeitgebers abwandern zu können.

Die Herrschaft des Rechts ist ein komplexes Ideal, das mehrere Schutzleistungen für die Freiheiten von Subjekten umfasst: (a) Autorität darf nur durch Gesetze ausgeübt werden, die auf angemessene Weise verabschiedet und im Voraus öffentlich gemacht wurden, anstatt durch willkürliche Anordnungen, die ohne jegliches Verfahren erteilt werden. (b) Den Subjekten steht es frei, all das zu tun, was vom Recht nicht speziell verboten ist. (c) Gesetze sind generell auf jeden unter vergleichbaren Umständen anwendbar. (d) Die Subjekte haben das Recht auf ein ordentliches Verfahren, bevor sie wegen Nichteinhaltung der Gesetze sanktioniert werden. Nicht alle diese Schutzleistungen, die mit Blick auf die staatliche Autorität ersonnen wurden, können ohne weiteres auf den Beschäftigungszusammenhang übertragen werden. Die meisten der Lösungen für Probleme, die der Staat angehen muss, beinhalten Vorschriften, die den Individuen eine große Palette von Optionen zur Auswahl von Zwecken und Mitteln lassen. Im Gegensatz dazu erfordert eine effiziente Produktion fast immer eine enge Abstimmung von Tätigkeiten gemäß den zentral vorgegebenen Zielsetzungen, und dabei haben Manager das Sagen, die eine in ihrem Ermessen liegende Autorität ausüben. Dies bringt es häufig mit sich, dass die Autorität von Managern über Arbeitnehmer zweierlei sein soll: zum einen gezielt (indem sie Letztere auf hochgradig spezialisierte Bewegungen und Sprechakte beschränkt und ihnen nicht erlaubt, bei der Arbeit ihre persönlichen Zielvorstellungen zu verfolgen oder gar ihre eigenen Mittel für einen vorgeschriebenen Zweck zu wählen), zum anderen jedoch unvollständig spezifiziert. Der Staat erlässt Verkehrsregeln, die es den Menschen freistellen, ihre eigenen Zielorte, Routen und Zwecke zu wählen, Walmart hingegen weist seine Fahrer an, was sie einladen müssen, wann und wo sie es auszuliefern haben und welche Route sie nehmen sollen. Unvollständig spezifiziert muss die Autorität der Manager sein, um den verschiedenen Arbeitskräften rasch andere Aufgaben zuweisen zu können, wenn neu aufgetretene Umstände dies verlangen. Schließlich stellen äußerst kostspielige verfahrensrechtliche Schutzbestimmungen gegen Entlassungen auch Hürden für Neueinstellungen dar. All diese Hindernisse, die eine Anwendung von rechtsstaatlichen Schutzmaßnahmen am Arbeitsplatz nicht gerade befördern, ermutigen die Arbeitgeber, ihre Autorität zu missbrauchen, die Arbeitnehmer entwürdigender Behandlung zu unterziehen und deren Freiheit überzogene Beschränkungen aufzuerlegen.

Gleichzeitig ist es sehr einfach, die Hindernisse zu

übertreiben, die der Einrichtung solcher Schutzleistungen im Bereich der Arbeit entgegenstehen. Größere Organisationen halten für ihre Angestellten im Allgemeinen Handbücher und Leitfäden bereit, in denen Verhaltensstandards festgeschrieben sind, und sorgen auf diese Weise für eine Optimierung der Autorität nach legalistischen Richtlinien. In größeren Organisationen existieren im Hinblick auf einen begrenzten Kreis von Problemen bereits gleicher Schutz und das Recht auf ein ordentliches Verfahren für die Arbeitnehmer. Eine Angestellte, die von ihrem Chef sexuell belästigt worden ist, kann sich normalerweise auf innerbetriebliche Verfahren stützen, die ihre Beschwerde einer Lösung zuführen. Solche Schutzregeln spiegeln ein weltweites »Verschwimmen der Grenzen« zwischen profitorientierten, gemeinnützigen und staatlichen Organisationen, das offenbar nicht einfach von Veränderungen der Gesetzeslage herrührt, sondern seine Impulse von kulturellen Imperativen des wissenschaftlichen Managements erhält sowie von bestimmten Ideen bezüglich individueller Rechte und der Verantwortung von Organisationen.[43] Manche, aber nicht alle dieser Entwicklungen im Management sind heilsam. Sie sind jedenfalls genuine Forschungsgegenstände der politischen Theorie, sobald wir bei dem Thema den Blick weiten und nicht nur auf den Staat schauen.

Eine gerechte Arbeitsplatzverfassung sollte elementare Grundrechte enthalten, vergleichbar einer Grundrechtecharta [*bill of rights*] für die Arbeitnehmer. Ansatzweise erfüllen der Fair Labor Standards Act, die Antidiskriminierungsgesetze und andere Vorschriften am Arbeitsplatz diese Funktion bereits. Eine Arbeitnehmer-Grundrechtecharta ließe sich noch stärken, indem man robustere Schutzregeln hinzufügt, die die Freiheit von Arbeitnehmern bei außerdienstlichen Aktivitäten unterstreichen, zum Beispiel bei der Wahrnehmung politischer Rechte, der freien Rede[44] und der Partnerwahl. Die von der Occupational Safety and Health Administration (OSHA) definierten Verbote für besonders erniedrigende, gefährliche und beschwerliche Arbeitsbedingungen können ebenfalls als Teil einer solchen Grundrechtecharta angesehen werden. Die Firma Nabisco hatte ihren Fließbandarbeiterinnen einst mit dreitägiger Arbeitssperre gedroht, falls sie die Toilette aufsuchen sollten, und wies sie an, in ihre Kleidung zu urinieren.[45] Erst im Jahr 1998, nachdem Fälle wie der von Nabisco an die Öffentlichkeit kamen und für Empörung gesorgt hatten, wurde von der OSHA eine Vorschrift erlassen, die von den Arbeitgebern verlangt, das Recht der Beschäftigten auf Toilettennutzung anzuerkennen. Die Arbeitnehmerschaft in Europa ist durch Anti-Mobbing-Gesetze vor Belästigungen aller Art geschützt.[46] Dies gibt ihr bei weitem robustere Grundrechte am Arbeitsplatz als den Arbeitnehmern in den Vereinigten Staaten, die schikaniert werden können, ohne dass ein Konflikt mit dem Gesetz entsteht, solange ihre Drangsalierer sie nicht aufgrund ihrer Rasse, ihres Geschlechts oder anderer geschützter Identitäten diskriminieren, wenn sie sich ihre Opfer suchen.

Allerdings ist eine Grundrechtecharta nicht in der Lage, die Arbeiter vor jeglicher Art von Misshandlung zu schützen. Weil sie so verfasst sein muss, dass sie einheitlich für alle Arbeitsplätze gilt, kann sie bestenfalls Mindeststandards formulieren. Außerdem werden die Rechte der am wenigsten begünstigten Arbeiter in der Praxis viel zu wenig durchgesetzt.[47] Darüber hinaus sehen solche Gesetze keine betriebliche Mitbestimmung auf der Ebene der Firmenleitung vor. Sie setzen der Diktatur der Arbeitgeber lediglich Grenzen.

Aus diesen Gründen gibt es keinen angemessenen Ersatz dafür, den Arbeitnehmern die Mitsprache an ihrer Regierung einzuräumen. Via Mitsprache lassen sich die Regeln am Arbeitsplatz leichter an die Bedingungen vor Ort anpassen, als es mit staatlichen Vorschriften möglich ist, während der Respekt für die Freiheit, die Interessen und die Würde von Arbeitern und Arbeiterinnen Berücksichtigung findet. Nur weil die Steuerung der Betriebsabläufe eine Stellenhierarchie erfordert, bedeutet das nicht, dass Inhaber höherer Stellen von der Rechenschaftspflicht gegenüber den Untergebenen befreit sein müssen oder dass diese bei der Entscheidungsfindung im Management keine Rolle spielen sollten. In den Vereinigten Staaten haben zwei Modelle für die Mitsprache von Arbeitnehmern am meisten Beachtung gefunden: die betriebliche Demokratie und die Gewerkschaften. Die Demokratie am Arbeitsplatz in der Form von Firmen im Belegschaftseigentum oder unter Belegschaftsleitung war über einen langen Zeitraum ein Ideal vieler Egalitaristen.[48] Während viel getan werden könnte, um Gesetze zu erarbeiten, die dieser Struktur mehr entgegenkommen, könnten manche ihrer Kosten schwer zu meistern sein. Insbesondere die Kosten von Verhandlungen unter Arbeitnehmern mit asymmetrischen Interessen (zum Beispiel aufgrund unterschiedlicher Fertigkeiten) scheinen recht hoch zu sein.[49]

In den Vereinigten Staaten sind Tarifverhandlungen der wichtigste Weg gewesen, auf dem sich Arbeiter die Mitsprache an der Regierung ihres Arbeitsplatzes gesichert haben. Allerdings waren selbst auf dem zahlenmäßigen Höchststand von 1954 nur 28,3 Prozent der Arbeiter durch eine Gewerkschaft vertreten.[50] Heute vertreten die Gewerkschaften nur 11,1 Prozent aller Beschäftigten und 6,6 Prozent derjenigen im privaten Sektor.[51] Obgleich die Gesetze so geändert werden könnten, dass es für Arbeitnehmer einfacher wäre, sich gewerkschaftlich zu organisieren, trifft das nicht die Schwierigkeiten, die dem Gewerkschaftsmodell in den Vereinigten Staaten innewohnen. Das US-Modell organisiert die Arbeiter auf der Firmenebene anstatt auf der Branchenebene. Die Firmen widersetzen sich vehement der gewerkschaftlichen Organisierung, weil sie Wettbewerbsnachteile im Vergleich mit Firmen ohne gewerkschaftliche Organisierung vermeiden wollen.[52] Zudem erzwingen die Gewerkschaften auch Unwirtschaftlichkeiten, was auf ihre Monopolstellung zurückzuführen ist.[53] Gegenüber dem Management nehmen sie eine antagonistische Haltung ein – was nicht nur dem Management, sondern auch vielen Arbeitnehmern nicht behagt. Gleichzeitig sorgen sie oft für die einzige wirksame Mitsprache, die Beschäftigte im Hinblick auf die Organisation ihres Arbeitsplatzes haben.

Es ist durchaus möglich, eine Verfassung für den Arbeitsplatz zu konzipieren, in welcher die Arbeitnehmer eine nichtantagonistische Mitsprache haben, ohne damit Bedenken wegen einer Monopolisierung hervorzurufen. Die überwältigende Mehrheit der Beschäftigten in den Vereinigten Staaten wünscht sich eine solche Mitsprache: 85 Prozent würden es gern sehen, wenn Management und Arbeitnehmer die Firmenleitung »gemeinsam übernehmen« würden.[54] Eine solche Verfassung ist in den Vereinigten Staaten nach dem National Labor Relations Act, der eine Betriebsgewerkschaft untersagt, illegal. Doch genau diese Struktur ist in Europa gang und gäbe. Das bundesdeutsche System der Mitbestimmung, dessen Anfänge in der Weimarer Zeit liegen und das seit dem Zweiten Weltkrieg weiterentwickelt wurde, bietet ein höchst erfolgreiches Modell.[55]

Es liegt nicht in meiner Absicht, ein bestimmtes Modell für die Mitwirkung der Arbeitnehmer an der Firmenleitung zu verteidigen. Mir geht es vielmehr darum, hinsichtlich der Frage, wie Regierung in das Leben amerikanischer Arbeitnehmer passt, ein tiefgreifendes Versagen der aktuellen Denkweisen offenzulegen. Wir leben nicht in der Marktgesellschaft, die Paine und Lincoln vorschwebte und die eine ansprechende Vision dafür verkörperte, wie eine freie Gesellschaft von Gleichen aussehen würde, die libertäre und egalitäre Ideale individualistischen Zuschnitts miteinander zu verbinden wüsste. Regierung ist überall anzutreffen, nicht bloß in Form des Staates, sondern auch und viel allgegenwärtiger am Arbeitsplatz. Der öffentliche Diskurs und ein Großteil der politischen Theorie geben aber vor, das sei nicht so. Da wird behauptet, die Verfassung der Regierung am Arbeitsplatz sei irgendwie Gegenstand freiwilliger Aushandlung zwischen Arbeitnehmern und Arbeitgebern. Dies gilt jedoch nur für den sehr kleinen Anteil der privilegierten Beschäftigten. Die übergroße Mehrheit der Arbeitnehmer ist einer privaten autoritären Regierung unterworfen, und dies geht nicht auf ihre eigene Wahl zurück, sondern auf Gesetze, die nahezu die gesamte Autorität den Arbeitgebern überantwortet haben.

Es ist höchste Zeit, dass der öffentliche Diskurs diese Realität anerkennt und sieht, welche Einbußen an Freiheit und Würde eine private Regierung den Arbeitnehmern abverlangt. Es ist höchste Zeit, dass die Vertreter der politischen Theorie ihre Aufmerksamkeit den privaten Regierungen am Arbeitsplatz zuwenden. Egalitäre soziale Bewegungen haben seit den Levellers darauf gedrungen, dass Regierung, wenn sie denn notwendig sein sollte, für alle Regierten zu etwas Öffentlichem gemacht werden muss – sie muss ihnen Rechenschaft ablegen, auf ihre Interessen eingehen und für ihre Mitwirkung offen sein. Sie waren klug genug, die Allgegenwart von privater Regierung in ihrem Leben zu erkennen. Es ist an der Zeit, in die Zukunft zurückzukehren, indem man eine solche Erkenntnis wiedererlangt und mit Methoden experimentiert, die Abhilfe schaffen.

Die Kommentare – und die Erwiderung

3
Von den Levellers lernen?

von Ann Hughes

Wie eine Historikerin in ihrer jüngsten Veröffentlichung zu den Levellers erklärte, »können die Levellers unheimlich modern wirken«.[1] Colonel Thomas Rainborough, einer der Leveller-Sympathisanten bei den Putney-Debatten, sagte im Oktober 1647 in einem Streit um den Umfang des Wahlrechts in einem neu erdachten und wiederhergestellten englischen Staatswesen mit Nachdruck: »Ich meine wirklich, dass der Ärmste, der in England ist, ein Leben zu leben hat wie der Größte; und deshalb, Sir, denke ich wirklich, ist klar, dass jedermann, der unter einer Regierung zu leben hat, sich erst mit seiner Zustimmung dieser Regierung unterstellen sollte; und ich denke, dass der ärmste Mann in England genau genommen überhaupt nicht an diese Regierung gebunden ist, bei der er kein Stimmrecht hatte, sich ihr zu unterstellen.«[2] Im Anschluss an die entscheidende Niederlage von Charles I. in einem traumatischen und blutigen Bürgerkrieg waren unter Kommandanten und Soldaten der siegreichen Armee des englischen Parlaments und einigen zivilen Gefährten intensive Diskussionen über die Neuordnung des Königreichs aufgekommen – die in einer Londoner Vorortkirche abgehaltenen Putney-Debatten; sie demonstrierten unter anderem, dass auch verhältnismäßig gewöhnliche Männer zu intellektuellen Visionen und politischem Einfallsreichtum fähig sind. Anderson erwähnt die »intellektuelle Tiefe und Ernsthaftigkeit« dieser Debatten (Kapitel 1, Anm. 9), deren Worte noch heute Widerhall bei zeitgenössischen Egalitaristen finden.

Dass diese Forderung nach einem umfassenden Stimmrecht für Männer – auch »er«, der Ärmste, sollte es haben (und wir sollten ein wenig innehalten bei dem »er«) – in wirtschaftliche Ausdrücke gekleidet war, ist etwas, worauf ich noch zurückkommen werde. Anderson beschreibt die englischen Levellers des 17. Jahrhunderts in einer eloquenten, scharfsinnigen, bewegenden und herausfordernden Schilderung als egalitaristische Denker und als Aktivisten. Sie bieten uns Ressourcen für das Nachdenken über unser fortwährendes Dilemma, wie wir für eine fairere Gesellschaft argumentieren und arbeiten können. Andersons erstes Kapitel ist eine beispielhafte Vorführung, wie man historisches Material als eine Schatzkammer für die Vorstellungskraft einsetzen kann und als ein Vermächtnis für die Gegenwart behandelt. Sie schlägt vor, dass eine augenscheinlich paradoxe Verpflichtung der Levellers auf den freien Markthandel gleichwohl eine Empfehlung enthalten könnte, wie wir Gleichheit als etwas auffassen können, das mehr ist als eine materielle Frage, nämlich in Andersons Worten als eine Angelegenheit des Ansehens, des Status und der Autorität. Außerdem bilden die Levellers als eine bahnbrechende »egalitäre soziale Bewegung« die Grundlage für Andersons Projekt, einen normativen Egalitarismus für die heutige Welt wiederzugewinnen.

Die Petitionen, Kampagnen und Manifeste der Levellers enthielten in der Tat Angriffe auf die großen monopolistischen Handelsgesellschaften. Ihre »große« Petition vom September 1648 adressierte einen Katalog von Forderungen an das englische Parlament, darunter als 10. Punkt die Erwartung, »dass ihr allen Handel und Vermarktung von jeder Monopolisierung und Marktbeherrschung durch Gesellschaften und andere befreit haben würdet«.[3] Ihre Streitschriften befürworteten oft eine Vielzahl politischer und sozialer Kampagnen, einschließlich einer Unterstützung für Kaufleute vom Lande, die versuchten, in die von London dominierten Branchen einzubrechen.[4] Wie die neueren Anhänger des freien Marktes waren auch die Levellers eifrig darauf bedacht, die Macht des »Staates« zu beschränken, sogar bei dem neuen Staat, den sie erst ins Leben rufen wollten. Als Rainborough in Putney sprach, gaben Radikale aus der Armee die erste Fassung des »Agreement of the People« heraus, ein Manifest für die Wiederherstellung des englischen Staatswesens, das unser Verständnis der Leveller-Bewegung bestimmt hat. Das aktuelle Parlament, das seine Versprechen gegenüber dem Volk nicht eingelöst hatte, sollte durch einen direkten Prozess der Beteiligung und Zustimmung ersetzt werden. Das »Agreement« gründete sich auf das Vertrauen in die Befähigung gewöhnlicher (männlicher) politischer Akteure und auf ein gründliches Misstrauen in Machtkonzentrationen aller Art: Es verlangte die Auflösung des aktuellen Parlaments, »um die vielen Unannehmlichkeiten zu verhindern, die offenkundig aus der langen Verweildauer derselben Personen in Autorität herrühren«; danach würde selbstverständlich »das Volk« alle zwei Jahre ein Parlament wählen. Die Wahlkreise sollten im Verhältnis zu ihrer Einwohnerzahl eingerichtet werden, womit ein allgemeines Wahlrecht von Männern verbunden war. Das neu gewählte Repräsentativorgan hatte den Auftrag, Gesetze zu verabschieden und in Kraft zu setzen, über Krieg und Frieden zu entscheiden und die Amtsinhaber zu ernennen. Die Verfasser des »Agreements« schlugen also eine weitreichende Autorität für dieses Gremium vor, beeilten sich aber umgehend, deren Geltungsbereich zu begrenzen. Den Wahlen folgend, »ist die Macht dieser und aller zukünftigen Repräsentanten dieser Nation nur denen unterstellt, die sie wählen«; eine Ausnahme bildet, »was auch immer nicht ausdrücklich oder unausgesprochen den Repräsentierten selbst vorbehalten ist«. Bestimmte Befugnisse konnten von den Menschen nicht an ihre Repräsentanten abgetreten werden und dieses »was auch immer« war außerordentlich bedeutsam. Der erste »Vorbehalt«, vielleicht der wichtigste, betraf die religiöse Freiheit: Das Repräsentativorgan sollte keine Macht über »Religionsangelegenheiten« haben, »weil wir darin einen Rechtsanspruch auf das, wovon uns unser Gewissen diktiert, dass es der Wille Gottes ist, ohne vorsätzliche Sünde nicht übertragen oder überbieten können«. In der modernen politischen Analyse ist normalerweise die Kontrolle über militärische Angelegenheiten für Konzeptionen des Staates entscheidend, doch selbst hier versuchten die Levellers, die Befugnisse der Repräsentanten zu beschneiden: Der zweite »Vorbehalt« erklärte, dass die zwangsweise Rekrutierung zum Militärdienst »gegen unsere Freiheit« sei. Gerade weil »Geld (das Kriegsmaterial) immer zu ihrer Verfügung steht«, dürfe es doch niemals sein, dass die Volksvertretung »Scharen von Männern einziehen will, die ausreichend geeignet sind, für irgendeine gerechte Sache zu kämpfen«, fügte das »Agreement« noch hinzu.[5] Der tiefe Argwohn der Levellers gegenüber der Staatsmacht wird in der endgültigen Fassung des »Agreement of the People« vom Mai 1649 offenbar, die jährliche Parlamente ohne Erlaubnis für eine ständige Exekutive forderte. Der Staat würde im Grunde genommen von zeitweise tätigen Ausschüssen eines jeden Parlaments geführt werden.[6]

Der Widerstand der Levellers gegen Tyrannei, ihre Verpflichtung auf Freiheit, Zustimmung des Volkes und das Gewissen des Einzelnen sowie ihre konsequente Gegnerschaft zur Monopolisierung von Macht, ob im Staat, im Recht, in der Wirtschaft oder der Kirche, enthält, wie Andersons erstes Kapitel zeigt, eine inspirierende und noch immer relevante egalitäre Vision für diejenigen mit Sympathien für die politische Linke. Als Anderson ihre Tanner Lectures hielt, hatten kurz zuvor »Freunde von Freiheit und Gerechtigkeit in Britannien« die Worte Rainboroughs in Putney aufgeboten, um ihre Gegnerschaft zu einem Global Law Summit auszudrücken, das sie als »ein schamloses Festival des Networking der Konzerne« anprangerten.[7] Als die Vorträge gehalten wurden, feierten britische Aktivisten, Filmemacher, Liedermacher und Historiker den 400. Geburtstag von John Lilburne, dem berühmtesten der führenden Köpfe der Levellers. Zu diesen Aktivisten gehörten Tariq Ali und Jeremy Corbyn, der heute Parteichef der Labour Party ist. Von John Lilburne heißt es, er sei die historische Figur, die Corbyn am meisten bewundert, während Tariq Ali, ebenso wie Elizabeth Anderson, die Agitation der 1640er Jahre als eine Ressource für das Nachdenken über Dilemmata der Gegenwart ansieht. Ali fühlte sich jedoch nicht veranlasst, die Marktbeziehungen zu verteidigen, sondern eine neue »Grand Remonstrance« anzumahnen, die eine »Nationalisierung« der Eisenbahnen und öffentlichen Versorger (welche die britischen Sozialisten die Kommandohöhen der Ökonomie zu nennen pflegten) fordern würde, damit sie wieder zu öffentlichem Eigentum oder Staatsbesitz werden.[8]

Die englische Geschichte von Mitte des 17. Jahrhunderts hat vollkommen divergente Vermächtnisse für unsere heutige Welt zu bieten. Für mich als Historikerin wirft das einige schwierige Fragen dazu auf, wie wir historisches Material in anderen Disziplinen und innerhalb eines größeren öffentlichen Diskurses unserer Zeit einsetzen. Die meisten Historiker heute möchten, dass sich ihre Forschung mit öffentlichen Anliegen befasst und eine politische Wirkung entfaltet, obwohl sie (oft erbittert) darüber streiten, wie dies am besten geschehen kann.[9] Auf der anderen Seite sind die meisten meiner Fachkolleginnen und -kollegen intuitiv oder von Natur aus Pedanten, die gewohnheitsmäßig zu einer gewissen Spitzfindigkeit neigen, wenn es um ihre Spezialgebiete und Epochen geht. Selbst in unseren postmodernen Zeiten nach dem *linguistic turn*, in denen wir verstehen, dass alle Schilderungen der Vergangenheit umstritten und vorläufig sind, sind wir nach wie vor verpflichtet, die »genaueste« Version zu konstruieren oder zumindest eine, die so plausibel wie möglich ist und mit den erhalten gebliebenen Zeugnissen am besten zusammenstimmt. Ich möchte also sagen, dass die Levellers und ihr sozialer Kontext im 17. Jahrhundert nicht ganz so waren, wie von Anderson in ihrem ersten Kapitel geschildert. Ich möchte keine langweiligen, vermeintlichen »Fakten« zu diesem oder jenem Detail in die Diskussion werfen, sondern uns dazu ermuntern, darüber nachzudenken, welchen Unterschied es für unsere Argumente macht, wenn das historische Bild ein wenig komplizierter oder sogar widersprüchlicher ausfällt. Historisches Material bietet sich als Rohmaterial zur Inspiration und zudem für Gedankenexperimente an, in denen wir nach alternativen Richtungen oder Mitteln suchen, um Wandel herbeizuführen. Wie unterscheidet sich dies jedoch von der Verwendung fiktiver Literatur oder von abstrakten philosophischen Konzepten? Wie sehr ist es von Bedeutung, dass etwas – das wir als Historiker so gut wie irgend möglich zu verstehen versuchen – wirklich geschah und reale Menschen darin einbezogen waren? Dies ist zwar eine anspruchslose Formulierung, aber ich möchte unbedingt an den Grenzen des Realen festhalten und an den Vorzügen, die sich daraus ergeben, wenn man diese Grenzen anerkennt. Die Skepsis von Historikerinnen angesichts der unvollständigen und störrischen Belege, die aus der Vergangenheit erhalten sind, produziert normalerweise vielschichtige Darstellungen eines historischen Prozesses; es mag sein, dass unseren derzeitigen Dilemmata mit Komplexität, und nicht mit geradlinigen Lösungen, am besten gedient ist.

In diesem Rahmen möchte ich als Historikerin, die sich auf die Geschichte Englands Mitte des 17. Jahrhunderts spezialisiert hat, auf drei Aspekte von Andersons erstem Kapitel eingehen und verdeutlichen, dass wir ein nuancierteres oder komplizierteres Bild brauchen. Ich werde mich insbesondere auf die Natur des frühneuzeitlichen Wandels in Wirtschaft und Gesellschaft konzentrieren. Wie sollten wir England als eine Gesellschaft im Übergang charakterisieren, und was würde sich daraus für die Frage ergeben, ob der Markt »links« sein kann? Zweitens möchte ich, nun etwas genauer, die Vorstellung des Marktes selbst in seiner frühneuzeitlichen Form komplizierter machen und die Einstellungen der Levellers zu den Märkten und zum Privateigentum nuancierter beschreiben. Schließlich möchte ich – weil Andersons Text dies direkt thematisiert – fragen, wo Frauen in das Bild passen, und zwar sowohl mit Blick auf die Leveller-Bewegung als auch auf die Beziehung zwischen »Individuen« (bewusst in Anführungszeichen gesetzt) auf Märkten.

Anderson stützt einen Teil ihrer Argumentation, in Anlehnung an Adam Smith, auf einen positiven gesellschaftlichen Übergang in England: von einer Feudalgesellschaft, in der Sozialbeziehungen auf kriecherischer Unterwürfigkeit beruhten, zu einer kapitalistischen Marktwirtschaft, in der »Menschen ohne Herren« potentiell Autonomie erlangen konnten, indem sie am wechselseitigen Tauschhandel teilnahmen, der auf der Basis gleicher Würde abgewickelt wurde. Das ist eine stark vereinfachte Version einer sozialen Transformation, aber wir sollten Adam Smith wahrscheinlich nicht als einen Historiker beurteilen. Seine Methode ist eher das schematischere Vorgehen eines politischen Ökonomen oder eines erklärtermaßen utopischen Denkers. Wir müssen allerdings verstehen, in welcher Vielschichtigkeit sich die sozialen und wirtschaftlichen Veränderungen im England des 16. und 17. Jahrhunderts auf Menschen wie die Levellers auswirkten, und sollten folglich auch die Reaktion der Levellers, die als eine Bewegung auf diese Veränderungen antworteten, in ihren Feinheiten erfassen können. In ihrem geschichtlichen Kontext betrachtet, ist den Levellers das Potential dieser neuen Welt offenbar nicht so eindeutig erschienen. Das frühneuzeitliche England erlebte keine industrielle Revolution, aber es machte in dem Jahrhundert vor dem Bürgerkrieg einen sehr bedeutsamen, einschneidenden Wandel durch und die Wirkungen waren, wie Anderson zeigt, sehr unterschiedlich. Einigen Segmenten der Bevölkerung brachten das Bevölkerungswachstum und die Inflation Vorteile, andere profitierten von der Ausweitung, Spezialisierung und Produktivitätssteigerung in der Landwirtschaft sowie in Gewerbe und Handel. Diese Gruppen profitierten von Markttransaktionen. Doch Menschen mit kleinen Landstücken und in unsicheren Pachtverhältnissen, wo die profitierenden Grundherren die Pacht erhöhen oder Land zur privaten Ausbeutung einfrieden konnten, kamen unter die Räder. Sie wurden lohnabhängig oder fristeten ihr Dasein als »herrenlose« Männer; und solche Männer waren meistens nicht die selbständigen Bauern oder Handwerker, wie sie bei Anderson idealistisch beschrieben werden. Die Männer ohne Herren waren vielmehr schutzlose Lohnarbeiter oder Landstreicher, die von der Barmherzigkeit Einzelner oder zunehmend von öffentlicher Hilfe abhängig waren. Keith Wrightson, der maßgebliche Sozialgeschichtler des frühneuzeitlichen England, betrachtet die Produktion für den Markt als ein Risiko, das kleine Haushalte »gezwungenermaßen eingehen mussten«, und nicht als Chance.[10] Die Veränderungen im 16. und frühen 17. Jahrhundert erzeugten Armut auf einem beispiellosen Niveau und eine steigende Zahl von Haushalten, die in einer Ära sinkender Reallöhne von Lohnarbeit abhängig war. Um die Mitte des 17. Jahrhunderts war vermutlich die Hälfte der Bevölkerung hauptsächlich auf Lohnarbeit angewiesen. Englands Nationaleinkommen verdoppelte sich in dem Jahrhundert bis 1640, doch ebenso wie in anderen geschichtlichen Phasen waren die Vorteile dieses Zuwachses ungleich verteilt und die Folgen waren eine größere Ungleichheit und verschärfte gesellschaftliche Polarisierung. Es wurde immer weniger wahrscheinlich, dass eine Lehre in einem städtischen Gewerbe der Weg zu einem auskömmlichen Leben als unabhängiger Handwerker oder Geschäftsmann war. Viele hoffnungsvolle junge Männer erwartete eine lebenslange Tätigkeit als handwerkliche Fachkraft oder Hilfsarbeiter. Die Levellers machten viel Aufhebens von den Rechten eines »frei geborenen« Engländers, und ihre Kampagnen verliehen dem Ausdruck *freier Mann* einige seiner modernen Konnotationen der individuellen Autonomie und Handlungsfähigkeit. Dennoch war damit auch weiterhin jemand gemeint, der als Mitglied einer Gesellschaft oder einer Gilde bestimmte und ausschließliche Privilegien im Handel und der Manufaktur besaß. In diesem Sinne waren um 1640 kaum die Hälfte der erwachsenen Männer in London freie Männer. Der wirtschaftliche Wandel und die Kommerzialisierung in der Praxis gingen mit einer verstärkten Staatsmacht einher, um den englischen Überseehandel zu verteidigen, und – für unsere Diskussionen hier höchst relevant – um die Probleme in den Griff zu bekommen, die von der verschärften gesellschaftlichen Polarisierung herrührten. Um die Mitte des 17. Jahrhunderts war, wie Keith Wrightson erläutert hat, »ein Staat, der auf Haushalten basiert hatte, zu einem Staat geworden, in dem ein beträchtliches Segment der Bevölkerung nicht mehr in der Lage war, einen Haushalt ohne regelmäßige öffentliche Hilfe aufrechtzuerhalten, und in dem eine weitere erhebliche Minderheit überhaupt keinen unabhängigen Haushalt einrichten konnte«.[11] Englands einzigartiges System der Armenfürsorge entstand als lokale Initiative, die nachträglich durch nationale Gesetzgebung etabliert und in den Gemeinden vor Ort durchgesetzt wurde. Das englische Armengesetz repräsentierte neue soziale Hierarchien und trug dazu bei, diese aufzubauen: Um die zweite Hälfte des 17. Jahrhunderts lebten etwa 40 Prozent der Bevölkerung in steuerzahlenden Haushalten, während mindestens 10 Prozent ständige Empfänger von Fürsorge waren und der Rest irgendwo zwischen den beiden Bevölkerungsgruppen einzuordnen ist – zu arm, um Steuern zu zahlen, und zeitweise auf Hilfe durch die Gemeinde angewiesen.[12]

Es ist also schwer, Adam Smith' wohlwollendes Urteil zum sozialen und wirtschaftlichen Wandel im frühneuzeitlichen England zu teilen. Es gab mehr Verlierer als Gewinner und die meisten Führer der Levellers und viele von der Kavallerie zumindest in der Parlamentsarmee entstammten den prosperierenden Teilen dieser gespaltenen Gesellschaft, wenn auch nicht ihren reichsten

Gruppen; die Historiker verwenden dafür den unscharfen Begriff der mittleren Schicht [*middling sort*].[13] Wir sollten diesen Punkt nicht über Gebühr strapazieren, indem wir die sozialen Programme oder politischen Anschauungen der Männer direkt mit ihrem sozialen Status verbinden, aber es ist erwähnenswert, dass Rainboroughs Eintreten für die politischen Rechte der armen Männer nicht seiner eigenen ökonomischen Stellung entsprach, denn er war der älteste Sohn eines bekannten Londoner Kaufmanns und Marineoffizier; höchstwahrscheinlich war es die Kameradschaft im Militärdienst der Parlamentsarmee, von der seine egalitäre Vision herrührte. Der Leveller William Walwyn, der die umfassendste Rechtfertigung für den Freihandel als »überaus vorteilhaft für den Commonwealth« entwickelt hatte, war selbst ein freier Mann der großen Merchant Adventurers' Company und Enkel eines Bischofs.[14] Die Levellers führten meistens einen unabhängigen Mittelschichtshaushalt. Sie konnten sich Märkte als etwas vorstellen, das Chancen bot, aber sie waren sich durchaus klar der Gefahr bewusst, in eine schändliche Abhängigkeit von der Wohltätigkeit oder der Lohnarbeit »abzusteigen«. Sie würden die Aussagekraft der von Anderson zitierten Bemerkung bei Adam Smith, »nur ein Bettler zieht es vor, hauptsächlich vom Wohlwollen seiner Mitbürger abzuhängen«, sicherlich anerkannt haben. Die Levellers zögerten manchmal, was das Wahlrecht männlicher Erwachsener anging. So gab ein Sprecher in Putney zu: »Ich denke, der Grund, warum wir Lehrlinge oder Dienstboten oder diejenigen, die Almosen nehmen, ausschließen würden, liegt darin, dass sie von dem Willen anderer Männer abhängig sind und befürchten sollten, ihnen zu missfallen. Für Dienstboten und Lehrlinge gilt, dass *sie bei ihren Herren mit inbegriffen sind*, und das Gleiche gilt für diejenigen, die von Tür zu Tür gehen und Almosen erhalten.« Im dritten und endgültigen Agreement of the People gab es politische und soziale Ausschlüsse vom Wahlrecht: Alle Männer ab 21 Jahren und darüber, »die keine Dienstboten sind oder Almosen erhalten oder dem verstorbenen König unter Waffen oder mit freiwilligen Zuwendungen gedient haben« dürfen die Volksvertretung wählen.[15]

Es stimmt, dass die Levellers Machtkonzentrationen und Einschränkungen der Freiheit des Volkes hassten; sie verabscheuten es, wie die Reichen und Mächtigen Privilegien monopolisieren und das Recht manipulieren konnten, aber ich frage mich, wie entscheidend ein freier Markt für ihre Vision war. Ihre Aversion gegen Herrschaft gründete sich auf eine optimistische Sicht der menschlichen Natur und die Möglichkeiten des politischen Engagements. Die Vorschläge der Levellers verdankten sich, in sozialen Begriffen formuliert, ebenso sehr ihrem Selbstvertrauen wie der Erfahrung der Unterdrückung, denn als Männer der »mittleren Schicht« waren sie es gewohnt, an den juristischen und politischen Vorgängen in England beteiligt zu sein (als Geschworene in den Grafschaften oder als Wachtmeister und Gemeindevorsteher in ihren Ortschaften). Vor allem aber waren die Motive der Levellers für egalitäre soziale und politische Formen das Ergebnis berauschender religiöser und politischer Kämpfe. Sie gingen aus der dramatischen, radikalisierenden Erfahrung hervor, einen Bürgerkrieg gekämpft und ihn gewonnen zu haben; einen Krieg, bei dem das Parlament das »Volk« aufgerufen hatte, sich hinter seine Sache zu stellen, bei dem das House of Commons beansprucht hatte, das Repräsentativorgan des Volkes zu sein, und bei dem der Kampf als Einsatz für Gottes wahre Religion hingestellt worden war, ohne dass es eine festgelegte Übereinkunft dazu gab, was wahre Religion eigentlich sein sollte. Die Leveller-Bewegung erwuchs aus Kampagnen, die sich zuerst für religiöse Freiheit und danach für die eng damit verbundenen Bedingungen der Presse- und Debattierfreiheit einsetzten. Die Levellers wurden, ebenso wie andere Radikale aus der Mitte der 17. Jahrhunderts, zudem von einem brennenden Gefühl angetrieben, betrogen worden zu sein, denn trotz all des für den Bürgerkrieg aufgeopferten »Blutes und Geldschatzes« war es das Parlament selbst, das diese Freiheiten beschränkte.[16] William Walwyn verteidigte im Jahr 1652 den Freihandel als ein Naturrecht, aber die meiste Zeit seines Lebens war dies nicht sein wichtigstes Anliegen – für ihn besaß die Religionsfreiheit eindeutig oberste Priorität.[17] All das soll verdeutlichen, dass sich das Festhalten der Levellers an einem freien Markt aus anderen Elementen des sozialen Lebens herleitete, für ihre Auffassungen jedoch nicht unbedingt grundlegend war in einem Kontext, in dem die wirtschaftlichen und sozialen Auswirkungen der Marktbeziehungen – lange vor der industriellen Revolution – bereits weniger segensreich waren, als es Adam Smith oder Elizabeth Anderson glauben.

Zweitens müssen wir die Vorstellung vom Markt selbst komplizierter gestalten. Der Markt der frühen Neuzeit beruhte nicht auf abstrakten Ideen der Wechselseitigkeit, mit freien und gleichen Personen und direktem monetärem Tausch. Marktbeziehungen spielten im frühneuzeitlichen England eine zentrale Rolle, aber sie funktionierten auf der Grundlage eines komplexen Verständnisses von Vertrauen und Kredit, und Kredit ist hier nicht bloß ein technischer Vorgang, sondern ein sozialer und kultureller Begriff. Wie Craig Muldrew erklärt, umfasste für die frühneuzeitliche Gesellschaft »ein Markt nicht bloß [den Ort], wo Dinge gekauft und verkauft wurden, sondern wo Vertrauen ausgebaut oder nicht ausgebaut wurde und wo das Soziale als Bedarf an Vertrauen und als der Umfang solchen Vertrauens definiert war«.[18] Konkrete Zahlungsmittel (das heißt Münzen oder Hartgeld) standen in der frühen Neuzeit in England nur knapp zur Verfügung, die Buchhaltung war planlos und die Menschen hatten oft nur eine grobe Vorstellung von ihrer aktuellen ökonomischen Situation. Die Abläufe in der Gesellschaft und der Wirtschaft hingen davon ab, mit Schulden zu jonglieren und Kredite zu verlängern, auf die Begleichung von Schulden oder Pachtzinsen zu verzichten oder sie aufzuschieben. Um einen Kredit in diesem engen Sinne zu erhalten, war *credit* in seiner sozialen Bedeutung von Achtung, Ansehen oder Status (um einige Begriffe zu verwenden, die Andersons Verständnis von Egalitarismus kennzeichnen) ein entscheidender Vorteil und konnte Menschen mit ähnlicher »realer« wirtschaftlicher Leistungsfähigkeit helfen, in der Praxis besser abzuschneiden. Der Markt war ausdrücklich keine Arena eines abstrakten Egalitarismus oder individueller Gleichheit, und weit bis ins 19. Jahrhundert hinein »blieb der persönliche Kredit für Marktbeziehungen wesentlich, manchmal ununterscheidbar von Beziehungen der Gabe und manchmal neben ihnen existierend«.[19] Der scharfe Kontrast zwischen Marktgeschäften und Gabentausch, den Adam Smith postuliert, war in der Praxis nicht gegeben.

Die Levellers waren auch nicht stimmig in ihrer Herangehensweise an soziale und wirtschaftliche Fragen. In einer Zeit des sozialen und wirtschaftlichen Aufruhrs ließen sich Unterdrückung und Ausbeutung in sehr verschiedenen Kontexten finden, und die Levellers bildeten aus vielfältigen, vielschichtigen, sogar widersprüchlichen Themen und Gruppen eine Bewegung. Die Levellers, einst als »Besitzindividualisten« gesehen, ließen ebenso häufig einen Sinn für kollektiven und gemeinschaftlichen Aktivismus erkennen. Ihre Streitschriften prangerten oft eine Fülle von Ungerechtigkeiten an, wie in *Londons Liberty in Chains Discovered*, wo sie von den Leidenserfahrungen John Lilburnes und seiner Frau bis zur politischen Vorherrschaft in der Stadtverwaltung und den Kämpfen der Kaufleute aus der Provinz reichten.[20] Die Levellers waren nicht immer einem freien Markt verpflichtet, der auf privaten Eigentumsrechten in unserem modernen Sinne basierte, sondern verteidigten oftmals angestammte Rechte im Zuge ihres Widerstands gegen die Macht und Herrschaft der Reichen. Die große Zahl von Haushalten in der frühen Neuzeit, die bereits größtenteils von Lohnarbeit abhingen, konnten ohne weitere Einkommensquellen nicht überleben – das konnten ein kleiner Hausgarten oder verschiedene Formen nicht vermarkteter oder nicht völlig vermarkteter angestammter Gemeinschaftsrechte sein: das Recht, nach der Getreideernte das, was an Ähren verstreut worden war, »nachzulesen« oder auf Gemeindeland ein Schwein zu mästen oder eine Kuh grasen zu lassen. Hier waren verschiedenartige Rechte an ein und demselben Besitzgegenstand im Spiel, die man als spezielle Rechte für bestimmte (private) Individuen betrachten könnte; angemessener wäre es jedoch, in diesen Fällen von einem kollektiven, mehrschichtigen Besitzrecht zu sprechen. Die Levellers unterstützten beispielsweise die »freien Bergarbeiter« von Derbyshire, die das Recht beanspruchten, nach althergebrachtem Brauch nach Blei graben zu dürfen, wo immer es gefunden werde, und zwar gegen die zunehmenden Proteste der Landbesitzer, die ihren alleinigen und unumschränkten Besitz der Oberfläche des Landes und von allem, was darunter gefunden werde, geltend machten. Zudem boten die Levellers den kleinen Eigentümern in den Mooren ihre Hilfe an, deren vielfältig zusammengesetzter Lebensunterhalt aus Fischfang, Handwerksarbeiten und Landwirtschaft durch Entwässerungsprojekte zerstört wurde.[21] All dies kann die Art und Weise, wie wir wegen ihrer Experimente in Sachen Egalitarismus und Aktivismus auf die Levellers blicken, komplizierter gestalten, aber vielleicht auch bereichern.

Drittens, und leider viel schematischer, als ich es gern hätte, möchte ich dem Bild der Levellers als feministische Bewegung einige Einschränkungen hinzufügen. Wie Anderson gezeigt hat, waren Frauen aktive Levellers. Im Einzelnen können wir Elizabeth Lilburne, Mary Overton und Ellen Larner sowie die radikale religiöse Separatistin und Autorin Katherine Chidley hervorheben. Der Angriff auf einen Monarchen, dessen Herrschaft teilweise durch den Patriarchalismus legitimiert war, hatte Auswirkungen auf die Genderhierarchien im Haushalt, obwohl manche Parlamentarier und Republikaner sehr darauf achteten, diese Auswirkungen zu begrenzen, und zwar meistens mittels verschiedener Varianten einer Trennung von öffentlicher oder staatsbürgerlicher Autorität von der privaten Welt des Haushalts. Wie Anderson betont hat, brach der religiöse Pluralismus die irdischen Hierarchien auf und stellte Ideen von Sünde und Gehorsam in Frage: Jeder solle Gott vor dem Menschen gehorchen, und Männer wie Frauen seien vor Gott gleich. Die Leveller-Frauen bestanden auf ihrem Recht, dem Parlament Petitionen vorzulegen: »Wir wissen, dass Gott, uns zur Ermutigung und zum Vorbild, für mehrere Nationen von Zeitalter zu Zeitalter viele Errettungen durch die schwache Hand von Frauen bewirkt hat«, und sie forderten einen »gleichen Anteil und gleiche Beteiligung wie die Männer an der Republik«. Ich bin allerdings nicht davon überzeugt, dass die Levellers als Bewegung glaubten, dass die Macht in der Familie von Männern monopolisiert sei. Ich denke vielmehr, sie griffen oft auf eine Gesellschaftskonzeption zurück, nach der die Gesellschaft aus Haushalten mit männlichem Vorstand gebildet sei, mit den Frauen als zwar geschätzten, aber doch untergeordneten Beteiligten. John Lilburne sprach von seiner loyalen und lange leidenden Frau als der »schwächeren Person«, und die Rituale der Levellers ebenso wie ihre Publikationen stellten die Bewegung als ein Kollektiv aus verschiedenen Elementen dar, die nach ihrer Stellung und durch (wie ich denke) Annahmen natürlicher Ungleichheit unterschieden wurden. Im Trauerzug für Robert Lockyer, einen Sympathisanten der Levellers, der im Mai 1649 wegen seiner Rolle bei Meutereien in der Armee hingerichtet wurde, folgten »Bürger und Frauen« und dann »junge Männer und Mädchen« dem Leichenwagen in feierlicher, aber gegliederter Ordnung. Wir erinnern noch einmal an Rainboroughs »ärmsten Mann in England«, diesen »er« der Putney-Debatten, zudem an die Idee, dass Dienstboten und Lehrlinge bei ihren Herren inbegriffen seien, sowie an die Tatsache, dass formale politische Rechte für Frauen als Handelnde, nicht als Bittsteller, niemals auf der Agenda der Levellers standen.[22] Diese Ansicht lässt sich in Frage stellen, doch man sollte sich auch an die klassischen Argumente feministischer politischer Philosophinnen erinnern, wonach die Erweiterungen der politischen Rechte von Männern oft eine Verschärfung von Argumenten nach sich zogen, die besagten, dass Frauen zur politischen Teilhabe von Natur aus ungeeignet seien.[23] Die Frauen und Märkte betreffenden Probleme lassen sich nicht auf die Missachtung der Frauenarbeit im Haushalt reduzieren, obwohl dies ein entscheidender Aspekt ist, wie Andersons Text erklärt. Grundsätzlicher betrachtet beruhen die Schwierigkeiten auf der Tatsache, dass – zumindest im Fall der frühen Neuzeit – die Grundeinheit, die auf dem Markt konkurriert[24] oder die politische Handlungsfähigkeit erstrebt, kein Individuum, sondern ein Haushalt ist und dass normalerweise natürlich (ein Wort, das wir hervorheben und anfechten müssen) angenommen wird, dessen Oberhaupt sei männlich.[25]

Es ist wirklich anregend, den Egalitarismus als etwas zu sehen, bei dem es um mehr geht als um ökonomische Fragen, nämlich als Verpflichtung auf eine umfassende Verbesserung menschlicher Fähigkeiten, mit denen eine erfüllende Unabhängigkeit von der Beherrschung durch andere ermöglicht wird. Ich habe auf Andersons ersten Text als eine Historikerin des 17. Jahrhunderts geantwortet, bin mir aber auch meiner Sozialisation in der Tradition der britischen Sozialdemokratie oder sozialistischen Tradition bewusst. Beides zusammen lässt mich nicht überzeugt sein, dass alles erst mit der »industriellen Revolution« schiefging. England war bereits im 17. Jahrhundert eine Gesellschaft, in der mindestens die Hälfte der Bevölkerung wenig Aussicht darauf hatte, unter gleichen Bedingungen auf dem Markt zu konkurrieren. Der Zugang zu Kapital sowie Kredit, Können, Ausbildung und Zeit waren allesamt mit Reichtum verknüpft (der seinen Inhabern mehr Vorteile einbrachte, als »Herrschaft« oder »Luxusartikel«). Mit Blick auf das Potential des Beispiels aus dem 17. Jahrhundert möchte ich eine dunklere Einschätzung präsentieren, und ich denke nach wie vor, dass ökonomische Ungleichheit von den umfassenderen Elementen, auf die Anderson sich konzentriert hat, nicht abgelöst werden kann.

4
Marktrationalisierung
von David Bromwich

Elizabeth Andersons provokante Diskussion des Verhältnisses zwischen Theorien des politischen Liberalismus und der Marktgesellschaft stellt eine weitreichende Frage und hat die Redlichkeit, die Antwort offenzulassen. Die Frage betrifft die Partei der Gleichheit, die Europäer »die Linke« nennen und unter der sich die Amerikaner ganz grob die liberale Seite vorstellen. Wie konnte es passieren, dass diese Partei, die sich um 1640 anfangs so optimistisch positioniert hatte – als sie den Markt mit der Initiative des Einzelnen, der Energie des persönlichen Unternehmergeists und einer Version von Karriere, die allen Talenten offensteht, identifizierte –, gegen Ende des 19. Jahrhunderts zu einer Auffassung gelangte, der zufolge der Markt als eine Veranstaltung anzusehen ist, die Gleichheit unterdrückt und die Kluft zwischen den ärmsten und den reichsten Mitgliedern der Gesellschaft vergrößert?

In ihren beiden Vorlesungen argumentiert Anderson (im Grunde genommen) durchgängig dafür, dass die politische Theorie nicht an der Tür zum Arbeitsplatz haltmachen sollte. Nehmen wir einmal an, wir teilen diese Überzeugung, dann haben wir immer noch zu erklären, was die neue ökonomische Lehre des 18. Jahrhunderts und die liberale politische Theorie des 19. Jahrhunderts daran hinderte, letztlich auch einer demokratischen Lehre der Selbstverwaltung unter den Männern und Frauen am Arbeitsplatz zur Akzeptanz zu verhelfen? Für den gescheiterten Übergang vom freien Markt zur vollständigen Demokratie mag man einige Gründe in der konzeptuell verkürzten »Freiheit« finden, die als Prädikat zunächst allein dem Markt zugeschrieben wurde. Es ist nicht klar, inwieweit sie jemals für die Anpassung an die moderne Politik gedacht war.

»Was geschah in der Zeit zwischen Smith und Marx, dass sich die egalitäre Einschätzung der Marktgesellschaft umkehren sollte?«, fragt Anderson. Sie glaubt, es sei nur natürlich, sich über die Umkehrung zu wundern, denn »Smith verurteilte den Eigennutz [...] keineswegs weniger als Marx«. Das ist wahr, aber wenig aussagekräftig. Man kann den Eigennutz verurteilen, ohne sich zur Gleichheit zu bekennen. Jeder, der kein Apologet schieren Privilegs und ererbten Reichtums ist, *muss* den Eigennutz beklagen, um Gehör zu finden. Die Parallele zwischen Smith und Marx scheint um einiges schwächer zu sein, wenn wir den »Eigennutz« beiseitelassen und stattdessen fragen, was Smith mit »Eigeninteresse« meinte: eine Idee, mit der er der Frage nach der Moral in der Wirtschaft und den Wirtschaftswissenschaften über mehrere Generationen hinweg seinen Stempel aufdrückte. Selbst wenn man die Korrekturen berücksichtigt, die seine Untersuchung über den *Reichtum der Völker* gegen sinnlosen Reichtum und sehr große Machtungleichgewichte vorschreibt, kann man als Leser von Adam Smith kaum die Schlussfolgerung vermeiden, dass seine Idee des Eigeninteresses dem Eigennutz einen Vorwand liefert und ein angenehmes Äußeres verleiht. Das Eigeninteresse, so wie er es interpretiert, wirkt langfristig zum Wohl der Gesellschaft und tut dies fast unabhängig vom Willen der interesseführenden Partei. Es unterläuft dadurch weniger mechanistische und volitional anspruchsvollere Ideen des Gemeinwohls. Unter einem System, das vom Eigeninteresse durchdrungen ist, wird die Gesellschaft verbessert, ohne dass irgendjemand einen Gedanken daran verschwenden muss. Der Fortschritt wird so lange andauern, wie wir den verschwenderischen Einsatz von Zwischenhändlern und rücksichtslose Vorhaben, private Vermögen durch Monopolisierung marktbeherrschend zu machen, unterbinden.

Warum funktioniert diese Maschine so gut? Weil wir eine Welt der Güter bewohnen, sagt Smith, deren natürliche Emanation und Ausdrucksform eine Unendlichkeit möglicher Tauschhandlungen ist. Wir leben in einer Welt der Güter, die erforscht werden will. Es ist gleichsam so, als ob all die Waren, die wir genießen könnten, nur darauf warteten, geerntet zu werden, es handelt sich um eine zweite Natur innerhalb der Gesellschaft, die auf komplizierte Weise an die Wünsche und zusammenwirkenden Empfänglichkeiten des menschlichen Tieres angepasst ist. Die Gier – eine nahe Verwandte der Kriegertugend und des bürgerlichen Lasters, das Smith Stolz oder Hochmut genannt haben würde – wird nach diesem Verständnis zu einer Anomalie, anstatt ein untrennbarer Teil der menschlichen Natur zu sein, mit der eine liberale Theorie der Politik irgendwie zurechtkommen muss. Wenn wir könnten, würden wir fast alle unser Leben verbessern wollen, indem wir unserer gewöhnlichen Welt menschengemachter Dinge eine Annehmlichkeit nach der anderen hinzufügen, glaubt Smith. Der Kommerz, der mit dem industriellen Kapitalismus einhergeht, wird nützlich und nicht überflüssig sein. Zudem wird der einfache Arbeiter in diesem System die moralischen Vermögenswerte der »Autorität«, des »Ansehens« und des »Status« erworben haben, wie Anderson sagt – Güter, deren Verbreitung für die Demokratie nötig ist, obwohl sie in früheren Zeiten nur einer vom Glück begünstigten Elite bekannt waren.

Smith und Locke sind die Figuren im modernen politischen Denken, bei denen Anderson nach Andeutungen egalitärer Impulse sucht. Wie sollen wir die Hinweise dieser Autoren zusammenfassen? Für Adam Smith ist Monopolisierung ineffizient und erstickt den Drang zu Erfindungen. In dieser Hinsicht ist er sicherlich hilfreich für die Kritikerin von Missständen in einem kapitalistischen System. Aber können wir bei Smith ein Argument gegen endlos diversifizierte Vielzweckmonopole wie Amazon, Google und all die anderen finden, die in unserer Zeit entstanden sind? Schließlich befriedigen diese Anbieter unseren kreatürlichen Hunger nach Waren. Sie bekommen ihre Profite und uns als Kundschaft, ohne einen einzigen Wunsch nach einem einzigen Gut zu unterdrücken. Sie prüfen andauernd unsere Wünsche und Nachfrage, und sie sind unseren bewussten Kaufentscheidungen voraus. Ihr Erfolg zeugt davon, dass sich die Maschine des Marktes in Hinsichten gewandelt hat, die Smith nicht vorhersehen konnte.

Wenn wir bei Locke nach Orientierung suchen, um das Verhältnis zwischen Arbeit und Eigentum besser zu verstehen, sind wir womöglich erstaunt, wie wenig vorausschauend sein Denken ist. Anderson lobt Lockes Theorie der Regierung wegen ihrer konsequent durchgehaltenen Ablehnung des Patriarchats, aber wie weit bringt uns das auf dem Weg zur Gleichheit in der Gesellschaft als Ganzes? Der Unternehmer, sagt Locke, der seine Arbeit dem Land oder irgendeinem Stück Natur hinzufügt und dabei eine Verbesserung irgendeiner Art erzielt, wird rechtmäßig zum Besitzer all dessen, was er bearbeitet hat (vorausgesetzt, dass anderen Menschen anderer Grundbesitz oder andere Früchte der Natur verfügbar sind). Demgegenüber wird das harmlos gedeihende Individuum, das nicht zur Untergattung *aneignender Mensch* gehört, aufgefordert, das Recht auf Einfriedung und Eigentum an den energiegeladenen Arbeiter abzutreten. Die Marktgesellschaft, wie Locke sie sich offenbar vorgestellt hat, führt nicht zur Gleichheit zwischen diesen beiden verschiedenen Tendenzen, denen die menschliche Natur bekanntlich folgt.

Was Thomas Paine angeht – einen durch und durch radikalen Demokraten und überzeugten Anhänger des Marktes –, so gehört er vielleicht zu einer anderen Geschichte. Paine begann als Korsettmacher. Er schilderte belesene, anständige Handwerksleute, wie er selbst einer war, als die typischen Mitglieder einer Gemeindeversammlung. Und über Gemeindeversammlungen hätte er dasselbe gesagt, was er über die Provinzverfassungen in Amerika sagte, nämlich dass sie die Grammatik der Sprache der Demokratie sind. Paines Vision war allerdings im Kern politisch und erst in zweiter Linie ökonomisch. Richtig ist, dass ein freier Markt ein Grundzug der Demokratie war, die Paine als eine natürliche Begleiterscheinung der Rechte des Menschen betrachtete. Der notwendige Druck seines Angriffs auf Monarchie und Aristokratie stammt dennoch aus einer Idee der politischen Freiheit und hat mit einer Idee von Angebot und Nachfrage sowie produktiver Zusammenarbeit, wie wir sie bei Smith und in geringerem Maße auch bei Locke finden, wenig zu tun.

Der Andersons historischer Skizze zugrunde liegende Gegenstand ist jedoch weder die liberale Wirtschaftstheorie von Adam Smith noch die politische Theorie, die John Locke, Thomas Paine und Abraham Lincoln im Großen und Ganzen teilen. Sie fordert uns vielmehr dazu auf, ein paar konkurrierende Intuitionen zu den Wirkungen der Modernisierung zu prüfen, und sie denkt dabei hauptsächlich an die mit Mitteln des Marktes vollendete Modernisierung. Wie kann sich die frühere und glücklichere Intuition als so falsch erwiesen haben? Es mag helfen, sich den berühmten Satz genauer anzuschauen, der das erste Kapitel von *Reichtum der Völker* beschließt. Smith beschreibt da den Haushalt eines Mannes aus der Mittelschicht, ausgestattet mit all den Gütern, die sein bescheidenes Leben komfortabel machen: Geschirr und Besteck auf dem Tisch, das Glasfenster, die Kohlen, mit denen der Rost in der Küche geheizt wird, die Möbel, das Brot, das Bier usf. Denkt man an all diese Dinge, sagt Smith, so muss einem klar werden, dass ohne solche Güter und das wunderbare Zusammenwirken ihrer Hersteller und Lieferanten, »in einem zivilisierten Land ohne die Hilfe und Mitarbeit vieler Tausender nicht einmal der Anspruchsloseste in der, wie wir ganz zu Unrecht glauben, schlichten und einfachen Art zu versorgen wäre, in der er gewöhnlich lebt«. Und dann kommt der berühmte Satz:

> Verglichen mit dem eher übertriebenen Luxus der Großen muß freilich seine Lebenshaltung ohne Zweifel äußerst einfach und schlicht erscheinen; und doch mag es richtig sein, daß die Lebenshaltung eines europäischen Fürsten die eines arbeitsamen und sparsamen Landmanns nicht immer so weit übertrifft, wie dessen Lebenshaltung die so manchen afrikanischen Königs, der unumschränkter Herr über Leib und Leben zehntausend nackter Wilder ist.[1]

Dies zeichnet ein außergewöhnliches Bild von dem Komfort und der Anständigkeit der modernen Gesellschaft, das in seiner Bescheidenheit und seiner Größe gleichermaßen verführerisch ist. Wir können aber fragen: Was wird hier mit was verglichen?

Ein Weber, ein wandernder Kesselflicker, ein Hufschmied, ein Straßenhändler oder sogar – etwas höher auf der sozialen Stufenleiter – ein Müller oder ein Brauer mit kleinem Verkauf konnten glauben, dass sie eine Arbeit taten, die durchaus mit der Arbeit eines Händlers für Gewürze und Seidenstoffe verwandt war. Alle wurden für die Herstellung ihrer Waren entlohnt, deren Wert aus handwerklicher Ausbildung und langjähriger praktischer Arbeit hervorging; oder sie wurden für den Verkauf von Waren entlohnt, deren Wert sie durch viele Vergleichsmöglichkeiten aus Erfahrung kannten. Hat uns Adam Smith also ein zutreffendes Bild geliefert? Verdiente seine Gesellschaft das Kompliment, das er ihr zollte? Der europäische Fürst und der Bauer sind zweifellos Mitglieder einer Marktgesellschaft, wie Smith annehmen durfte, und in dieser Gesellschaft stehen sich der Fürst und der Bauer (aufgrund ihres Zugangs zu Gütern des Marktes) näher als der afrikanische König und ebenjener Bauer. Andererseits hat der afrikanische König *Macht*, und mit dieser Macht geht eine Furchtlosigkeit vor Verelendung einher, die dem europäischen Bauern versagt ist.

Dieser Unterschied – der Unterschied zwischen politischer Macht und Gleichheit auf dem Markt – wird in Andersons Sicht der Marktgesellschaft meines Erachtens unterschätzt oder nicht genügend kenntlich gemacht. Dabei waren politische Macht und Gleichheit auf dem Markt immer unterschiedliche Güter und sind es bis heute geblieben. In dem »Aufkommen von herrenlosen Menschen« im 17. Jahrhundert entdeckt Anderson den Keim eines Geistes, der zur demokratischen Gleichheit tendierte. So wie sie diese Personen beschreibt, wurden sie von dem neuen Wissen gestärkt, dass sie ihr Schicksal selbst in die Hand nehmen konnten. Unter ihnen waren viele namenlose Helden, deren Ethik eines individuellen Gewissens der puritanischen Revolution beträchtlichen Schwung verlieh. Ohne Herren lebend, stellten sie fest, dass sie die soziale Stufenleiter hinaufklettern konnten, wie sie es in der Obhut ihrer Herren nie vermocht hätten. Natürlich ist dies ein spekulatives Gebiet, bei dem Kausalität oder Korrelation nicht mit Gewissheit feststellbar ist. Es ergibt jedoch Sinn, dass die neue Freiheit für einzelne Arbeiter mit dem Aufstieg einer politischen Theorie einhergegangen sein soll, die auf willkürliche Unterordnung verzichtete, sowie mit dem Aufstieg einer ökonomischen Theorie, die die sozialen Fesseln des Feudalismus entwertete. Aber wie günstig war das Schicksal der herrenlosen Männer im 17. Jahrhundert? Wie lebten sie wirklich? Wir wissen jedenfalls, dass in der Mitte des 18. Jahrhunderts eine andere Art herrenloser Männer auftauchte, Männer, die in die herrenlose Knechtschaft abgestiegen waren.

Der Erzähler von Oliver Goldsmith' Gedicht »Das verödete Dorf« – sechs Jahre vor *Reichtum der Völker* im Jahr 1770 veröffentlicht – kehrt in das Dorf zurück, in dem er aufgewachsen ist, und findet es fast vollständig entvölkert vor. Was hatte diesen Wandel ausgelöst? Die Industrie, die schon bald von Smith gefeiert werden sollte, hat anscheinend auch Handwerker und gewöhnliche Bürger in ein Leben permanenter Ort- und Mittellosigkeit getrieben:

Weh, weh dem Land, das sich zum Unglück neigt,
Wo Menschen sinken und wo Reichtum steigt!
Der Fürst, der Lord mag fallen oder blühn;
Ein Hauch kann schaffen, und ein Hauch schafft ihn;

Der Stolz des Reichs, die kühne Bauernschaft,
Ist unersetzlich, einmal hingerafft.[2]

Goldsmith spricht dann von einem verlorengegangenen England (in einer Erinnerung, die sich auch aus seiner Heimat Irland speist), wo »leichte Arbeit« überwog und hergab, »was das Leben gerade verlangte«. Aber um heute eine reelle Chance auf Glück zu haben, ist solche gewöhnliche Arbeit gezwungen, »ein freundlicheres Ufer« zu suchen.

In der nun folgenden Erzählung, in der sich Erinnerungen an das Dorf und Anekdoten seines Verfalls vermischen, kommt dem Erzähler eine Frau in den Sinn, die er von früher kennt und die nun in einem »düsteren Schuppen« wohnt. Er macht uns mit dem Pfarrer bekannt, der einst ungehindert aufgesucht wurde in seinem »bescheidenen Herrenhaus«, um religiösen Beistand und Trost zu erhalten; und mit dem Schulmeister, über den das ganze Dorf staunte, »wie viel er wusste; es war gewiss, dass er schreiben konnte und rechnen auch«. Dieser Gelehrte hatte die Aufgabe des Dorfchronisten – eine Funktion, die der Erzähler nun selber übernehmen muss. Goldsmith endet mit Versen, in denen er sich selbst beschwört, als Prophet einer versunkenen Lebensweise zu sprechen. Seine Berufung wird es sein, der Toten zu gedenken und die Kosten des Triumphs der Marktgesellschaft aufzurechnen. So warnt er uns:

Daß Handelsstolz in das Verderben trägt,
So wie das Meer das Dammwerk niederschlägt;
Weil innre Macht den Zeiten widersteht,
So wie ein Fels, um den der Sturm sich dreht.[3]

Man beachte, dass es der Handel selbst und nicht bloß »Überfluss« ist, der die Zerstörung herbeigeführt hat;

und nicht nur Handel nach dem eigennützigen merkantilistischen Muster, das Smith so aufschlussreich analysierte, sondern Handel der höchst dynamischen und erfolgreichen Sorte. Goldsmith verurteilt schon die Idee, dass der Handel die zentrale Bedeutung und Rechtfertigung einer Gesellschaft sei. Denn der Handel entwurzele das Leben vieler und mache alte Berufe überflüssig. Was wir bei diesem Vorgang verlieren, ist genau das, was die neue politische Ökonomie versprochen hat: »Eigenständigkeit«.

Infolge der Depression der 1930er Jahre urteilte Karl Polanyi, der über einen Umbruch nachdachte, der zu diesem Zeitpunkt bereits seit nahezu zwei Jahrhunderten andauerte, in *The Great Transformation*, dass es zwischen der Demokratie und der Vision der Marktgesellschaft, die von den klassischen Ökonomen geschätzt werde, immer an Übereinstimmung gefehlt hatte:

> Arbeit, Boden und Geld sind wesentliche Elemente der gewerblichen Wirtschaft, sie müssen ebenfalls in Märkten zusammengefaßt sein, und diese Märkte bilden sogar einen unerläßlichen Teil des Wirtschaftssystems. Indessen sind Arbeit, Boden und Geld ganz offensichtlich *keine Waren*: die Behauptung, daß alles, was gekauft und verkauft wird, zum Zwecke des Verkaufs produziert werden mußte, ist in bezug auf diese Faktoren eindeutig falsch. [...] Arbeit ist bloß eine andere Bezeichnung für eine menschliche Tätigkeit, die zum Leben an sich gehört, das seinerseits nicht zum Zwecke des Verkaufs, sondern zu gänzlich anderen Zwecken hervorgebracht wird; auch kann diese Tätigkeit nicht vom restlichen Leben abgetrennt, aufbewahrt oder flüssig gemacht werden. Boden wiederum ist nur eine andere Bezeichnung für Natur, die nicht vom Menschen produziert wird; und das eigentliche Geld, schließlich, ist nur ein Symbol

> für Kaufkraft, das in der Regel überhaupt nicht produziert, sondern durch den Mechanismus des Bankwesens oder der Staatsfinanzen in die Welt gesetzt wird. Keiner dieser Faktoren wird produziert, um verkauft zu werden. Die Bezeichnung von Arbeit, Boden und Geld als Waren ist somit völlig fiktiv.[4]

Doch genau diese angenehme Fiktion, schreibt Polanyi, war maßgeblich für die tatsächliche Organisation der modernen Märkte für Arbeit, Boden und Geld im 19. und frühen 20. Jahrhundert.

In der Mitte des 18. Jahrhunderts war diese Transformation bereits im Gange. Zu der Zeit, als Adam Smith und Oliver Goldsmith schrieben, war das neue System schon zum Organisationsprinzip der gesamten Gesellschaft geworden, »wonach keine Vorkehrungen oder Verhaltensweisen zugelassen werden dürfen, die das Funktionieren des Marktmechanismus im Sinne der Warenfiktion verhindern«. Wir müssen aber zu der Einsicht kommen, dass die Gesellschaft selbst unter diesen Bedingungen letzten Endes nicht überleben kann:

> Die angebliche Ware »Arbeitskraft« kann nicht herumgeschoben, unterschiedslos eingesetzt oder auch nur ungenutzt gelassen werden, ohne damit den einzelnen, den Träger dieser spezifischen Ware, zu beeinträchtigen. Das System, das über die Arbeitskraft eines Menschen verfügt, würde gleichzeitig über die physische, psychologische und moralische Ganzheit »Mensch« verfügen, der mit dem Etikett »Arbeitskraft« versehen ist. Menschen, die man auf diese Weise des Schutzmantels der kulturspezifischen Institutionen beraubte, würden an den Folgen gesellschaftlichen Ausgesetztseins zugrunde gehen; sie würden als die Opfer akuter gesellschaftlicher Zersetzung durch Laster, Perversion, Verbrechen und Hunger

sterben. Die Natur würde auf ihre Elemente reduziert werden, die Nachbarschaften und Landschaften verschmutzt, die Flüsse vergiftet, die militärische Sicherheit gefährdet und die Fähigkeit zur Produktion von Nahrungsmitteln und Rohstoffen zerstört werden.[5]

Wir, die wir gerade erst die Rezession der Nullerjahre des 21. Jahrhunderts erleben mussten, haben mit dieser Wahrheit fast ebenso gründlich Bekanntschaft gemacht wie Polanyi, der seine Analyse in den frühen 1940er Jahren ausarbeitete.

Ich schließe mit einem Wort zu den drei wesentlichen Gütern – Autorität, Ansehen und Status –, deren Wert für die Demokratie in Elizabeth Andersons Vorlesungen thematisch breiten Raum beansprucht. Ich bevorzuge das eindeutige Wort *Macht* gegenüber dem subtileren und schwerer fassbaren Wort *Autorität*, und mir ist aufgefallen, dass Smith selbst in einer von Anderson zitierten Textstelle »Macht und Autorität« miteinander verbindet, so als wolle er keine scharfe Trennlinie zwischen den Begriffen ziehen. Seit den Revolutionen des 17. Jahrhunderts sah sich jeder Vertreter der Linken oder der liberalen Seite in der Politik genötigt, politische Autorität oder, um es unverblümt zu sagen, politische Macht mit Eifersucht zu betrachten. Diese Eifersucht ist ein notwendiger und kein bedauerlicher Zustand in der politischen Demokratie. Wir sollten in einem Sinne eifersüchtig sein, der Eifer zu einer unerlässlichen Wurzel von Eifersucht macht und Eifersucht selbst zu einer Tugend. Ich danke Elizabeth Anderson dafür, uns die Gelegenheit gegeben zu haben, noch einmal genauer über die Theorien der Gleichheit und Freiheit in der frühen Neuzeit nachzudenken, die unsere eigene Marktgesellschaft zwar rationalisieren, aber nicht rechtfertigen.

5
Untergebene gesucht
von Niko Kolodny

Es ist mir eine Ehre, Andersons Vorlesungen kommentieren zu dürfen – nicht zuletzt deshalb, weil ich schon stark beeinflusst durch den Aufsatz, der den Keim hierzu enthält, an diese Aufgabe herangehe. Als ihre Abhandlung »What Is the Point of Equality?« 1999 erschien,[1] befand sich die philosophische Diskussion zur Gleichheit in einer Sackgasse. Einerseits hatten sich diejenigen Philosophen, die glaubten, dass Gleichheit von Bedeutung ist, in eine zusehends sterile Debatte darüber, welche Art von *Sache* wir gleich verteilen sollten, verbissen. Andererseits bezweifelten viele andere Denkerinnen, dass Gleichheit wichtig sei. Es könnte eine Rolle spielen, ob die Armen mehr bekämen, und ihnen mehr zu geben, könnte in einer Art von Nebeneffekt die Lücke zwischen ihnen und den Reichen schließen. Doch die Lücke in materieller Hinsicht war für sich genommen gewiss nicht von Bedeutung. Wenn sie es wäre, könnten wir schließlich, anstelle von den Reichen zu nehmen und den Armen zu geben, um die Lücke zu schließen, auch den Reichen etwas nehmen und es in den Ozean werfen und würden die Lücke auf diese Weise ebenfalls schließen.

Andersons Aufsatz hat der Debatte eine neue Richtung gegeben, wie es in der Philosophie wirklich selten ist.[2] Was grundsätzlich von Bedeutung sei, argumentierte sie, seien die sozialen *Beziehungen* der Gleichheit unter den Menschen. Wenn die Gleichverteilung des *Mate-*

riellen eine Rolle spiele, dann weil die materiellen Ungleichheiten solche sozialen Beziehungen beeinträchtigen können. Und was in diesen Beziehungen wirklich zähle, sei *Gleichheit*. Es war also nicht so, als könnten meine Frau und ich als frisch Verheiratete unser unausgesprochenes Interesse an einer egalitären Ehe auf das Interesse reduzieren, dass jeder Ehepartner für sich so viel von etwas haben sollte wie möglich, mit einem größeren Anteil für denjenigen, der weniger hatte, wenn sich die Möglichkeit zur Umverteilung ergeben sollte, was dann im Nebeneffekt dazu führen würde, diese Sache ausgeglichen zu besitzen. Es war schlichtweg nicht richtig, in dieser Weise über eine Ehe von Gleichen zu denken.

Andersons Arbeit bewirkte zumindest beim philosophischen Denken über Gleichheit einen wichtigen Wandel. Und die seit 1999 stärker werdenden Bedenken im Hinblick auf langfristige Trends zu bestimmten Formen wirtschaftlicher Ungleichheit haben ihre Arbeit noch zeitgemäßer werden lassen. Doch obwohl ich denke, dass Anderson einer Sache auf der Spur ist, wenn sie unsere Aufmerksamkeit auf die sozialen Beziehungen der Gleichheit lenkt, kämpfe ich als ihr bekennender Parteigänger damit, mir darüber klar zu werden, um was es sich bei dieser Sache genau handelt. Es ist relativ einfach, an die Bilder gebieterischer Herren und unterwürfiger Dienstboten zu erinnern. Bei diesen Bildern ist uns, jedenfalls Anderson und mir, irgendwie nicht ganz wohl. Aber was an diesen Bildern beunruhigt uns? Die Willkür? Die Hierarchie? Und welche alternativen sozialen Regelungen könnten uns, wenn auch nur dem Prinzip nach, das Unbehagen nehmen? Das Recht? Die Demokratie? In ihren Vorlesungen stellt Anderson diese Fragen einmal mehr.

Was ist Andersons Einwand gegen ein Zuviel von dem, was ihrer Meinung nach am Arbeitsplatz heutzutage abläuft? Es geht nicht darum, wie viel den Menschen bezahlt wird oder ob der Job mit einer Krankenversicherung einhergeht oder Kinderbetreuung angeboten wird. Es geht nicht darum, wie langweilig, gefährlich oder unangenehm die Arbeit ist. Es geht nicht darum, ob die Menschen damit rechnen können, ihre Arbeitsstelle zu behalten oder eine andere zu finden. Natürlich ist ihr das auch wichtig, wir müssen es nicht betonen. Es ist bloß so, dass diese Dinge hier nicht im Mittelpunkt stehen.

Stattdessen konzentriert sie sich auf die quasipolitischen Beziehungen der »Regierung« zwischen Arbeitgebern und Beschäftigten innerhalb der Firma. Obwohl sie »Regierung« unter dem Gesichtspunkt des Erteilens und der Durchsetzung von Anordnungen definiert, ist dies für ihre Zwecke eigentlich zu eng. Ein Chef erteilt Ihnen keine Anweisungen oder erzwingt deren Durchsetzung, wenn er Sie kündigt, weil Sie zur attraktiv sind, oder wenn er in Ihrer Mailbox herumschnüffelt. Ich bin mir zwar nicht sicher, wie ich ihre Definition ändern soll, aber die ungefähre Idee ist klar genug: Die Beziehungen der Beschäftigten zur Firma sind irgendwie ähnlich schwierig wie die Beziehungen eines Subjekts zum Staat, allerdings fehlen für Erstere die liberal-demokratischen Schutzrechte, die Letztere annehmbar machen können.

Um die spezielle Fragestellung von Anderson etwas plastischer zu machen, denken wir wie in einer Art von natürlichem Gedankenexperiment einmal an die Bekleidungsindustrie, wie sie Ende des 19. Jahrhunderts auf der Lower East Side zu finden war. Einige Arbeiter waren in Fabriken angestellt, während andere (besonders Frauen und Kinder sowie diejenigen, die am jüdischen

Sabbat nicht arbeiten wollten) zu Hause Akkordarbeit leisteten.[3] Die Bedingungen in den Mietshäusern waren schlecht: Es war heiß, dunkel und zum Ersticken eng. Die Arbeit war abstumpfend und gnadenlos. Und der Lebensunterhalt der Akkordarbeiterinnen war alles andere als gesichert. Andersons Hauptfrage ist, grob gesagt, ob die Dinge, so schlimm sie in den Unterkünften gewesen sind, vielleicht noch *schlechter* gewesen wären, wenn sie zur Arbeit in die Fabriken gegangen wären – wenn sie sechs Tage in der Woche über die Grenze in das Hemdblusen-Liechtenstein irgendeines Kapitalisten gewechselt wären.

Doch in welcher Weise macht »Regierung« die Dinge schlimmer? Es kann zweifellos lästig sein, wenn man einen Chef hat, der einem ständig über die Schulter schaut und dabei Frederick Taylors Buch *Die Grundsätze wissenschaftlicher Betriebsführung* in der Hand hält.[4] Und es ist gewiss unerfreulich, wenn man in punkto wann, wo und wie man arbeitet in allen Einzelheiten eingeschränkt ist – wenn man zum Beispiel nicht Nadel und Faden niederlegen kann, wann immer die Natur es verlangt. Überwachung und Einschränkung findet allerdings auch ohne »Regierung« statt. Egal, ob Sie freischaffender Pantomime, Friseur oder Nietenheizer sind, jede ihrer Bewegungen wird von Ihrem Publikum oder Kunden oder dem Gegenhalter genauestens beobachtet werden. Übrigens kann man sogar in der eigenen Wohnung von einem passiv-aggressiven Schwiegervater beschattet werden, der ständig sein So-macht-man-das-nicht-aber-ich-werde-mich-hüten-mich-einzumischen zu erkennen gibt. Und jede Art von Arbeit kann verdorben werden oder anderweitig kostenträchtiger oder weniger produktiv ausfallen, wenn der Arbeitende nicht bis zu einem passenden Zeitpunkt an sich halten kann. Zugegeben, die Notwendigkeit, einen bestimmten Arbeitnehmer zu beaufsichtigen und zu maßregeln, verdankt sich oft einem Produktionsprozess, der eine Koordinierung mit anderen Arbeitenden verlangt. Und zugegeben, so wie die menschliche Natur nun einmal ist, wäre eine solche Koordinierung ohne die »Regierung« der Firma häufig nicht machbar. Gleichwohl scheint die Schuld für die widerwärtige Überwachung und Einschränkung nicht bei der »Regierung« der Firma zu liegen, sondern in der Natur des Produktionsprozesses selbst begründet zu sein.

Welche Übel sind es also, die durch die »Regierung« einer Firma wirklich hinzukommen? Elizabeth Anderson schlägt meiner Meinung nach diesbezüglich zwei Antworten vor.

Die erste Antwort ließe sich als »Machtmissbrauch« etikettieren – oder besser noch als »Gebrauch einer nicht gerechtfertigten Macht«. Angenommen wird, dass es eine solide ökonomische Rechtfertigung für das Vorhandensein von Firmen gibt, wie sie Ronald Coase als Erster in »The Nature of the Firm« beschrieben hat.[5] Zumindest dann, wenn Firmen durch andere Institutionen ergänzt werden, ist es zu jedermanns Vorteil, sie zu haben. Und Firmen zu haben bedeutet unter anderem, bestimmten Leuten bestimmte Machtbefugnisse über andere in der Firma zu geben. Die Sorge dabei ist, dass man diesen Leuten, indem man ihnen *gerechtfertigte* Machtbefugnisse gibt, zugleich auch *ungerechtfertigte* Machtbefugnisse gibt, wenn keine Vorsorge dagegen getroffen wird.

Einige dieser ungerechtfertigten Befugnisse haben überhaupt keine ökonomische Begründung, so etwa die Macht, die Angestellten auf eine Art und Weise zu überwachen oder einzuschränken, die sie nicht produktiver macht, oder Angestellten zu kündigen, weil sie das Auto des Chefs nicht polieren wollen. Ich bezweifle aber, ob Anderson es dabei belassen und bejahen würde, dass jede beliebige Machtbefugnis, mit der sich die Bilanz eines Unternehmens verbessern lässt, deshalb schon gerechtfertigt ist. Sogar Befugnisse, die eine ökonomische Begründung haben, können ungerechtfertigt sein, wenn sie von anderen Werten relativiert werden, bei denen wir nicht um des wirtschaftlichen Gewinns willen zu Abstrichen bereit sind. Es kann sich dabei um herabsetzende oder inhumane Machtbefugnisse handeln oder um solche, die Erwartungen verletzen, die wir mit Bürgerrechten wie dem Schutz unserer Privatsphäre oder der Meinungsfreiheit verbinden. Wenn wir einem Arbeitgeber die gerechtfertigte Befugnis geben, einen faulenzenden Arbeiter zu entlassen, haben wir also die Schwierigkeit, dass wir uns das Risiko einhandeln, ihm damit zugleich die ungerechtfertigte Befugnis zu geben, einen Arbeiter zu entlassen, weil er den Wagen des Chefs nicht polieren will. Wenn wir den Arbeitgebern die gerechtfertigte Macht einräumen, berufsbezogene E-Mails zu sichten, riskieren wir, ihnen die ungerechtfertigte Macht zu überlassen, private E-Mails zu sichten, die an gleicher Stelle gelagert sind. Und so fort.

Der Einwand richtet sich nicht einfach gegen das Gesamtpaket aus Arbeit, Entlohnung und Arbeitsplatzsicherheit, das wahrscheinlich aus der ungerechtfertigten Macht hervorgeht. Der Einwand ist beispielsweise nicht, dass man nur die Knöpfe anzunähen hatte, als man noch in der Wohnung arbeitete, und nun in der Fabrik Knöpfe anzunähen sind *und* die pferdelose Kutsche irgendeines Goj zu polieren ist – kurz, dass Mehrarbeit zu leisten ist. Der Einwand richtet sich einfach dagegen, der Macht einer anderen Person in einer Weise unterstellt zu sein, für die es keine gute Rechtfertigung gibt. Schließlich kann ein bestimmter Machtmissbrauch noch zum Vorteil des »Opfers« sein. Nehmen wir an, Ihr Boss sagt: »Sie haben heute Morgen gefaulenzt. Das bringt das Fass zum Überlaufen, das Kündigungsschreiben liegt in meinem Postausgang. Wenn Sie aber mein Auto polieren, vergessen wir das und ich zerreiße das Kündigungsschreiben.« Das ist wohl besser als: »Sie haben heute Morgen gefaulenzt. Das bringt das Fass zum Überlaufen, Sie sind gefeuert. Das war's.« Das Angebot lässt Ihnen wenigstens die Möglichkeit, Ihre Stelle zu behalten. (Zum Vergleich betrachten wir den Erpresser mit seiner Aussage: »Sie sollten mir danken, denn ich gebe Ihnen die Chance, das zu vertuschen, bevor ich damit an die Presse gehe.« Es gibt einen Sinn, in dem Sie ihm wirklich dankbar sein *sollten*.) Der Einwand ist nicht, dass die Ausübung der ungerechtfertigten Macht die Dinge für Sie notwendigerweise verschlechtert. Der Punkt ist vielmehr der, dass es zwar akzeptabel ist, wenn andere Menschen Macht über Ihr Schicksal haben, weil es notwendig zu einem System gehört, welches zu jedermanns Vorteil ist, dass es hingegen inakzeptabel ist, wenn Menschen Macht über Ihr Schicksal haben und dies persönlich ausnutzen, um ihr Auto poliert zu bekommen.[6]

Nehmen wir jedoch an, Ihr Chef übt nur gerechtfertigte Macht über Sie aus, Befugnisse, wie sie durch die Bilanz des Unternehmens und im Lichte der von der Bill of Rights auferlegten Beschränkungen gerechtfertigt sind. Dennoch werden Sie – und das ist für Anderson vielleicht der Kern der Sache – von einer anderen Person »regiert«. Ja, Ihr Boss kommandiert Sie immer noch herum.

Aber was ist eigentlich falsch daran, von anderen Menschen regiert zu werden? Um auf den Punkt zu kommen: Ich denke, wir werden alle vom Staat regiert. Er erlässt Anordnungen, setzt sie durch und übt enorme

Macht über unser Leben aus. Das träfe selbst für ein sozialdemokratisches Utopia zu, wie Anderson und ich es gern haben würden – mit kostenloser Betreuung in Kindertagesstätten, staatlich finanzierten Wahlen und fröhlich tanzenden Kobolden und Elfen. Wenn es nicht anstößig wäre, von einem solchen Staat regiert zu werden, warum sollte es dann anstößig sein, von einer Firma regiert zu werden? Worin besteht der Unterschied?

Geht es bei dem Problem, wie Anderson gelegentlich andeutet, darum, *den Launen oder dem Ermessen* des Chefs ausgeliefert zu sein – zum Beispiel seinem Es-dient-alles-der-Bilanz-Gefühl, wie seine Arbeiterschaft einzusetzen ist –, während die Anordnungen des Staates eine Angelegenheit von *Regeln oder Gesetzen* sind? Das bezweifle ich. Die Regeln, die das Leben hinter dem Tresen bei Ihrer örtlichen McDonald's-Filiale regieren, könnten unter dem Gesichtspunkt ihrer *Form* alles bieten, was sich Montesquieu in *Der Geist der Gesetze* oder Lon Fuller in *The Morality of Law* nur wünschen können.[7] Und warum sollten Gesetze in jedem Fall besser sein als Launen? Berechenbarkeit kann nicht die Antwort sein. Die Wechselfälle des Marktes, denen die Akkordarbeiterin in ihrer Wohnung ausgesetzt ist, sind mindestens ebenso unberechenbar wie die Launen eines Chefs. Die Attraktivität des Rechts im Gegensatz zur Laune besteht vielleicht in der Unpersönlichkeit des Rechts. Durch das Recht regiert zu werden heißt nicht, von Menschen regiert zu werden. Doch das ist ganz gewiss eine Illusion. Man muss nur die ersten drei Worte der US-Verfassung lesen, um zeigen zu können, dass sie nicht anders als eine McDonald's-Franchise-Vereinbarung von Menschen verfasst worden ist.

Dies führt uns zu dem, was ich für das wahre Problem halte, wenn es hier eines gibt: zur Frage, *wer* für die Gesetze verantwortlich ist. Der Unterschied ist, wie Anderson manchmal andeutet, dass zumindest unsere idealisierten staatlichen Gesetze demokratisch sind, während die McDonald's-Gesetze oligarchisch sind. Erstens hat jeder von uns – jedenfalls in dem Maße, wie der Staat demokratische Ansprüche verwirklicht – auf einer grundlegenden Ebene die gleiche Möglichkeit zu bestimmen, was für Gesetze der Staat hat oder wer sie machen wird, während nur wenige von uns die Gelegenheit bekommen, die Lehrbücher für die Burger-Akademie zu billigen. Zweitens wird es zwar einige geben, die deutlich darüber hinausreichende Möglichkeiten haben, weitere Beschlüsse hinsichtlich des Rechts, seiner Anwendung und seiner Durchsetzung zu fassen, doch sie tun dies als unsere Delegierten oder Vertreter. Es ist gar nicht so einfach zu sagen, was dieses Delegationsverhältnis verlangt. Vermutlich verlangt es aber wenigstens, dass uns unsere Delegierten rechenschaftspflichtig sind – was, wie Anderson unterstreicht, in einer Firma selten der Fall ist. Mit anderen Worten – und das ist die tiefere Besorgnis –, wenn wenige Individuen, die keine Delegierten sind, Anordnungen erlassen und Anweisungen durchsetzen oder Machtbefugnisse innehaben, denen alle Übrigen von uns unterworfen sind, ist das offenbar unvereinbar mit den Beziehungen der Gleichheit zwischen ihnen und uns – mit Beziehungen der Gleichheit, wie sie Anderson in ihrem richtungsweisenden Aufsatz von 1999 beschrieben hat.

Nun könnten manche meinen, dies verschiebe das Problem lediglich: »Wenn es ein Problem damit gibt, unter einem fremden *Willen* zu stehen, warum soll es dann kein Problem damit geben, unter dem *demokratischen* Willen zu stehen?« Diese kritische Frage scheint angebracht zu sein, wenn man das Problem als eines der individuellen Freiheit sieht; wenn das Ideal eine Art persönlicher Abschirmung von jedem »fremden Willen« ist. Sie macht hingegen weniger Sinn, wenn man das Problem als eines in Bezug auf die *Gleichheit* sieht: des symmetrischen Status im Verhältnis zu anderen. Zugegeben, man ist schon deshalb einem Willen ausgesetzt, der nicht wirklich der eigene ist, weil man einfach den Entscheidungen des Staates unterworfen ist – gleichgültig, was einem Jean-Jacques Rousseau im *Gesellschaftsvertrag* erzählt haben mag.[8] Wenn aber der Staat den demokratischen Anspruch verwirklicht, ist man nicht einfach kraft der Unterwerfung unter dessen Entscheidungen irgendeinem anderen Individuum untergeordnet. Es gibt niemanden in der Gesellschaft, auf den man mit dem Finger zeigen und sagen kann: »Weil diese Person mehr Möglichkeiten hatte, die Entscheidung zu beeinflussen, als ich sie habe, bin ich ihr schon dadurch, dass ich der Entscheidung unterworfen bin, untergeordnet.« Dies ist natürlich keine Garantie dafür, dass es die Entscheidungen gut mit einem meinen werden. Aber es gibt auch keine Garantie, dass man von den Monsunwinden oder von dem Markt für Akkordarbeit gut behandelt werden wird. Unsere Frage lautet nochmals, was denn so besonders problematisch daran ist, unter der Kontrolle einer anderen Person zu stehen, nachdem wir Dinge in Betracht gezogen haben, unter denen man leiden kann, ohne ebenjenes Joch zu tragen.

Ich habe nun versucht, zwei wesentlichen Vermutungen darüber nachzugehen, warum die »Regierung«, die es in Firmen gibt, so besonders anstößig sein könnte. Es besteht die Sorge, dass einige Menschen Machtbefugnisse über andere ausüben, denen eine ökonomische Begründung fehlt oder jedenfalls eine, die ausreicht, um die auf dem Spiel stehenden Grundrechte zu relativieren. Es besteht die Sorge, anderen Individuen untergeordnet oder in die Unterlegenheit eines niederen Rangs gedrängt zu werden. Aber wie besorgniserregend sind diese Bedenken, was die Firmen angeht?

Die rhetorische Tendenz in Andersons Ausführungen geht dahin, die Situation eines Beschäftigten mit der Situation eines politischen Subjekts gleichzusetzen und dementsprechend für den Beschäftigten all das zu fordern, was wir für das politische Subjekt fordern würden. Aber sie denkt sicherlich, dass die Situation eines Beschäftigten anders ist und dass die Firma mit manchen Dingen durchkommt, mit denen ein Staat nicht durchkäme. Ich bezweifele, dass Anderson so auf Demokratie am Arbeitsplatz bestehen würde, wie sie auf staatlicher Demokratie bestehen würde. Es scheint für eine Firma kaum möglich zu sein, alle unsere Bürgerrechte zu respektieren. Nehmen wir doch einmal die freie Berufswahl selbst. Wenn ich lieber Hundesitter sein wollte anstelle eines Maus-Darstellers, sollte das nicht dazu führen, dass ich die amerikanische Staatsbürgerschaft verliere, doch Chuck E. Cheese's kann mich wegen dieser Wahl fraglos ins Exil schicken.

Was also bremst den rhetorischen Impuls zur vollen Gleichsetzung von Firma und Staat? Was macht Dinge bei der Firma akzeptabel, die beim Staat nicht akzeptabel wären – einschließlich Oligarchie und wirtschaftlich produktiver Verletzungen dessen, was sonst bürgerliche Freiheitsrechte wären? Liegt es daran, dass das Schlimmste, was mir Chuck E. Cheese's antun kann, das Exil ist? Dass die Exilierung durch Chuck E. Cheese's letzten Endes nicht so folgenschwer ist? Dass ich den Bedingungen der Anstellung in einer Weise zugestimmt habe, wie ich der US-Staatsbürgerschaft nicht zugestimmt habe? Dass die Firma selbst von einer Rechtsordnung reglementiert wird, auf die ich gleichberechtigten Einfluss nehmen kann, oder dass, welche Hierarchie auch immer in der Firma herrscht, diese am Ende doch von einem Standpunkt der Gleichheit aus kontrolliert wird? Anderson minimiert jeden dieser Unterschiede an der einen oder anderen Stelle in der Vorlesung.[9] Meine Zustimmung zu *dieser* Firma ist zum Beispiel wenig relevant, da ich immerhin *irgendeiner* Firma zustimmen muss – was sogar in unserem Utopia der Fall wäre. Doch letzten Endes muss sie auf einige dieser Unterschiede oder sogar alle zurückkommen. Wie ähnlich wird die Firma dem Staat noch sein, sobald wir diese Unterschiede betonen und diese Bremsen betätigen? Und wie ernsthaft sollten wir dann darüber beunruhigt sein, dass unsere Rechte als Beschäftigte nicht mit unseren Rechten als Bürger vergleichbar sind?

Ich bin mir nicht sicher, wie die Antworten ausfallen würden. Ich bin mir allerdings sicher, dass wir Anderson Dank schulden, uns zu diesen Fragen angespornt zu haben.

6
Arbeit ist eigentlich gar nicht so schlecht
von Tyler Cowen

Ich bin ein großer Fan von Elizabeth Andersons Versuchen, Philosophie und Ökonomie in eine Synthese zu bringen, aber zum Thema ihres Tanner-Beitrags weichen meine Auffassungen von den ihren ab. Ich sehe die wirtschaftlichen Aspekte anders, und was die Moralphilosophie angeht, so würde ich die praktischen Kompromisse an die Spitze und ins Zentrum der Argumentation stellen, so dass sie die Philosophie prägen, anstatt sie nachträglich zu präsentieren.

Ich werde Andersons Ansichten nicht zusammenfassen, sondern nur eine einzige sprachliche Wendung herausgreifen, die für ihre Ausführungen wesentlich ist: Schon recht früh spricht sie von »kommunistischen Diktaturen in unserer Mitte«. Diese Diktaturen sind nach ihrer Darstellung private Firmen, die ein Geschäftsinteresse verfolgen. Eine solche Beschreibung mag zwar vorsätzlich übertrieben sein, spiegelt aber dennoch ihre Einstellung wider, dass kapitalistische Unternehmen eine Art von rechenschaftsfreier, undemokratischer Macht über das Leben ihrer Beschäftigten ausüben, deren praktizierte Form sie moralisch gesehen für äußerst anstößig hält.

Als Person, die einen akademischen Beruf gewählt hat, um einige Dimensionen der persönlichen Freiheit maximieren zu können, sind mir Teile dieser Schilderung durchaus sympathisch. Trotzdem würde ich am Beschäftigungsverhältnis einige völlig verschiedene Tatsachen und Grundzüge hervorheben.

Ich mache mir zum Beispiel nicht viele Sorgen wegen der diktatorischen Macht der Unternehmen, wenn die Kosten der Abwanderung für die Arbeiter verhältnismäßig gering sind. Es ist ganz sicher so, dass viele Beschäftigte mit der Zeit eine Bindung an ihre Firma entwickeln – sie haben vielleicht Freunde dort, ein gutes Verhältnis zum Chef und einen Weg zur Arbeit, den sie günstig finden. Das wahrscheinlichste Szenario ist aber, dass viele solcher günstigen Faktoren zusammenkommen, die Löhne dieser Arbeitnehmer aufgrund der finanziellen Ausbeutung durch den Arbeitgeber jedoch stagnieren. Dies mag ein Problem sein, aber es ist wohl kaum das von Anderson skizzierte Dilemma, das mehr mit der unzureichenden Freiheit der Arbeitnehmer zu tun hat.

Viele Unternehmenskritiker, einschließlich Anderson ganz am Ende ihres Textes, postulieren die Existenz eines »Monopsons«, nämlich die Situation, in der ein einzelnes Unternehmen einen beträchtlichen Anteil der Marktmacht über seine Beschäftigten hat. Es stört mich ein wenig, dass sie ebenso wie andere Kritiker kaum Belege vorweist, um ihre Darstellung zu stützen – bis auf eine Fußnote, die zwar ein passendes, aber nicht sehr einflussreiches Buch anführt. Im Gegensatz zu ihrer Behandlung des Themas hat die beste mir bekannte Studie dazu festgestellt, dass Walmart, der größte Arbeitgeber des privaten Sektors in Amerika, in den meisten Regionen keine einschlägige monopsonistische Macht hat, wobei nur Landstriche im ländlichen Süden und in der Landesmitte eine Ausnahme bilden. Das monopsonistische Beschäftigungsmodell hat einige Aufmerksamkeit erregt – eine Menge davon aus Princeton, wie ich anfügen könnte –, doch die meisten Ökonomen messen diesem Modell eine nur zweitrangige Bedeutung für die Erklärung von Arbeitsmärkten bei. Und ohne Monopson sind wir wieder bei der Idee der Abwanderung als Hilfsmittel, um eine Reihe von Freiheiten der Arbeiter durchzusetzen.[1]

Es ist im Großen und Ganzen Konsens, dass größere Firmen ihre Beschäftigten erheblich besser bezahlen als kleinere. Das ist genau genommen nicht unvereinbar mit einem Monopson-Modell (die Marktmacht könnte zum Beispiel die Löhne in die Höhe treiben, da eine große Firma mehr Arbeitskräfte einstellt), aber es ist eine ganz andere Realität, als die von Anderson vermittelte. Man sollte auch beachten, dass größere Firmen dazu neigen, die persönlichen Vorlieben ihrer Beschäftigten toleranter zu sehen als kleinere. Ein lokaler Autoteilehändler mit seiner »Alter-Kumpel«-Stammkundschaft mag der Anstellung von Schwulen und Minderheiten ablehnend gegenüberstehen, wohingegen McDonald's tolerante Strategien bevorzugt, weil das dem Unternehmen mit seiner großen Vielfalt von Kunden die umfassende Reputation sichert. Ich würde diese Fakten bei jeder Darstellung des modernen Wirtschaftsunternehmens vornan und in den Mittelpunkt stellen, doch Anderson scheint ein größtenteils negatives Bild davon zu zeichnen, wie betriebliche Skaleneffekte mit den persönlichen Freiheiten der Arbeitnehmer interagieren.[2]

Zu beachten ist, dass das Monopson-Modell selbst nicht voraussagt, dass die Arbeitskräfte weniger Freiheit oder weniger Vergünstigungen am Arbeitsplatz haben werden. Das klingt kontraintuitiv, da wir mit dem Monopson eine geringere Verhandlungsmacht für die Beschäftigten und damit schlechtere Arbeitsbedingungen verbinden. Aber keine Sorge, ich liefere Ihnen die korrekte Lesart der Theorie. Vor einiger Zeit fiel Ökonomen auf, dass ein Produktmonopol nicht zwangsläufig zu Abstrichen bei der Produktqualität führt, da sich die Gewinne auf einer höheren Stufe der Produktqualität leichter maximieren lassen als auf einer geringeren (es ist beispielsweise lohnender, Diamanten zu monopolisieren als preiswertere Steine). Für das Monopson gilt Ähnliches, nämlich dass Arbeitgeber die Freiheiten am Arbeitsplatz erweitern könnten, um die Arbeitslöhne umso stärker senken zu können. Und dies ist nicht nur eine theoretische Möglichkeit, sondern scheint in der realen Welt recht häufig vorzukommen, wo beobachtbar ist, dass sich Arbeitgeber um die Präferenzen der Stelleninhaber in Bezug auf die Jobqualität kümmern anstatt um marginale Lohnzuwächse. Oder stellen wir uns eine Arbeitgeberin vor, die gern mehr Arbeitskräfte anlocken würde, ohne jedoch die Löhne für alle in die Höhe treiben zu wollen, wie es ein ungeschickter monopsonistischer Riese wahrscheinlich tun würde. Den Beschäftigten selektiv Freiheiten am Arbeitsplatz anzubieten, ist ein möglicher Weg, um »Löhne unterschiedlich zu gestalten« und die Gewinne des Unternehmens zu steigern. Ich sage nicht, dass es sich so entwickeln muss, aber es kann leicht so sein.[3] Auch wenn die Annahmen zum Monopson deskriptiv relevant sind, lassen sie sich nicht ohne Weiteres mit der Vorstellung von fehlender Freiheit am Arbeitsplatz verbinden.

Nachdem das alles gesagt ist, gebe ich bereitwillig zu, dass die Kosten für die Abwanderung aus vielen Stellen zu hoch sind, und ich würde vorschlagen, sich auf die ganz konkrete Frage zu konzentrieren, wie die staatliche Politik diese Kosten senken kann. Krankenversicherung, Rentenzuschüsse und Immigrationsstatus sind oft zu eng an bestimmte Jobs gebunden, größtenteils als künstliche Gebilde der Regulierung und Steuergesetzgebung. Wir sollten zum Beispiel gleiche Ausgangsbedingungen für die vom Arbeitgeber bereitgestellte Krankenversicherung schaffen (der ACA [Affordable Care Act] versucht dies zum Teil mit seiner »Cadillac tax«), und wir sollten den Einwanderungsstatus für viele Arbeitskräfte weniger daran knüpfen, in bestimmten Berufen zu bleiben. In Wirklichkeit ist es so, dass viele Fälle, in denen Arbeitnehmer von Unternehmen abhängig sind, von schlechten Entscheidungen der Regierung herrühren und nicht direkt durch die Märkte oder durch die Natur des Beschäftigungsverhältnisses bei Unternehmen verursacht sind.

Es lohnt sich auch, einige der grundlegenden Prämissen von Andersons Argumentation in Frage zu stellen. Für manche Menschen mag es kontraintuitiv oder sogar schrecklich klingen, aber der Wirtschaftswissenschaftler wird fragen, ob Arbeitnehmer nicht sogar »zu viel« Toleranz und Freiheit am Arbeitsplatz genießen, jedenfalls im Verhältnis zu machbaren Alternativen. Mit jedem Vorteil ist eine Einbuße verbunden, und das durchschnittliche Einstellungsangebot könnte als Ganzes betrachtet zu wenig Geld und zu viel Freiheit und Toleranz enthalten. Im Grenzfall kann ein Arbeitgeber, um es arg zu vereinfachen, Arbeitnehmer entweder mit mehr Geld oder mit mehr Freiheit und Toleranz bezahlen, die wir allgemeiner als Vergünstigungen bezeichnen können. Das Geldeinkommen wird besteuert, oft sogar mit recht hohen Sätzen, während Vergünstigungen am Arbeitsplatz nicht besteuert werden. Das ist ein Grund dafür, warum viele schwedische Büros richtig nett sind. Es bedarf keiner ausgeklügelten Wirtschaftstheorie, um zu erkennen, dass dabei eine Arbeitsstelle herauskommt, die verglichen mit dem sozialen Optimum zu viele Vergünstigungen und zu geringe Bezahlung bietet. Ich bin sehr im Zweifel, ob unsere Reaktion auf diesen verzerrenden Steueranteil, der erheblich sein kann, darin bestehen sollte, die Vergünstigungen der Arbeitnehmer zu verbessern, anstatt mehr Wert auf die Erhöhung ihrer Löhne und Gehälter zu legen.

Individuelle Präferenzen sind hier womöglich nicht moralisch sakrosankt, da philosophische Vorstellungen von Würde und dergleichen ins Spiel kommen könnten, wie Amartya Sen und weitere Autoren – darunter auch Elizabeth Anderson – in anderen Zusammenhängen argumentiert haben. Dagegen ist nichts einzuwenden, aber lassen Sie uns betonen, dass die individuellen Präferenzen vermutlich recht stark in die Richtung besserer Bezahlung anstelle von mehr Vergünstigungen drängen werden, in Anbetracht der anfänglichen steuerlichen Verzerrung.[4]

Ich glaube außerdem, dass ein Unternehmen normalerweise das Recht haben sollte, einen Arbeiter wegen Facebook-Posts oder anderer Betätigungsformen »außerhalb des Arbeitsplatzes« entlassen zu können. Zunächst einmal stellen viele Arbeitnehmer rassistische, sexistische oder anderweitig unangenehme Kommentare und Fotos auf ihre Facebook-Seiten. Wenn Arbeitgeber sie feuern, dient das oft dazu, eine gewisse Vorstellung von *der Freiheit anderer Arbeitnehmer* zu schützen. So wie ich Anderson lese, formuliert sie die Fragen üblicherweise unter dem Aspekt eines Gegeneinanders von Arbeitgeber und Arbeitnehmern. Über die Märkte verinnerlichen die Arbeitgeber jedoch häufig die Präferenzen der Arbeitnehmer als Gesamtheit. Die Frage nach der Freiheit am Arbeitsplatz läuft oft darauf hinaus, ob eine Gruppe von Arbeitern das Sagen hat oder eine andere. In diesem Rahmen mag die Billigung vieler anscheinend willkürlicher Entlassungsentscheidungen letztlich der Autonomie der Beschäftigten zugutekommen, anstatt sie zu bekämpfen.

Insgesamt fehlen mir in Andersons Aufsatz die Perspektive des Arbeitgebers und ebenso die Perspektive des Kunden; die Arbeitgeber werden bei ihr meistens als diejenigen gesehen, die Arbeitnehmer kontrollieren oder dies zumindest versuchen. Es gibt eine recht einfache Erklärung im Recht und in der Wirtschaftslehre, der zufolge ein Ermessensspielraum seitens des Arbeitgebers erforderlich ist, weil Regelverstöße und Fehlverhalten der Beschäftigten vielfach nicht so leicht nach vertraglichen oder gesetzlich einklagbaren Hinsichten spezifizierbar sind. In Grenzfällen führt dieses Ermessen des Arbeitgebers zu missbräuchlichen Anwendungen, von denen manche in Andersons Text dokumentiert sind. Aber solche Missbrauchsfälle sind relativ selten und *die Vorteile der ins Ermessen gestellten Entlassung für Arbeitnehmer und Kunden* – nicht bloß die Vorteile für die Chefs – wiegen die Nachteile auf. Vielleicht ist diese Sichtweise zu schlicht, aber Anderson widerlegt sie nirgendwo. Die vorgebrachten Fälle von Ausnutzung durch die Arbeitgeber werden als ein *Prima-facie*-Argument gegen die derzeitigen Regelungen angeführt, ohne die in der anderen Waagschale liegenden Vorteile eines solchen Ermessens ausreichend zu betrachten. Darüber hinaus wird uns nie gesagt, wie viele Fälle solcher willkürlichen Entlassungen eigentlich vorkommen oder wie hoch ihre Kosten für die Betroffenen gewesen sind. Ich sehe keine Anzeichen dafür, dass solche Vorkommnisse eine größere Sorge der amerikanischen Öffentlichkeit sind.

Die Ökonomen haben tatsächlich eine ganz gute, aber nicht perfekte Erklärung dafür, warum Arbeitgeber häufig so viel in ihrem Ermessen liegende Autorität über Arbeitnehmer haben. Die Arbeitgeber haben (oft, nicht immer) einen einmaligen Beitrag zum Wert der Investitionsgüter geleistet und besitzen folglich die Eigentumsrechte an diesem Kapital, wie von Sanford Grossman, Oliver Hart und John Moore in einer Reihe von Aufsätzen ausgeführt wurde.[5] Letzten Endes profitieren die Arbeitnehmer mehrheitlich von dieser Regelung, wenn auch nur in ihrer Rolle als Konsumenten; die meisten von ihnen möchten eigentlich nicht, dass ihre Kollegen die Verantwortung für die letztgültige Verfügung über die Investitionsgüter haben. Es gibt eine Fülle von Anhaltspunkten dafür, dass Arbeitnehmer ein gewisses Maß an Kontrolle von außen brauchen, und oft wird dies so auch von ihnen selbst anerkannt.[6]

Nebenbei gesagt, bin ich selbst an einer Firma im Mitarbeiterbesitz beteiligt – nämlich an meinem Marginal Revolution Blog, den ich mit Alex Tabarrok betreibe und der uns beiden gehört. Als die beiden Hauptbeiträger sind wir diejenigen, die den Mehrwert erzeugen, wobei die Kapitalkosten sehr niedrig sind, so dass diese Organisationsform sinnvoll ist und in der Tat von den Ökonomen vorhergesagt wird. Ansonsten lasse ich mich von der Universität bezahlen und mir zugleich von ihr als Bedingung für meine Weiterbeschäftigung vorschreiben, kein obszönes Material auf meinen Computer zu laden und keine (nach ihrer Definition) stark beleidigenden Äußerungen zu bloggen oder zu tweeten. Über diese Mischung bin ich ganz froh, und im Gegenzug muss ich bei der Arbeit keinen Anzug und keine Krawatte tragen.

Ich will gar nicht behaupten, dass die gegenwärtigen Regelungen für jeden oder auch nur für die meisten Menschen ein Ideal darstellen. Aber um solche Fragen zu beurteilen, müssen wir die Kompromisse, anders als Anderson es macht, auf einer früheren Stufe in unsere Moraltheorie einbinden.

Die Belastungen für die Würde des Arbeiters durch das Unternehmen sind im Ganzen nicht annähernd so groß, wie Anderson sie hinstellt. Zahlreiche Arbeitgeber geben sich sehr viel Mühe, um ihre Unternehmen für die Arbeitnehmer zu einer *Quelle* der Würde zu machen, gerade weil Arbeitnehmer und mögliche Arbeitnehmer solche Freiheiten und Schutzleistungen schätzen. Je positiver ein Unternehmen gesehen wird, desto leichter ist es, begabte Mitarbeiterinnen anzuwerben. Ich sehe deshalb nicht, dass jene Perspektive genug Interesse gewinnen kann. Viele Menschen mögen es gar nicht, zu Hause zu arbeiten, weil sie an ihren Arbeitsplätzen zu viel Freude und Erfüllung erleben, obgleich eine gewisse Konformität erwartet wird. Es ist auch kein Geheimnis, dass Arbeitslosigkeit schwerwiegende negative Folgen für das seelische Befinden und die Gesundheit hat, und zwar weit über das hinaus, was der Einkommensverlust an sich bewirken würde. Weist das nicht darauf hin, dass die Arbeitsplätze in der heutigen kapitalistischen Welt im Großen und Ganzen wichtige Quellen der menschlichen Würde und Erfüllung sind? Ich meine schon, aber Anderson widerlegt oder bedenkt diese Seite der Kontoführung nie. Der Wunsch, Talente anzuziehen und zu halten, ist der wichtigste Grund, weshalb Unternehmen darum bemüht sind, eine angenehme und tolerante Atmosphäre für ihre Beschäftigten zu schaffen, und weshalb es bei Unternehmen selten ist, wenn sie Arbeitnehmer wegen ihrer politischen Ansichten oder ihrer (nichtschädigenden) Aktivitäten außerhalb des Firmengeländes entlassen.

Der Vergleich zwischen der betrieblichen Herrschaft über Arbeitnehmer und der politischen »Herrschaft des Rechts« ist potentiell irreführend. Ich würde dazu bemerken, dass der durchschnittliche Amerikaner unter der heutigen amerikanischen »Herrschaft des Rechts«, wenn man sie buchstäblich nimmt, ungefähr drei Schwerverbrechen pro Tag begeht (es ist zum Beispiel nach Bundesgesetz eine Straftat, die mit bis zu fünf Jahren Gefängnis geahndet werden kann, Werbepost wegzuwerfen, die an jemand anders adressiert ist).[7] Die meisten von uns kommen natürlich trotz dieser und anderer Verbrechen straffrei davon. Ich denke, wir sollten viele dieser Gesetze aus dem Weg räumen, doch bis das geschieht, spiegeln sie einen allgemeineren Punkt: Fast alle funktionsfähigen Systeme verlassen sich auf eingebettete Anreize, die sie annehmbar machen. In diesem Fall gibt es sehr wenig Anreize, jeden Amerikaner wegen drei Schwerverbrechen pro Tag strafrechtlich zu verfolgen. Ich fühle mich deshalb gar nicht wohl dabei, wenn eine willkürliche Unternehmensführung einem vermeintlich objektiven oder neutralen Ideal der Herrschaft des Rechts gegenübergestellt wird, weil Letztere in Wirklichkeit nicht existiert und nicht das ist, was unsere politischen Freiheiten in der Praxis schützt.

Vor allem denke ich, dass eine Diskussion der Alternativen zu den derzeitigen Regelungen im Zentrum der Analyse stehen müsste, da die entscheidenden Fragen grundsätzlich vergleichender Natur sind. Ich würde einen genaueren Blick auf die Abschlüsse der Unternehmen mit Gewerkschaften, auf Genossenschaftsbetriebe, die ihren Arbeitern gehören und von ihnen geführt werden, und auf Firmen mit Arbeitnehmervertretern im Management werfen wollen. Die Fachliteratur zeigt alles in allem, dass diese Strukturen keine wesentlich größere Freiheit für die Arbeitnehmer bringen, jedenfalls nicht in dem Sinne, wie sie Anderson beschreibt. Ein Grund dafür ist, dass diese organisatorischen Strukturen oftmals weniger effizient sind und dies ihre Fähigkeit beeinträchtigt, den Arbeitnehmern mehr bieten zu können. Ein weiterer Mechanismus greift, wenn den Arbeitnehmern ein besseres Angebot gemacht werden kann und sie dann zusätzlichen Freiheiten oder Vergünstigungen häufig eine höhere Entlohnung vorziehen. Andersartige Organisationsformen scheinen deswegen ebenso wenig wie Gewerkschaften eine einschlägige Antwort auf die Probleme der Freiheit am Arbeitsplatz zu sein.

Tatsächlich gibt es einige Gründe dafür, warum Firmen, die von der Belegschaft geführt werden, ihren Arbeitern vielleicht sogar *weniger* persönliche Freiheit gewähren können. Das Investmentbanking alten Stils und altmodische Sozietäten erwarteten von deren Eigentümer-Mitarbeitern, sich auch außerhalb des Arbeitsplatzes an einige recht strenge gesellschaftliche und berufsspezifische Regeln zu halten. Oder allgemeiner gesagt, wenn Arbeitnehmer motiviert sind, einander zu überwachen, weil sie Anteile am Eigenkapital halten, wird die Beaufsichtigung leichter und die Unternehmen engagieren sich stärker darin. Das Hauptproblem besteht auch hier nicht in kontrollierenden Bossen versus freiheitsliebenden Arbeitnehmern.[8]

Wenn es ein großes Problem gibt, das Firmen den Arbeitern zumuten, dann ist es die vorzeitige oder fälschliche »Befreiung« aus der Unterdrückung am Arbeitsplatz. Ich spreche hier natürlich von der Arbeitslosigkeit. Die meisten Wirtschaftswissenschaftler sind sich einig, dass Firmen von einem sozialen Standpunkt betrachtet Arbeitnehmer zu bereitwillig entlassen und zu sehr damit zögern, ihnen ihre Nominallöhne zu kürzen, um sie in der Firma zu halten und finanziell über die Runden zu kommen. Und wenn man sich nun belegschaftsgeführte Firmen anschaut, wird diese Hypothese empirisch bestätigt. Sobald Arbeitnehmer an der Leitung mitwirken können, ist die Beschäftigung eher stabil und die Löhne neigen vermehrt zu Schwankungen.[9] Anders gesagt: Das wirkliche Problem mit den Chefs ist, dass sie allzu bereitwillig auf die »Kontrolle« über ihre Arbeiter verzichten.

Anderson erwähnt das deutsche Mitbestimmungsmodell, bei dem Arbeitnehmervertreter in den Vorständen der Unternehmen sitzen. Die beste Untersuchung, die ich dazu kenne, deutet an, dass diese Organisationsform den Aktienwert wegen der niedrigeren Produktivität um ungefähr 26 Prozent schmälert,[10] und darüber hinaus viel von dieser Last von den Konsumenten getragen werden muss, die selbstverständlich zumeist Arbeitnehmer in anderer Gestalt sind. Und dieses Ergebnis gilt für Deutschland, das Land, wo dieses Organisationsmodell wahrscheinlich am erfolgreichsten ist. Außerdem funktioniert das Mitbestimmungsmodell in mittelständischen Herstellerfirmen – welche in Deutschland überwiegen – am besten, was sich aber nicht ohne weiteres für den Dienstleistungssektor verallgemeinern lässt, wo den meisten Arbeitnehmern vielleicht weniger an den langfristigen Interessen der Firmen gelegen ist.

Unter dem Strich ist Andersons Darstellung meiner Meinung nach zu negativ mit Blick auf die Geschäftswelt, zu negativ mit Blick auf die individuelle Freiheit, wie sie an den Arbeitsplätzen in Unternehmen erlebt wird, und zu wenig gewillt, die relevanten Kompromisse direkt anzugehen. Die gute Nachricht ist, dass sogar die Nichtakademiker unter uns nicht unter der Aufsicht kommunistischer Diktatoren schuften.

7
Erwiderung auf meine Kommentatoren
von Elizabeth Anderson

Ich bin sehr dankbar für die wohlüberlegten Antworten meiner vier Kommentatoren, insbesondere in ihrer disziplinären Vielfalt. Diese Vielfalt ist unverzichtbar dafür, das entscheidende Problem in den Griff zu bekommen, das ich in meinen Vorlesungen anspreche – die Kritik an einer Ideologie, welche die Situation von Arbeitnehmern in der Wirtschaft falsch darstellt und die deshalb weder in der Lage ist, deren Beschwerden aufzugreifen, noch Mittel zu finden und richtig zu beurteilen, die Abhilfe schaffen können. Ann Hughes, eine Historikerin für das England des 17. Jahrhunderts, und David Bromwich, ein auf das 18. Jahrhundert spezialisierter Anglist und Ideenhistoriker, erinnern uns dankenswerterweise an diejenigen, die im Übergang zur Marktgesellschaft noch vor der eigentlichen industriellen Revolution unter die Räder kamen. Sie stellen wichtige Fragen zur Fähigkeit der frühen marktbefürwortenden Ideologie, die Probleme anzugehen, welche die Marktgesellschaft zu der Zeit erzeugte, als sie verbreitet wurde. Der Philosoph Niko Kolodny drängt mich, vollständiger zu erklären, was daran anstößig ist, der willkürlichen Macht eines anderen unterworfen zu sein. Und der Wirtschaftswissenschaftler Tyler Cowen betont die Notwendigkeit, Nutzen und Kosten verschiedener Regime der Arbeitsplatzkontrolle gegeneinander abzuwägen. Alle diese Sichtweisen verdienen eine ausführlichere Diskussion, als ich sie an dieser Stelle bieten kann. Ich danke allen für die Erläuterung ihrer Bedenken und hoffe, meine Erwiderungen werden im Geiste einer fortgesetzten Untersuchung dieser Fragen und nicht als endgültige Antworten aufgefasst.

Die Kluft zwischen Pro-Markt-Theorien vor und nach der industriellen Revolution

Es ist schwierig zu rekonstruieren, was frühe egalitäre Denker, die für den Markt eintraten, glaubten, weil unser Verständnis der marktfreundlichen Ideologie so tiefgreifend von dem geprägt ist, was im 19. Jahrhundert in den Händen der Laissez-faire-Ideologen und neoklassischen Ökonomen daraus wurde. Die spätere Ideologie enthielt mehrere umstrittene Positionen: das Forcieren der Warenförmigkeit von Arbeit, ungeachtet aller negativen Folgen für die Fähigkeiten der Arbeiter und für deren sozialen Status; die Vernachlässigung oder sogar Befürwortung der gesellschaftlichen Verteilungswirkungen von Märkten, auch wenn ganz überwiegend schutzlose und benachteiligte Gruppen von den negativen Folgen betroffen sind; die Unterstützung einer Eigentumsordnung, nach der das Einkommen aus Grundbesitz und Kapital ausschließlich den individuellen Besitzern zukommt; die einseitige Konzentration auf Effizienz, Wirtschaftswachstum, Zufriedenheit der Konsumenten und Gewinne als die alleinigen Kriterien für die Beurteilung von Märkten; die Überzeugung, dass sich die Wirtschaft als ein System selbstregulierender freier Märkte analysieren lässt, die isoliert vom Rest der Gesellschaft nach ihren eigenen mechanischen Gesetzen operieren, und dass Faktormärkte ganz genauso analysiert werden können wie Verbrauchermärkte; und die Überzeugung, wonach ein System, in dem Individuen ausschließlich aus Eigeninteresse handeln, nach den Gesetzen des Marktes günstige Ergebnisse für die Gesellschaft im Ganzen produzieren wird. Meine Pro-Markt-Denker – Locke und Adam Smith eingeschlossen – glaubten an *nichts* davon.[1]

Die genannte Schwierigkeit wird durch den Umstand verschlimmert, dass sich die Vorhersagen der frühen egalitären Pro-Markt-Denker, was die Folgen einer Freigabe der Märkte für die Arbeiter anging, als Irrtümer erwiesen haben. Nur allzu leicht lässt sich unterstellen, da sie freie Märkte befürworteten, hätten sie auch die tatsächlichen Entwicklungen gutheißen müssen, die diese letztlich hervorbrachten. Doch die industrielle Revolution bewirkte eine große *Umkehrung* bei den Ergebnissen, die man von einem weitgehend freien Marktsystem erwartet hatte. Die Ideologie, die nun entstand, um diese Ergebnisse zu rationalisieren, ignorierte die meisten Kriterien, die meine frühen Denker verwendeten, um Märkte zu beurteilen. Um erfassen zu können, was meine frühen marktbefürwortenden Denker glaubten, müssen wir darauf achten, die Laissez-faire-Doktrin von der Mitte bis zum späten 19. Jahrhundert nicht auf sie zu projizieren. Lassen Sie uns mit diesen Vorsichtsmaßnahmen im Kopf die Kommentare von Ann Hughes und David Bromwich betrachten.

Hughes und Bromwich betonen, dass zwar die aufkommende Marktgesellschaft die Lebenslage für viele Männer ohne Herren im 17. und 18. Jahrhundert verbesserte, zugleich aber vielen anderen elende Armut und verzweifelte Unsicherheit brachte. Die Einfriedungsbewegung nahm vielen den Zugang zu Land, was sie veranlasste, sich Lohnarbeit zu suchen, und das nicht etwa, weil sie diese ihrer früheren Existenzweise vorzogen, sondern weil sie gezwungen waren, auf sie auszuweichen, da sie ihrer früheren, bevorzugten Lebensweise beraubt waren. Vielen mangelte es sogar an ständiger Lohnarbeit, sie mussten sich ihren Lebensunterhalt sichern, indem sie eine Reihe wenig einträglicher Strategien kombinierten – etwas Heimarbeit im Verlagssystem, Wilderei in den Wäldern, gelegentlich Arbeit als Tagelöhner oder als Saisonarbeiter, dazu Armenhilfe und private Wohltätigkeit usw. Bromwich stellt zu Recht fest, dass Umbrüche im Handel schon vor der industriellen Revolution ganze Gemeinschaften zerstörten, mit Folgen, wie sie von Oliver Goldsmith 1770 so bewegend geschildert wurden. Hughes und Bromwich meinen, dass der Zeitpunkt dieser Entwicklungen, die sich lange vor der industriellen Revolution abspielten, Zweifel an meiner Argumentation aufkommen lässt: Ich könne nicht behaupten, dass erst durch die industrielle Revolution mit der Marktgesellschaft alles falsch lief, da man sehen müsse, dass sie den Arbeitern bereits lange davor geschadet hat.

Nun will ich unterstreichen, dass meine Ausführungen nicht das Ziel haben, eine Beurteilung der Marktgesellschaft für diesen Zeitraum vorzulegen. Ich beabsichtige vielmehr, eine sich herausbildende marktfreundliche *Ideologie* zu verstehen und einzuschätzen, die vor der industriellen Revolution in Erscheinung trat. Mein Argument ist nicht, dass der Aufstieg der Marktgesellschaft für die Arbeiter bis zur industriellen Revolution nur gut war. Es besagt vielmehr, dass die industrielle Revolution das *Modell*, für das die frühen Egalitaristen eintraten und das dafür stand, wie eine Marktgesellschaft *mit den geeigneten Reformen* die Arbeiter befreien könnte, entschieden untergrub. Die Egalitaristen befürworteten mit ihrer Ideologie nicht einfach alle Veränderungen, die zu ihrer Zeit stattfanden. Das aufkommende Lohnarbeitssystem beunruhigte sie, ebenso die Verelendung und Verkümmerung derjenigen, die ihm unterworfen oder noch schlimmeren Bedingungen wie Sklaverei und Arbeitslosigkeit ausgeliefert waren. Ideologien beschreiben und beurteilen nicht bloß, was ist. Sie werben für Ideale, die noch zu verwirklichen sind, sie erkennen Hindernisse auf dem Weg dahin und machen Vorschläge, wie diese Hindernisse beseitigt werden können.

Das höchste Ideal dieser frühen marktfreundlichen Ideologie war nicht die Lohnarbeit, sondern die wirtschaftliche Selbständigkeit. Die Pro-Markt-Denker von den Levellers bis zu Lincoln erkannten die Hindernisse, die diesem Ideal entgegenstanden, als Phänomene eines korrupten Systems, durch das der Staat die Mächtigen ungerecht begünstigte – die Lords und den königlichen Hof, Händler und Hersteller mit Monopolen, manipulierende Geldgeber und Anleihehändler, den Müßiggang pflegende Rentiers, parasitäre Inhaber staatlicher Pfründe, Sklavenbesitzer –, und zwar auf Kosten der Arbeiter, die tatsächlich oder potentiell selbständig waren. Sie waren der Meinung, die Mühsal, welche die Marktgesellschaft den Geknechteten auferlegte, könne bekämpft werden, indem man die Monopole aufbricht, allen Arbeitern die Chancen des Handels eröffnet, die staatliche Vetternwirtschaft, den Imperialismus und die zu ihrer Finanzierung erforderlichen regressiven Steuern beseitigt – kurzum, indem man die Märkte befreit und den Formen staatlicher Reglementierung ein Ende macht, die das System zugunsten der Reichen und Mächtigen manipulieren. Im Gegensatz dazu billigten sie staatliches Handeln, das die Arbeiter begünstigte. Selbst Adam Smith, das vermeintliche Musterbeispiel eines Laissez-faire-Ideologen, argumentierte, wenn die Regierung »Differenzen zwischen Arbeitgebern und Arbeitnehmern« regeln wolle, höre sie eigentlich stets auf die Arbeitgeber,

»geht eine Regelung daher [ausnahmsweise] zugunsten der Arbeitnehmer aus, so ist sie immer recht und billig«.[2]

Bedenken wir nun die marktbefürwortenden Ansichten zu Kredit und Schulden in diesem Licht. Hughes stellt fest, dass die Unterscheidung zwischen Markt und Gabe in den Kreditbeziehungen des 17. Jahrhunderts allmählich verschwamm. Die Münzgeld-Knappheit versetzte die Kreditnehmer in ein Verpflichtungsverhältnis gegenüber den Kreditgebern, das oft nicht durch Barzahlung abgegolten werden konnte. Häufig begleitete ein Element der Unterordnung, der Pflicht zu höherem Respekt und abzuleistenden Diensten, den Empfang eines Darlehens. Doch die marktbefürwortenden Denker billigten die Kreditverhältnisse nicht einfach so, wie sie zu der damaligen Zeit existierten. Sie nahmen eine künftige bessere Ordnung vorweg, indem sie den Cash Nexus erhöhten: Es sei bei weitem besser, einem Kreditgeber nur Bargeld zu schulden, als Schuldknechtschaft oder Sklaverei erdulden zu müssen. Das Insolvenzrecht, eine großartige Erfindung der heraufziehenden kapitalistischen Ordnung, ermöglichte die Entlastung eines Zahlungsunfähigen von seinen Schulden und gab ihm die Chance, einen Neuanfang zu machen. Dies war eine Aussicht, die der unfreien Arbeit oder dem Schuldgefängnis ungeheuer überlegen war.[3]

Auch die Eigentumsrechte wandelten sich in dieser Zeit. Hughes und Bromwich erwähnen die Katastrophe, die durch die Einfriedungen über die Armen hereinbrach. Die Levellers verteidigten die angestammten Rechte der Armen auf das Gemeindeland und auf Ährenlese auf dem Land von Grundbesitzern, und nicht das aufkommende System, das die ausschließlichen Rechte bei einzelnen Eigentümern konzentrierte.[4] Die angestammten Rechte könnten insofern als »Anti-Markt-Elemente« erscheinen, als sie es den Armen ermöglichten, das Ausweichen auf Lohnarbeit zu vermeiden. Doch dies stimmt mit meinem Punkt überein, dass die frühe marktbefürwortende Auffassung nicht darauf abzielte, die Warenförmigkeit von Arbeit zu forcieren. Die Hoffnung war vielmehr, dass die heraufziehende Marktordnung mit den richtigen Reformen die Menschen von der Knechtschaft einschließlich der Lohnarbeit befreien werde und diese – wie in Lincolns überaus optimistischer Vision – höchstens zu einer vorübergehenden Lebensphase machen würde. Zu diesen Reformen zählten massive *Angriffe* auf Regelungen, die bis dahin als unverletzliche Eigentumsrechte gegolten hatten, nämlich das Erstgeburtsrecht, das Fideikommiss sowie staatlich zugelassene Monopole und Sklaverei. Auch Paine mit seinem revolutionären Vorschlag für eine Sozialversicherung, die durch eine Erbschaftssteuer zu finanzieren sei, griff die Idee an, der zufolge die Grundbesitzer berechtigt seien, das gesamte Einkommen aus ihrem Besitz zu monopolisieren; vielmehr schuldeten die Landbesitzer allen Gesellschaftsmitgliedern eine Pacht, die bei ihrem Tod fällig werde.

Die frühen Pro-Markt-Denker, die ich erörtere, waren nicht blind für die Tatsache, dass die heraufziehende Marktordnung die Bedingungen für viele Arbeiter verschlechterte und dass der Eintritt in die Arbeitsmärkte häufig nicht freiwillig, sondern erzwungen war. Sie erhofften sich jedoch, dass eine Bekämpfung der »Korruption« – der Art und Weise, wie der Staat die Regeln des Marktes und des Eigentums auf Kosten der gewöhnlichen Arbeiter zugunsten der Reichen und Mächtigen manipulierte – zusammen mit arbeiterfreundlichen Reformen die Marktgesellschaft befähigen würde, allen zu nützen, und zwar hauptsächlich dadurch, dass sie die

Menschen ermächtigte, aus einem Stand, in dem sie für andere arbeiteten, in einen Stand aufzusteigen, in dem sie für sich selbst arbeiteten. Die arbeiterfreundlichen Reformen, die sie über die Anti-Korruptionsmaßnahmen hinaus vorschlugen, variierten. Adam Smith setzte sich für eine staatlich finanzierte Bildung für Arbeiter ein.[5] Paine sprach sich für ein umfassendes System der Sozialversicherung und Teilhaber-Stipendien für junge Erwachsene aus. Lincoln erreichte die Verabschiedung des Homestead Act von 1862, der in den Territorien kostenlos Land an jedermann vergab, der es bearbeiten würde. Alle waren gegen Sklaverei und unfreiwillige Knechtschaft.[6]

Es stellte sich heraus, dass sie sich geirrt hatten. Die Beseitigung der Korruption, die Abschaffung der staatlich vergebenen Monopole und der unfreiwilligen Knechtschaft, die Reformierung des Eigentumsrechts und so fort reichten nicht aus, um das einzulösen, was die frühe marktfreundliche Ideologie verheißen hatte. Smith' zentrale Prämisse, dass die ökonomischen Skaleneffekte zu vernachlässigen seien, so dass die freien Märkte Land und Kapital zum selbständigen Arbeiter umverteilen würden, wurde durch die industrielle Revolution zunichtegemacht.[7] Die zentrale Prämisse bei Locke und Lincoln, dass den Arbeitern stets freies Land in praktisch unbegrenzter Fläche zur Verfügung stehen würde, sollte alsbald durch das Bevölkerungswachstum und die Schließung der amerikanischen Frontier beerdigt werden.

Außerdem war ihre egalitäre Agenda, selbst wenn alle ihre Vorhersagen verwirklicht worden wären, im Großen und Ganzen auf weiße Männer beschränkt. Ungeachtet ihrer feministischen Sympathien entwickelten weder die Levellers (wie Hughes anmerkt) noch Paine plausible Reformen, die auf die Frauen zugeschnitten waren. Smith und Lincoln vernachlässigten die Unterordnung von Frauen ohnehin. Keiner kam mit den Übeln des Rassismus gegen Schwarze und die autochthonen Völker zurecht.

Es ist leicht, die Fehler einer Ideologie im Rückblick zu sehen, viel schwerer hingegen, ihre Versprechungen zur Zeit ihrer Entstehung zu würdigen. Ich argumentiere *nicht*, dass die frühen marktbefürwortenden Theoretiker richtig lagen, sondern dass sie zu der Zeit gute Gründe hatten zu glauben, dass man mit einer *freieren Regelung* der Märkte zusammen mit weiteren Reformen die arbeitende Bevölkerung befreien könnte. In bestimmten wichtigen Hinsichten war ihre Agenda richtig. Wer würde heute schon gern zu den Zeiten des Erstgeburtsrechts, der Handelsmonopole, Leibeigenschaft, Sklaverei und des Schuldgefängnisses zurückkehren? Thomas Paines Vorschläge für eine umfassende Sozialversicherung und Adam Smith' Argumente für eine staatlich finanzierte Bildung fanden ebenfalls Bestätigung. Aber meine Denker hatten keine hinlängliche Antwort auf die Probleme, unter denen die Lohnarbeiter zu leiden hatten, weil sie fälschlicherweise glaubten, mit den marktfreundlichen Reformen würden nahezu alle dieser Lebenslage entrinnen können. Sie können wohl kaum dafür verantwortlich gemacht werden, die industrielle Revolution nicht vorweggenommen zu haben und insofern auch nicht die daraus resultierende Unfähigkeit ihrer Reformagenda, auf die Probleme von Arbeitern einzugehen, die lebenslang in der Situation des Lohnarbeiters festsaßen – um Lincoln zu paraphrasieren.

Daher stoße ich mich an Bromwichs Schlussfolgerung, dass die von mir diskutierten frühen Denker »unsere eigene Marktgesellschaft zwar rationalisieren, aber nicht rechtfertigen«. Sie rationalisieren sie noch nicht einmal, weil ihr hoffnungsvolles Modell der Marktgesellschaft die Lohnarbeit als einen minderwertigen und vorübergehenden Ausweg für Arbeiter darstellte, und nicht als die zentrale Institution, die sie für die große Mehrheit der Arbeitenden in unseren heutigen Marktgesellschaften mittlerweile ist. Während die frühen Denker kaum dafür verantwortlich zu machen sind, dass sie ihre Hoffnungen in ein Ideal setzten, das durch unvorhersehbare Veränderungen zerstört wurde, ist seinen heutigen Verkäufern durchaus anzulasten, dieses Ideal in einer Welt zu verbreiten, die nicht im Entferntesten von ihm beschrieben wird – weder aktuell noch künftig. Das ist der Fehler, den ich in meiner zweiten Vorlesung korrigieren möchte.

Was ist falsch an der Unterwerfung unter die private Regierung eines anderen?

Niko Kolodny fragt: »Was ist denn so besonders problematisch daran, unter der Kontrolle einer anderen Person zu stehen, nachdem wir Dinge in Betracht gezogen haben, unter denen man leiden kann, ohne ebenjenes Joch zu tragen.« Hier möchte ich betonen, dass der Schwerpunkt meiner Vorlesungen nicht auf der Regierung als solcher liegt. Regieren ist in vielen Bereichen unausweichlich, nicht bloß im Hinblick auf den Staat. Auch was den Arbeitsplatz angeht, haben sich Organisationen mit irgendeiner Form von interner Hierarchie als unerlässlich erwiesen, um unzählige anspruchsvolle Güter produzieren zu können. Das ist die Lektion der industriellen Revolution. Bei mir steht die *private Regierung* im Mittelpunkt – willkürliche, nicht rechenschaftspflichtige Autorität. Anders als Kolodny würde ich solche Nachteile, die Menschen durch willkürliche, rechenschaftsfreie Regierung erleiden können, die jedoch auch auf anderem Wege zustande kommen können, nicht für unbedenklich halten. Ich bekenne mich aber zu seiner Lesart, dass ich zwei grundlegende Einwände gegen eine private Regierung habe. Erstens macht sie diejenigen, die ihr unterworfen sind, verletzlich für ungerechtfertigte und missbräuchliche Formen der Macht – ganz abgesehen von jedweder legitimen Autorität, die Arbeitgeber haben. Zweitens unterwirft privates Regieren die Menschen den sozialen Beziehungen der Ungleichheit. Zu erklären bleibt, was denn so schlecht daran ist, die Position des Unterlegenen in einer ungleichen Sozialbeziehung einzunehmen.[8] Dazu sollten wir uns die drei Dimensionen der Ungleichheit – Autorität, Status und Ansehen – der Reihe nach ansehen.

Kolodny vertritt die Ansicht, dass die Unterwerfung unter die Autorität eines Aufsehers nicht ärgerlicher ist als die Unterwerfung unter feste natürliche Zwänge, die dem Produktionsprozess innewohnen. Eine Akkordarbeiterin, die gezwungen ist, bei ihrer Heimarbeit ein unerbittliches Arbeitstempo einzuhalten, damit der Verdienst das Überleben sichert, leide darunter genauso sehr wie die Fabrikarbeiterin, der ein vergleichbar rücksichtsloses Tempo von ihrem Chef befohlen wird.[9] Der Meinung bin ich nicht. Um zu erkennen, welchen Unterschied die Autorität ausmacht, betrachten wir den eintägigen Streik der Skylab-Astronauten vom 28. Dezember 1973. Tage vor dem Streik

> begann die NASA damit, äußerst detaillierte Anweisungen zu Aufgaben zu schicken, die von den Astronauten im Minutentakt zu erledigen waren […]. Zwei Wochen lang versuchten sie mitzuhalten, stellten aber fest, dass sie es nicht schafften, da in dem Zeitplan kein Spielraum

für die natürlichen Verzögerungen vorgesehen war, die bei der Arbeit vorkommen. Darüber hinaus waren sie durch die 16-Stunden-Tage erschöpft. Als sie hinterherhinkten, verlangte die NASA weniger Schlaf und ein Durcharbeiten während ihrer Essenspausen. Die Astronauten fingen an, sich bei Mission Control zu beschweren. Die Antwort der NASA war jedoch, sie seien weinerlich [...]. [Der Kommandant der Mission Gerry] Carr und seine Crew erbaten einen freien Tag. Die NASA lehnte das ab. Also drehte Carr einfach den Funk ab und die Astronauten nahmen den gewünschten freien Tag [...]. Nach dem eintägigen Streik einigte sich die NASA schließlich mit den Astronauten. Am nächsten Tag, dem 29. Dezember, stimmte die NASA zu, das Mikromanagement der Astronauten aufzugeben, erlaubte ihnen, ihre Essenspausen vollumfänglich zu nehmen, und schickte lediglich eine Aufgabenliste für den Tag, überließ es aber ihnen selbst, wie sie das erledigen wollten. Ab da wurden sie wie Erwachsene behandelt. Und es funktionierte. Alle Projekte wurden durchgeführt, bevor die Mission beendet war.[10]

Die Ausübung von Autonomie – sich bei Aufgaben in Eigenregie zu betätigen, gleichgültig wie anstrengend und herausfordernd sie sind – ist kein gewöhnliches Gut. Sie ist ein elementares menschliches Bedürfnis. Kein Produktionsprozess ist *von sich aus* so eingeschränkt, dass er jegliche Ausübung von Autonomie unterbindet. Die Beseitigung des Raums für Selbststeuerung ist das Ergebnis sozialer Planung und nicht natürlich vorgegeben. Es ist nicht einfach bloß »unerfreulich«, wenn einem eine Ruhepause vorenthalten wird, wenn man sie braucht. Wenn irgendeine Autorität sie verweigert (was etwas anderes ist, als wenn irgendein natürlicher Zwang sie verhindert), erniedrigt diese Einschränkung die individuelle Handlungsfähigkeit. Ein echtes Mitspracherecht dabei zu haben, wie die eigene Arbeit gesteuert wird, ist selbst dann, wenn man sich an die Forderungen anderer anpassen muss, wie das beispielsweise an einem kollektiv regierten Arbeitsplatz der Fall ist, und selbst dann, wenn man seinen Willen nicht bekommt, immer noch eine Ausübung von Autonomie im Prozess der Entscheidungsfindung, wenn auch nicht im Ergebnis.

Nun betrachten wir die Ungleichheiten des Status und des Ansehens. Die zwei sind eng miteinander verbunden. Lassen Sie uns in ein Lagerhaus von Amazon schauen, um zu sehen, wie das Unternehmen seine Beschäftigten und Zeitarbeiter behandelt. Das Arbeitstempo ist durchweg hoch. Die Arbeitskräfte werden wegen »Zeitdiebstahls« zurechtgewiesen, wenn sie innehalten, um nach einer besonders schwierigen Aufgabe Luft zu holen.[11] Sie werden permanent steigenden Pensen unterworfen, wegen der Nichterfüllung ihrer Vorgaben ständig angeschrien, täglich mit Entlassung bedroht und schließlich gefeuert, wenn das geforderte Tempo für sie zu hoch wird und von ihnen nicht einzuhalten ist. Dieses Schicksal trifft die große Mehrheit der von Amazon eingestellten Kräfte – allerdings nicht bevor sie im Job eine Verletzung erleiden: Die Arbeitskräfte müssen Hunderte Male am Tag auf die Knie gehen, eine Praxis, die nur wenige unbeschadet überstehen. Amazon zwingt sie, Dokumente zu unterschreiben, in denen bestätigt wird, dass ihre Verletzungen nicht arbeitsbedingt sind, andernfalls erhalten sie Minuspunkte, die zur Entlassung führen können. Im Jahr 2011 ließ Amazon zu, dass die Innentemperatur in seinem Warenlager in Allentown, Pennsylvania, auf 39 Grad Celsius anstieg. Als die Beschäftigten darum baten, die Türen zur Laderampe zu öffnen, um Luft zirkulieren zu lassen – ein übliches Vorgehen bei anderen Lagerhäusern – lehnte Amazon dies mit der Begründung ab, es würde zu Diebstahl durch die Angestellten führen. Stattdessen ließ Amazon Rettungswagen vorfahren, die diejenigen Arbeitskräfte in Empfang nehmen sollten, die aufgrund eines Hitzschlags zusammenbrechen würden. Wenn sie tatsächlich zusammenbrachen, bekamen sie Minuspunkte für ausgefallene Arbeit und wurden gefeuert, wenn sie zu viele davon anhäuften. Amazon scherte sich nicht darum, weil die Arbeitslosigkeit regional hoch war und die Personalmanager auf Hunderte von Bewerbern zugreifen konnten, um die in Ungnade gefallenen Arbeiter zu ersetzen. Andere Großhändler verhalten sich nicht so brutal: ihre Lagerhallen sind belüftet, sie installieren ergonomische Vorrichtungen und geben ein Tempo vor, das zu bewältigen ist.[12] Amazon dagegen weigert sich, die Beschwerden seiner Beschäftigten ernst zu nehmen. Sie werden beschuldigt, »egoistisch« zu sein, weil sie sich beklagen, und man sagt ihnen, ihr einziges Interesse sollte dem Einsatz für den Kunden gelten.[13]

Dies ist ein Paradigma für ungleichen Status: Die Interessen des Arbeitnehmers gelten in den Augen der Amazon-Firmenleitung gar nichts. Nur die Kundeninteressen zählen – und die eigenen, die Amazon geltend macht, indem es sich hinter den Kunden versteckt.[14] Das Problem ist hier nicht nur, dass diese Bedingungen den Arbeitskräften gesundheitlich schaden. Unter manchen Umständen, wie etwa bei der Brandbekämpfung, ist es unumgänglich, gefahrvollen Bedingungen ausgesetzt zu sein. Das Problem ist die Ungleichheit: Amazon behandelt die vitalen Interessen seiner Arbeiter im Vergleich zu seinen eigenen und den relativ banalen Interessen seiner Kunden als völlig unbedeutend. Die krankmachenden Arbeitsbedingungen werden anders als die, denen

Feuerwehrleute ausgesetzt sind, unnötig auferlegt. Diese Ungleichheit fügt den Arbeitern eine expressive Kränkung zu, die über die physische Verletzung durch die Krankheit hinausgeht. Adam Smith hatte diesen Punkt sehr gut verstanden:

> Was uns in erster Linie gegen den Mann aufbringt, der uns verletzt oder verhöhnt, ist die geringe Achtung, die er für uns zu hegen scheint, die unvernünftige Bevorzugung, in der er sich selbst über uns stellt, und jene unsinnige Selbstliebe, in der er sich einzubilden scheint, daß andere Leute jederzeit seiner Bequemlichkeit oder seiner Laune aufgeopfert werden dürfen. Die schreiende Unschicklichkeit dieses Verhaltens, die grobe Unverschämtheit und Ungerechtigkeit, die es offenbar in sich schließt, empört und erbittert uns oft mehr, als all das Übel, das wir erduldet haben.[15]

Die private Regierung am Arbeitsplatz sorgt dafür, dass Autoritäts-, Status- und Ansehensungleichheiten in den Organisationen Platz greifen, auf welche die Menschen angewiesen sind, um ihren Lebensunterhalt zu bestreiten. Diejenigen, die lebenslang auf Lohnarbeit angewiesen sind, haben keinen wirklichen Ausweg: Sie können zwar ihren jeweiligen Arbeitgeber verlassen, was oft mit großen Kosten und Risiken behaftet ist, doch sie können nicht aus dem System der Lohnarbeit aussteigen, das sie strukturell herabsetzt und erniedrigt.

Kolodny verwirft die Herrschaft des Rechts als eine Illusion, denn alle Gesetze seien von Menschen gemacht. Ganz recht, aber das bedeutet nicht, dass die Herrschaft des Rechts die Menschen nicht einschränkt. Und der springende Punkt bei der Herrschaft des Rechts ist, dass sie die Regierenden einschränkt, nicht die Regierten.[16] Einem ordentlichen Verfahren folgen zu müssen, wenn Gesetze gemacht und durchgesetzt werden oder wenn Sanktionen zur Anwendung kommen, sorgt für einen unverzichtbaren Schutz vor dem Missbrauch der im Ermessen liegenden Macht der Regierenden. Sie verleiht dadurch denen, die dem Recht unterworfen sind, strukturell einen Status und eine Respektwürdigkeit, die sie sonst nicht hätten. Kolodnys Überlegung, dass eigentlich nur von Bedeutung ist, *wer* die Entscheidungen trifft, kann ich daher nicht unterschreiben. Sogar eine direkte Demokratie mit Mehrheitswahlrecht würde sich an die Einschränkungen durch die Herrschaft des Rechts halten müssen, um nicht zu einer ungerechten Herrschaft zu verkommen.

Kolodny fragt sich angesichts der von mir hergestellten Analogie zwischen staatlicher und betrieblicher Führung, warum ich nicht einfach für die vollständige Demokratisierung des Arbeitsplatzes eintrete. Mein wichtigster Grund dafür ist ein Pragmatismus: Es gibt genügend Disanalogien zwischen Staatsführung und Betriebsleitung, die nahelegen, dass unsere Erfahrungen mit demokratischen Staaten nicht genügend Informationen dazu liefern, welche Regelungen für den Arbeitsplatz wahrscheinlich sinnvoll wären. An den meisten Arbeitsplätzen müssen die Tätigkeiten der Beschäftigten im Hinblick auf die Mittel und Zwecke sehr eng aufeinander abgestimmt werden. Damit liberale Staaten öffentliche Güter bereitstellen können, ist kein annähernd so hohes Koordinationsniveau unter den Bürgern erforderlich. Außerdem sah das traditionelle Modell einer Demokratisierung des betrieblichen Arbeitsplatzes vor, dass die Arbeitnehmer die Firma besitzen würden. Belegschaftseigentum liegt aber für die meisten Firmen weit außerhalb des Rahmens des Möglichen, wenn man den Umfang des nötigen Investments von Kapital berücksichtigt. Es wäre unklug, den meisten Arbeitnehmern zu raten, alle ihre Ersparnisse in ihren Betrieb zu investieren, selbst wenn sie dadurch zu dessen Eigentümern würden. Wenn andererseits die Eigentümer der Firma nicht mit den Arbeitnehmern identisch sind, werden die betrieblichen Abläufe und Strukturen auch den Eigentümern gegenüber zu verantworten sein, damit sichergestellt ist, dass ihre Investitionen nicht vergeudet werden. Und wie ich in meiner zweiten Vorlesung erwähne, lassen die Experimente mit einer Demokratisierung des Arbeitsplatzes, die bislang gemacht worden sind, darauf schließen, dass die Gestaltung eines tragfähigen demokratischen Systems der betrieblichen Kontrolle eine Herausforderung darstellt: für Arbeitnehmer mit heterogenen Interessen ist es schwierig, einer gemeinsamen Verfassung zuzustimmen.

Apriori-Argumente können nicht klären, wie eine gerechte Verfassung für das Regieren im Betrieb aussehen würde. Es ist durchaus möglich, dass unterschiedliche Typen von Arbeitsplätzen mit jeweils verschiedenen Verfassungen am besten funktionieren. Wir müssen experimentieren, um Nutzen und Kosten der verschiedenen Formen innerbetrieblicher Führung besser kennenzulernen. Der Hauptpunkt, für den ich in meinen Vorlesungen argumentiert habe, lautet, dass das Problem der Autorität am Arbeitsplatz als das auf den Tisch kommen muss, was es tatsächlich ist: Es handelt sich um ein Problem der *Regierung*, nicht der Märkte und nicht der »Vertragsfreiheit«.

Wie sollten wir die Verfassung für die Regierung am Arbeitsplatz evaluieren?

Tyler Cowen stellt einige grundsätzliche Fragen hinsichtlich der Beurteilung einer innerbetrieblichen Verfassung. Um auf sie einzugehen, muss ich die Argumentation meiner Vorlesungen klarstellen. An manchen Stellen interpretiert mich Cowen so, als hätte ich etwas gegen Arbeitsplätze in großen Unternehmen und gegen die Existenz von Autorität an ebensolchen Arbeitsplätzen. Hätte ich die frühe marktbefürwortende Ideologie gutgeheißen, die ich in Kapitel 1 erörtere, wäre ich fraglos dagegen. Tatsächlich geht es mir hier aber um Ideologie*kritik*, und zwar in zwei Teilen. In Kapitel 1 argumentiere ich, dass das Ideal einer freien Gesellschaft von Gleichen, die auf allgemeine wirtschaftliche Selbständigkeit gegründet ist, nach seinen eigenen Maßstäben scheiterte, weil dieses Ideal abhängig war von der patriarchalen Aneignung der Arbeit von Frauen und der rassistischen Aneignung des Landes der autochthonen amerikanischen Bevölkerung. Das Ideal war auch durch die ungeheuren ökonomischen Skaleneffekte zum Untergang verurteilt, die mit der industriellen Revolution einhergingen. In Kapitel 2 kritisiere ich die *Nachwirkungen* dieses Ideals im zeitgenössischen öffentlichen Diskurs der Vereinigten Staaten. Zu diesen Nachwirkungen gehören die folgenden Ideen: dass jedwede staatliche Regulierung der Wirtschaft gegen die Freiheit des Einzelnen verstößt, dass der Staat die einzige existierende Form von Regierung ist, dass unsere wesentlichen Entscheidungen, wie Produktion zu organisieren ist, die Wahl zwischen dem Staat und dem Markt betreffen, dass Individuen im »privaten Sektor« weder Kontrolle noch Autorität unterliegen und dass die Organisation von Arbeit ein Ergebnis der Vertragsfreiheit zwischen Arbeitnehmern und Arbeitgebern ist, in dem sich ihrer beider Präferenzen optimal abbilden, so dass die Beschäftigten hinsichtlich der Autonomie, die sie genießen, den selbständig beschäftigten, unabhängigen Auftragnehmern gleichgestellt sind. Ich argumentiere, dass diese Nachwirkungen anachronistische Überbleibsel sind, die so tun, als seien die Hoffnungen des frühen marktbefürwortenden Ideals tatsächlich realisiert worden, ohne wirklich zur Kenntnis zu nehmen, dass dieses frühe Ideal auf ein Wirtschaftssystem mit nahezu allgemeiner Selbständigkeit angewiesen war. Die ungebrochene Verwendung dieses frühen Diskurses über die Marktgesellschaft in unserer heutigen Welt maskiert die tatsächliche Unterwerfung der meisten Arbeitnehmer unter die private Regierung und stellt unsere tatsächlichen Optionen falsch dar, indem eine ganze Reihe an Bedenken und Möglichkeiten, mit ihnen umzugehen, vom Tisch genommen werden. Meine Ausführungen zielen darauf ab, diese Realität aufzudecken, die Verfassung der Regierung am Arbeitsplatz wieder auf den Tisch zu legen als Gegenstand, der in die politische Diskussion gehört, und die dominante Verfassung der Regierung am Arbeitsplatz, die den Arbeitgebern willkürliche und rechenschaftsfreie Macht zuweist, in Frage zu stellen.

Ich möchte gar nicht versuchen, das gescheiterte Ideal der frühen Pro-Markt-Denker zu realisieren, und begrüße den Wohlstand, der nur durch Arbeitsplätze in großen Betrieben erreicht werden kann. Zudem sehe ich ein, dass der einzige machbare Weg, solche komplexen Arbeitsplätze zu steuern, eine Hierarchie der Funktionen beinhaltet und insofern Autorität. Ich spreche mich also nicht gegen Regierung – Autorität – am Arbeitsplatz aus. Cowen argumentiert, Eigentümer oder Manager würden bei der Arbeit mit dem Firmenkapital bestimmte Arten der Sachkenntnis einsetzen, die ihre Autorität rechtfertigen würden. In dem Maße, wie das zutrifft, rechtfertigt es ihre Verfügung über *begrenzte* Autorität innerhalb der Firma. Mein Einwand richtet sich nicht gegen die begrenzte Regierung, sondern gegen *private* Regierung – die Unterwerfung der Arbeitnehmer unter eine willkürliche, nicht rechenschaftspflichtige Regierung, bei der sie keinerlei Mitsprache haben bis auf die, die ihnen ihre Arbeitgeber zugestehen möchten (was oft eben gar keine ist) und unter der sie leicht zu Opfern von Machtmissbrauch werden. Eine freie Gesellschaft von Gleichen kann nicht auf eine institutionelle Struktur gegründet sein, in der die große Mehrheit der Arbeitnehmer und Arbeitnehmerinnen die meiste Zeit ihres produktiven Lebens unter einer solchen Regierung zu arbeiten hat.

Der Zweck meiner Vorlesungen ist, den ideologischen Boden dafür zu bereiten, dass wir Fragen der Autorität und Kontrolle am Arbeitsplatz auf die politische Agenda setzen können, und überdies einen Rahmen bereitzustellen – die Idee privater Regierung –, in dem artikuliert werden kann, was an der dominierenden Verfassung der innerbetrieblichen Führung problematisch ist. Ich mache keinen Vorschlag dazu, wie die beste Verfassung für den Arbeitsplatz beschaffen sein sollte, sondern diskutiere vier Möglichkeiten, die Freiheit und Gleichheit von Arbeitskräften zu fördern: Abwanderung, Beschränkungen der Arbeitgeber durch die Herrschaft des Rechts, verfassungsmäßige Rechte und Mitsprache. Ich bin der Meinung, dass die ersten drei allein nicht ausreichen, denn die Arbeitnehmer brauchen *eine gewisse* Mitsprache an ihrem Arbeitsplatz, um sie vor einem Machtmissbrauch des Arbeitgebers zu schützen, und allgemeiner, um sie zu ermächtigen, ihren Status, ihre Respektwürdigkeit und ihre Autonomieinteressen am Arbeitsplatz geltend zu machen. Die Frage, wie die Mitsprache am besten institutionalisiert wird, überlasse ich allerdings der weiteren Forschung und dem Experimentieren. Ich lasse ebenfalls offen, wie die vier verschiedenen Mittel zur Unterstützung der Freiheit und Gleichheit der Arbeitnehmer zu gewichten sind. Ich stimme Cowen zu, dass die Berücksichtigung von Kosten und Nutzen für diese Frage relevant ist.

Wir sind uns in zwei grundlegenden Fragen nicht einig. Erstens: Sind die Probleme, die ich für die Ausübung von Kontrolle am Arbeitsplatz schildere, wirklich so selten, dass es sich nicht lohnt, Änderungen für die betriebliche Verfassung in Betracht zu ziehen, um sie anzugehen? Cowen hegt Zweifel, ob es tatsächlich signifikant viele Beschäftigte sind, denen es unter der privaten Regierung so schlecht ergeht. Zweitens: Wie sollten wir Kosten und Nutzen alternativer Verfassungen für den betrieblichen Arbeitsplatz bestimmen? Cowen akzeptiert implizit die Entscheidungen einzelner Arbeitnehmer und Arbeitgeber *im Rahmen* der derzeit geltenden Verfassung für das Regieren am Arbeitsplatz als den Maßstab für das, was sie wollen.

Nehmen wir zunächst das Ausmaß des Problems. Es überrascht mich nicht, dass Cowen, ein hochgeschätzter Superstar unter den Akademikern, mit Lebenszeitstellung, Jobsicherheit, guten Arbeitsbedingungen, Autonomie und einem Ansehen, das dem sehr nahekommt, was von Angestellten in den Vereinigten Staaten, die keine Geschäftsführer sind, überhaupt erreicht werden kann, darüber erfreut ist, wie großartig das Lohnarbeitssystem *für ihn* funktioniert. Die Menschen, mit denen er näher bekannt ist und die wahrscheinlich ebenfalls zu den wenigen Prozent an der Spitze des Systems gehören, sind zweifellos ähnlich erfreut. Es sieht jedoch so aus, als habe er kaum eine Vorstellung davon, wie die Arbeit für diejenigen ist, die sich am Sockel der Arbeitsplatzhierarchie befinden und die weitgehend außerhalb der öffentlichen Wahrnehmung ihre Arbeit tun. Als Ökonom fällt es ihm ohnehin schwer, qualitative Informationen, wie Berichte von Arbeitern oder von ihnen geäußerte Beschwerden, ernst zu nehmen. Er könnte damit anfangen, Barbara Ehrenreichs Reportagen darüber zu lesen, wie es ist, als Niedriglohnkraft in einem Restaurant, in einem Pflegeheim für alte Menschen oder im Einzelhandel zu arbeiten.[17] Die Hälfte aller Arbeitnehmer in den Vereinigten Staaten verdienen weniger als 29000 Dollar [etwa 25000 €] jährlich.[18] Ich vermute, das ist etwa ein Zehntel des Einkommens, über das Cowen verfügt. Hat er sich die Mühe gemacht, herauszufinden, wie die Arbeitsbedingungen für Arbeitskräfte in der unteren Hälfte der Verdienstpyramide sind, die in der Landwirtschaft, in Schlachthäusern, bei Hausmeisterdiensten, in der Altenpflege, der Bekleidungsindustrie, in Gefängnissen, in Werkstätten, auf dem Bau und im herstellenden Gewerbe ihr Geld verdienen?

An eine Gesamtstatistik ist schwer heranzukommen, weil die Beschwerden über den Machtmissbrauch durch die Arbeitgeber und unterdrückerische Arbeitsverhältnisse so vielfältig sind und branchenübergreifende Erhebungen auf qualitativer Basis teuer und selten sind. Darüber hinaus wird akademische Forschung zum Thema Arbeit als marginal eingestuft und ist daher unterfinanziert, wie die Arbeiterinnen und Arbeiter selbst auch. Hier nur einige Hinweise dazu. 90 Prozent der Beschäftigten in Restaurants berichten davon, schon einmal sexuell belästigt worden zu sein.[19] Zwischen 2007 und 2012 führte das Arbeitsministerium mehr als 1500 Überprüfungen von Bekleidungsfabriken im Süden Kaliforniens durch und entdeckte dabei in 93 Prozent der Fälle Verstöße gegen das Arbeitsrecht, darunter »sweatshopartige Bedingungen«.[20] Eine neuere Studie über die Arbeit in der Geflügelindustrie fand heraus, dass die »große Mehrheit« der Beschäftigten nicht die Erlaubnis hatte, mit der Arbeit angemessen zu pausieren, um die Toilette aufsuchen zu können. Viele sind gezwungen, Windeln zu tragen. Die Arbeitgeber drohen damit, Arbeiter zu feuern, die sich beschweren, was darauf hinweist, dass diese Arbeitgeber gegen das Recht auf freie Meinungsäußerung verstoßen sowie die grundlegenden physischen Bedürfnisse und die Würde ihrer Beschäftigten missachten.[21] Das ist nur ein Teil des langen und *andauernden* Kampfes der Arbeiterinnen in den Vereinigten Staaten für das Recht, während der Arbeitszeit die Toilette aufsuchen zu dürfen, ein Recht, das ihre Kolleginnen und Kollegen in anderen reichen Ländern lange für selbstverständlich gehalten haben.[22]

Eine kürzlich veröffentlichte Studie, die auf einer Umfrage unter Managern und Beschäftigten basiert, schätzt, dass etwa sieben Millionen Arbeitnehmer von ihren Chefs unter Druck gesetzt wurden, einem politischen Kandidaten oder Streitpunkt den Vorzug zu geben, und zwar unter Androhung von Stellenverlust, Lohnkürzungen oder Fabrikschließung.[23] Die OSHA [Occupational Safety and Health Administration] ist darauf angewiesen, dass Millionen von Fällen, in denen Arbeitskräfte verletzt werden, und Tausende von Todesfällen, die es jedes Jahr unter den Arbeitern gibt, von den Arbeitgebern gemeldet werden. Nicht alle diese Vorkommnisse können dem Autoritarismus am Arbeitsplatz angelastet werden, sie nicht zu melden, aber schon: Einer Studie des Government Accounting Office zufolge stellten 67 Prozent der Ärzte im betrieblichen Gesundheitswesen fest, dass die »Arbeiter Disziplinarmaßnahmen fürchten, wenn sie eine Verletzung oder Erkrankung melden«.[24] Sowohl die Sicherheit der Arbeitnehmer als auch ihre Rede- und Meinungsfreiheit werden durch die Diktatur am Arbeitsplatz korrumpiert. Dieselbe Studie kommt zu dem Ergebnis, dass mehr als ein Drittel der Ärzte im betrieblichen Gesundheitswesen von den Arbeitgebern unter Druck gesetzt wurde, die Diagnose und Behandlung bei Verletzungen von Arbeitern zu verharmlosen, um die Meldepflicht zu umgehen (da geringfügige Verletzungen der OSHA nicht gemeldet werden müssen).[25]

Die Arbeitgeber bestimmen einseitig die Arbeitszeitpläne und bei der Hälfte aller Berufseinsteiger ohne irgendein Votum der Beschäftigten. Die Resultate – darunter unberechenbare Einsatzpläne (bei 41 Prozent aller Arbeitnehmer), wechselnde Arbeitszeiten und Einsätze auf Abruf oder gesplittete Schichten (bei denen die Beschäftigten am selben Tag erst nach Hause geschickt und dann zurückgerufen werden) – wirken sich im Privatleben der Arbeitnehmer verheerend aus: Sie können keine Kinderbetreuungszeiten ausmachen, sie können ihre Einsatzpläne nicht so weit klären, dass sie Weiterbildungskurse besuchen oder einen zweiten Job annehmen können, um notwendige Ausgaben zu decken, und sie sitzen mitten am Tag mit unbezahlter, nutzloser Überbrückungszeit da, oft so weit von zu Hause entfernt, dass sie nicht die Möglichkeit haben, diese Zeit mit Freunden und der Familie zu verbringen.[26]

Walmart, eine Supermarktkette, die fast 1 Prozent der Erwerbstätigen der Vereinigten Staaten beschäftigt (1,4 Millionen Arbeitnehmer), ist dafür berüchtigt, ihren Arbeitern keine verlässlichen Einsatzpläne zuzuteilen. Trotzdem ist es vielsagend, dass das OUR in OURWalmart, einer gewerkschaftsunabhängigen Organisation der Beschäftigten, die sich der Verbesserung der Arbeitsbedingungen bei Walmart verschrieben hat, für Organization United for Respect steht: Ihre Mitglieder befassen sich nicht bloß mit Löhnen und Arbeitszeiten, sondern damit, respektvoll behandelt zu werden. Eine wiederkehrende Klage von Walmart-Mitarbeitern betrifft das rüde und beleidigende Verhalten von Managern, von denen sie angeschrien und drangsaliert werden, um sie bei der Arbeit anzutreiben. Dieser Autoritätsmissbrauch mag darauf zurückzuführen sein, dass die Manager auf unterer Stufe selbst Zielvorgaben zugeteilt bekommen, die ohne jede Rücksicht darauf, wie man ihnen gerecht werden kann, angeordnet werden, und dass sie vom oberen Management ständig dafür schikaniert werden, nicht hart genug zu arbeiten.[27]

Doch dies beschreibt noch nicht einmal das unterste Ende von Amerikas Lohnarbeitssystem. Auf der untersten Stufe befinden sich Einwanderer, die entweder ein Visum für Niedriglohnarbeit haben oder keine Aufenthaltserlaubnis besitzen. Erstere werden von ihren Arbeitgebern oft gezwungen, über den Ablauf ihres Visums hinaus im Land zu bleiben, weil dieselben Arbeitgeber ihre Pässe eingezogen haben und ihnen Haft oder Schlimmeres androhen. Eine Untersuchung des U.S. State Department stellte fest, dass »30 Prozent der Arbeitsmigranten, die in einer kalifornischen Gemeinde befragt wurden, Opfer von Arbeitsschleusern und 55 Prozent [von ihnen] Opfer von Arbeitsausbeutung waren«.[28] In Anbetracht der Tatsache, dass es in den Vereinigten Staaten viele Millionen Arbeitsmigranten und/oder nichtregistrierte Arbeiter gibt, darf man wohl annehmen, dass die Zahl der Opfer von einigen Hunderttausend bis zu einigen Millionen reicht. Die Missstände umfassen Betrug, erzwungene Arbeit ohne Bezahlung, Vergewaltigung und sexuelle Belästigung, Schläge, Folter, Einsperren am Arbeitsplatz und in verwahrlosten Unterkünften, für die exorbitante Mieten kassiert werden, extrem lange Arbeitszeiten, Isolierung, religiöser Zwang und psychologische Manipulation und Einschüchterung.[29] Die betroffenen Branchen sind »Hoteldienstleistungen, Bewirtung, Verkaufspersonal, Landwirtschaft, herstellendes Gewerbe, Hausmeisterdienste, Baugewerbe, Kranken- und Altenpflege und Haushaltsdienstleistungen«.[30] Und natürlich gehören auch Restaurants dazu.[31] Diese Liste der Branchen, die zusammen zehn Millionen Arbeitskräfte beschäftigen, ist vielsagend. Sie zeigt quer durch ganz unterschiedliche Sektoren der Ökonomie, wo nicht nur schutzlose Immigranten, sondern auch US-Bürger, die an denselben Stellen arbeiten, gefährdet sind, ernste Übergriffe auf ihre Autonomie, ihren Status und ihre Integrität zu erleiden.

Ich könnte so fortfahren. Mit den Fällen des Arbeitskräftemissbrauchs in den Vereinigten Staaten heute ließen sich ganze Bände füllen. Wenn viele Millionen Arbeitnehmer unter Drangsalierung, Ausnutzung und Missachtung leiden und – manchmal sogar in ihrer dienstfreien Zeit – schwerwiegende Einschränkungen ihrer Autonomie hinnehmen müssen und wenn klar ist, dass weder staatliche Gesetze noch Marktregelungen ausreichen, um mit diesen Problemen fertig zu werden, ist es dann nicht an der Zeit, ernsthaft darüber nachzudenken, wie man Arbeitnehmer durch Mitsprache stärken kann, um ihre Situation zu verbessern?

Cowen möchte davon nichts hören. Er glaubt, der Nutzen pauschaler, nicht rechenschaftspflichtiger Arbeitgeberautorität überwiege die Kosten. Lassen wir seine abwegigen Argumente einmal beiseite – dass zum Beispiel Arbeitslosigkeit noch schlimmer ist, dass die außerdienstlichen Äußerungen der Arbeitnehmer manchmal aus guten Gründen von den Arbeitgebern zensiert werden. Dass manche Bedingungen noch schlimmer sind, als unter einer Diktatur zu leben, und dass Diktatoren manchmal Entscheidungen treffen, die von den meisten Menschen für gut befunden werden, kann diese Form von Regierung wohl kaum rechtfertigen. Grundsätzlich läuft unsere Meinungsverschiedenheit darauf hinaus, wie private Regierung im Bereich der Arbeit zu bewerten ist. Die Antwort ist abhängig von den unterschiedlichen Meinungen dazu, welche Institutionen am besten dafür geeignet sind, diese Dinge zu beurteilen. Cowen sieht hier den Markt klar im Vorteil. Ich hingegen glaube, dass die existierenden Marktregelungen verzerrt sind aufgrund der nicht rechenschaftspflichtigen Macht über die Beschäftigten, die der Staat den Arbeitgebern von vornherein zuweist. Die Ergebnisse des Marktes nehmen dadurch eine krasse Unterbewertung jener Kosten vor, die den Arbeitnehmern durch die private Regierung entstehen. Wie das funktioniert, lässt sich im Zusammenhang mit Cowens vier Argumenten dafür, dass der Markt der beste Richter für die auf dem Spiel stehenden Werte ist, veranschaulichen.

Cowen argumentiert, dass die Arbeitgeber um Talente konkurrieren müssen und diese Konkurrenz ihnen Respekt vor der Autonomie und Würde des Arbeitnehmers abverlangt. »Der Wunsch, Talente anzuziehen und zu halten, ist der wichtigste Grund, weshalb Unternehmen darum bemüht sind, eine angenehme und tolerante Atmosphäre für ihre Arbeitnehmer zu schaffen.« Ich stimme dieser Aussage zu: *Wenn* Arbeitnehmer von ihren Arbeitgebern respektiert werden, ist dies der wesentliche Grund dafür. Daraus folgt allerdings nicht, dass *alle* Arbeitnehmer von ihren Arbeitgebern respektiert werden. *Vielmehr ist das Maß an Respekt, Status und Autonomie, das ihnen zugestanden wird, ungefähr proportional zu ihrem Marktwert.* Die Arbeitgeber müssen nicht um Arbeitskräfte konkurrieren, die nicht knapp sind: um solche, die nicht qualifiziert sind, die unerfahren sind, in Gegenden mit hoher Arbeitslosigkeit leben oder andere Belastungen, wie etwa ein Vorstrafenregister oder eine Behinderung, mitbringen. Das sind schon eine Menge Menschen auf dem Arbeitsmarkt. Schwarze zum Beispiel, die annähernd 12 Prozent der Arbeiterschaft ausmachen, leiden praktisch dauerhaft unter zweistelligen Arbeitslosenquoten. In Städten, die aufgrund von Werksschließungen, die auf Konkurrenz aus dem Ausland zurückgehen, dem Verfall preisgegeben sind, leiden Arbeiter aller Rassen ebenfalls unter hoher Arbeitslosigkeit, weil ihre Mobilität gering ist.[32] Über große Zeiträume hinweg befindet sich die gesamte Wirtschaft in Phasen massiver Arbeitslosigkeit oder Unterbeschäftigung, von denen die gesamte Arbeitnehmerschaft betroffen ist: Selbst für diejenigen, die einen Job haben, sind die Kosten eines Verlusts der Arbeitsstelle so hoch, dass sie sich mit fast jedem Missstand abfinden müssen, nur damit sie weiter ein Einkommen beziehen. Mittlerweile nutzen die Arbeitgeber ihre Macht, Arbeitsplätze zu gestalten, um eine fein segmentierte Arbeitsteilung zu schaffen, in der die Arbeiter dequalifiziert und somit leicht ersetzbar sind.

Cowen argumentiert, dass Arbeitnehmer durch höhere Löhne entschädigt werden, wenn ihnen die Arbeitgeber nachteilige Arbeitsbedingungen zumuten, und dass, wenn überhaupt, die staatlichen Steuervorschriften die Situation beeinflussen, weil sie zu vielen »Vergünstigungen« animieren und den Markt zu Lasten des Lohnniveaus in Schieflage bringen. Ich glaube nicht, dass wir elementarste Erfordernisse der menschlichen Würde und des Wohlbefindens, etwa die Freiheit, eine Toilette aufsuchen zu dürfen, als bloße »Vergünstigungen« trivialisieren sollten. Cowen ignoriert auch, dass der Staat seiner angeblichen steuerlichen Schieflage etwas entgegengesetzt hat, indem er mit der gesetzlichen Festschreibung der Diktatur als Standardverfassung für die Regierung am Arbeitsplatz ein schweres Gegengewicht zur Autonomie, zum Status und zur Würde von Arbeitnehmerinnen und Arbeitnehmern in die Waagschale geworfen hat. Cowen hat natürlich Recht damit, dass *manche* hochbezahlten Arbeitnehmer *eine gewisse* Entschädigung für schlechte Bedingungen erhalten, beispielsweise für extrem anstrengende Arbeitszeiten. An anderer Stelle habe ich erklärt, dass selbst dann, wenn Arbeitnehmer entschädigt werden, damit nicht allen ihren Anliegen Genüge getan wird. Nach wie vor sind sie dran interessiert, über ihre Arbeitsbedingungen mitzubestimmen.[33]

Hier betone ich allerdings eine andere Sache: Ich habe Zweifel, ob Cowens Modell für das gesamte Spektrum der Lohnarbeit zutreffend ist. Schlechter bezahlte Arbeitskräfte müssen im Großen und Ganzen ein deutlich höheres Maß an Respektlosigkeit, Drangsalierung, erbärmlichen Arbeitsbedingungen und kränkenden Einschränkungen der Autonomie erdulden als ihre besser bezahlten Kollegen. Außerdem führt die Steigerung des Profitmotivs bei ihnen zu einer rundum schlechteren Situation. Wenn zum Beispiel Gefängnisse aus der öffentlichen Hand in die private, profitorientierte Trägerschaft überführt werden, muss das Wachpersonal große Lohneinbußen *und* zugleich eine starke Zunahme an gewalttätigen Angriffen durch die Gefangenen hinnehmen, weil der neue Arbeitgeber auch die Personaldecke so ausdünnt, dass nicht genügend Wachleute zur Verfügung stehen, um die Gefangenen unter Kontrolle zu haben.[34] Die Angriffe der Insassen auf die Mitarbeiter in Bundesgefängnissen erhöhten sich um 260 Prozent.[35]

Cowens Zuversicht, dass Arbeitnehmer, die sich mit groben Verletzungen ihrer Würde, ihres Status und ihrer Autonomie abfinden müssen, irgendwie mit höheren Löhnen dafür entschädigt werden, wird von dem unfassbaren Ausmaß des Lohndiebstahls in Amerika widerlegt. Lohndiebstahl ist im Baugewerbe, in der Gastronomie, der Bekleidungsindustrie, in Pflegeheimen, der Landwirtschaft und der Geflügelverarbeitung im Niedriglohnsektor gang und gäbe und betrifft auch viele Arbeitnehmer der Mittelschicht.[36] Die Schätzung eines *von der Wirtschaft finanzierten* Think Tanks wies auf einen Lohndiebstahl in Höhe von etwa 19 Milliarden Dollar [ca. 16,4 Milliarden Euro] für das Jahr 2014 hin – was in Anbetracht der Quelle vermutlich noch stark untertrieben ist.[37] Eine andere Schätzung setzt die Rechnung bei 50 Milliarden Dollar für das Jahr 2014 an, was zwei Drittel der Arbeiter in Niedriglohnbranchen beträfe und sie nahezu 15 Prozent ihrer Gesamtverdienste kosten würde. Das ist drei Mal mehr als der Betrag aller anderen Diebstähle in den Vereinigten Staaten zusammen.[38] Wenn Arbeitgeber so wenig Rücksicht auf ihre Beschäftigten nehmen, dass sie ihnen ihre Löhne stehlen, wie wahrscheinlich ist es dann, dass sie ihnen das ausgleichen, indem sie ihnen bessere Arbeitsbedingungen zugestehen? Das viel plausiblere Modell – das von der Beobachtung gestützt wird, wie die Arbeit für (mindestens) die untere Hälfte der Arbeiterschaft aussieht – ist, dass sich die Verachtung der Arbeitgeber für die elementare Würde, den Status und die Autonomie der Arbeitnehmer gleichzeitig auch in den niedrigen Löhnen ausdrückt, die sie zahlen, und in den unerträglichen Bedingungen spiegelt, unter denen sie ihre Beschäftigten arbeiten lassen. Das Ausmaß des Lohndiebstahls untermauert zudem die Behauptung, dass der privaten Regierung eine Tendenz innewohnt, ihre gesetzlichen Grenzen zu überschreiten. Bei fehlenden internen Kontrollmöglichkeiten, mit denen die Arbeitnehmer ihre Arbeitgeber zur Rechenschaft anhalten können, werden die Arbeitgeber nicht bloß die Autorität ausüben, die sie kraft Gesetzes haben, sondern sie werden ihre Macht ausnutzen.

In dem Maße, wie Cowen bereit ist, diese Probleme einzuräumen, besteht sein einziger Lösungsvorschlag darin, das Abwanderungsvermögen der Arbeitnehmer zu verbessern. Ich freue mich, ihn – wenn auch nur der Implikation nach – dabei zu sehen, wie er sich der Kampagne zur Abschaffung der Konkurrenzausschlussklausel anschließt, die den Arbeitnehmern verbietet, ihr Humankapital mitzunehmen, wenn sie kündigen. Und ich stimme ihm voll und ganz zu, was die Dringlichkeit angeht, den Immigranten mit Arbeitsvisa eigene Kündigungsrechte zu garantieren. Der Vorschlag, dass die Verbesserung der Abwanderungsrechte allein ausreichen würde, um mit den von mir genannten Problemen fertig zu werden, ist dennoch nicht glaubwürdig. *Zu* welchen Arbeitsstellen sollen die Arbeiter denn abwandern? Wenn 90 Prozent der Kellnerinnen sexuell belästigt werden, haben sie keinen verlässlichen Ort, der es ihnen erlaubt, dem zu entrinnen, es sei denn, sie verzichten auf ihre branchenspezifischen Fähigkeiten – und selbst dann hilft es kaum, denn sexuelle Belästigung ist in allen Branchen verbreitet. Nimmt man dann noch die Probleme der Arbeitslosigkeit, der Unterbeschäftigung sowie der Unzulässigkeit von »freiwilligen« Kündigungen mit Blick auf die Inanspruchnahme der Arbeitslosenversicherung hinzu, ist leicht einzusehen, wie wenig hilfreich es ist, Arbeitern den Rat zu geben: »Geh doch einfach!« Wenn Arbeitnehmerinnen und Arbeitnehmer nur Abwanderungsrechte und keine Mitsprache haben, läuft das auf eine Subvention des diktatorischen Arbeitgebers hinaus, da er die *gesamte* »Produzentenrente« einstreichen kann – all den Nutzen, der diesen Job besser sein lässt als die nächstbeste Alternative des Arbeitnehmers –, die sonst den Arbeitnehmern zugutekommen würde, bevor der Job so unerträglich wird, dass sie ihn aufgeben. Angesichts der Unsicherheiten, ob die Bedingungen anderswo besser sein werden (für dort nicht Beschäftigte äußerst schwer zu beurteilen), und der unter jedem realistischen Szenario drastischen Kosten des Stellenverlusts, verleiht ein Regime, das nur Abwanderungsrechte vorsieht, den diktatorischen Arbeitgebern im Grunde genommen die Macht, sich erheblich mehr als nur die Produzentenrente der Arbeiter anzueignen, bevor diese gehen.

Cowens finaler Appell gilt der »Effizienz«. Er sorgt sich, dass wir schöne Dinge nicht haben können, wenn sich die Arbeitnehmer der diktatorischen Macht ihrer Arbeitgeber nicht beugen. Es ist exakt dasselbe Argument, das die Besitzer der Zuckerrohrplantagen in den britischen Kolonien der Karibik zur Verteidigung der Sklaverei vorbrachten, als im Parlament über die Abschaffung der Sklaverei debattiert wurde.[39] Selbst nur für sich betrachtet, ist das Argument höchst zweifelhaft. Was die Effizienz angeht, zitiert Cowen eine einzige Studie, die nahelegt, dass das deutsche System der Mitbestimmung die Profite belastet. Angenommen, die Profite sind unter dem deutschen System niedriger, dann ist doch das eigentliche Rätsel, warum dies nicht als Pluspunkt für die deutsche Mitbestimmung gilt, insofern die Menschen, die tatsächlich die Arbeit tun, einen größeren

Anteil vom Kuchen bekommen. Cowen glaubt, dieser Punkt spreche gegen die Mitbestimmung, weil er die Produktivität dämpfe. Die Beweislage ist gemischt. Einige Studien kommen zu dem Ergebnis, dass sich die Mitbestimmung zumindest bei größeren Firmen positiv oder neutral auf die Produktivität auswirkt.[40] Ich vermute, wenn Produktivitätseffekte so schwer schlüssig nachweisbar sind, werden sie wahrscheinlich nicht erheblich sein.

Cowen bemerkt: »Sobald Arbeitnehmer an der Leitung mitwirken können, ist die Beschäftigung eher stabil und die Löhne neigen vermehrt zu Schwankungen.« Das ist ein erstaunliches Zugeständnis, da die US-Wirtschaft einen chronischen Hang zur Arbeitslosigkeit oder Unterbeschäftigung gehabt hat. Unter dem Gesichtspunkt der Effizienz gibt es eigentlich keine größere Verschwendung als Arbeitslosigkeit. Außerdem gelten die sauberen Effizienzbehauptungen über Marktallokationen in einem beliebigen gegebenen Markt nur im Kontext der Vollbeschäftigung. Schließlich sollte man noch beachten, dass die Machtbefugnisse, die von Arbeitgebern routinemäßig ausgeübt werden, jede Autorität, die sich aus Effizienzgründen oder irgendwelchen anderen Gründen rechtfertigen ließe, deutlich überschreiten. Wenn Arbeitnehmerinnen von sexueller Belästigung betroffen sind, erhöht das nicht im Geringsten die Produktivität. Es handelt sich um reinen Machtmissbrauch, und selbst wenn wir die Dinge allein unter dem Effizienzaspekt sehen wollen, ist es eine massive Effizienzeinbuße beim Nutzen.

Wir sollten Cowens Begriffe auf jeden Fall ablehnen. Ökonomische Konzepte der Effizienz akzeptieren die derzeitigen Ausstattungen von Eigentumsrechten als die normative Messlatte, an der Verbesserungen gemessen werden. Was hier angefochten wird, sind aber gerade die maßgeblichen Kontrollrechte, die mit dem Eigentum von Kapital verbunden sind. Cowen weicht somit der eigentlichen Frage zugunsten der Diktatur am Arbeitsplatz aus, indem er die Effizienz zu seinem Maßstab wählt. Mehr noch, die Entscheidung für Effizienz, so wie sie an Ergebnissen des Marktes gemessen wird, bedeutet eine Entscheidung dafür, die Interessen der Arbeiter in einer Weise zu werten, die umgekehrt proportional zu deren individuellem Grenznutzen von Gütern ist.[41] Durch diese abwegige Messung können die trivialsten Interessen der Reichen die essentiellen und fundamentalsten Interessen der Armen aufwiegen.

Ich befürworte einen anderen Weg, um den Wert der Würde und Autonomie von Arbeitnehmern zu bestimmen: Lassen wir sie doch im Kontext eines Systems der Arbeitsorganisation, in dem sie eine Stimme haben, für sich selbst sprechen. Die erfolgreiche Implementierung der Mitsprache in den europäischen Systemen der Mitbestimmung beweist bereits, dass die Stärkung von Arbeitnehmern auf diese Weise machbar und mit einem außergewöhnlich hohen Niveau an Prosperität vereinbar ist. Es geht mir nicht darum, das deutsche Modell der Mitbestimmung anzupreisen. Es gibt Raum genug, um mit alternativen Verfassungen zu experimentieren sowie Kosten und Nutzen dieser Alternativen zu überdenken. Ich will auch nicht darauf hinaus, irgendeine bestimmte Kombination dessen, was Cowen »Vergünstigungen« nennt, zu Lasten von Löhnen zu verordnen. In einer betrieblichen Regierung, die den Arbeitnehmern eine Stimme garantiert, wird es den Managern überlassen sein, verschiedene Pakete aus Löhnen und Arbeitsbedingungen anzubieten, und die Arbeitnehmer werden die Freiheit haben, alternative Pakete vorzuschlagen, auszuhandeln und über Kompromisse abzustimmen. Mein Punkt ist ganz einfach, dass die Beschäftigten irgendeine Art der institutionalisierten Mitsprache bei der Arbeit brauchen, um sicherzustellen, dass ihre Interessen gehört werden, dass sie respektiert werden und dass sie bei Entscheidungen, die ihren Arbeitsplatz betreffen, ein Stück weit Autonomie praktizieren können. Sie der privaten Regierung zu unterwerfen – der willkürlichen, nicht rechenschaftspflichtigen Autorität – ist keine Art, mit Menschen umzugehen, die nicht weniger ein Anrecht auf Würde, Autonomie und Status haben als ihre Arbeitgeber.

Anmerkungen

Vorwort

1 Barbara Ehrenreich, *Nickel and Dimed. On (not) Getting by in America*, New York: Holt Paperbacks 2008, S. 157 (dt.: *Arbeit poor. Unterwegs in der Dienstleistungsgesellschaft*, übers. von Niels Kadritzke, München: Kunstmann 2001).

2 *Frlekin v. Apple, Inc.*, 2015 U.S. Dist. LEXIS 151937 (N.D. Cal., 7. Nov. 2015). (Der Fall beinhaltet eine Klage von Angestellten, die Apple vorwarfen, gegen das Gesetz zum Mindestlohn zu verstoßen, weil Apple sie nicht für die Zeit bezahlte, die sie vor ihrer Durchsuchung mit Warten verbrachten – ungeachtet der Tatsache, dass die »geleistete Arbeitszeit« gesetzlich als die Zeit definiert ist, »in welcher ein Beschäftigter der Kontrolle eines Arbeitgebers unterliegt«. Die Klage wurde in gerichtlicher Eilentscheidung abgewiesen, weil den Angestellten in dieser Zeit die Arbeit nicht erlaubt ist.

3 Oxfam America, *No Relief. Denial of Bathroom Breaks in the Poultry Industry*, Washington, D.C. 2016, S. 2, ⟨https://www.oxfamamerica.org/static/media/files/No_Relief_Embargo.pdf⟩, letzter Zugriff am 20.08.2018.

4 William Becker, Salimah Meghani, Jeanette Tetrault, David Fiellin, »Racial/Ethnic Differences in Report of Drug Testing Practices at the Workplace Level in the U.S.«, *American Journal on Addictions*, 23:4 (2014), S. 357-362.

5 Alexander Hertel-Fernandez, Paul Secunda, »Citizens Coerced. A Legislative Fix for Workplace Political Intimidation Post – Citizens United«, *UCLA Law Review*, 64:2 (2016), S. 1, ⟨https://www.uclalawreview.org/citizens-coerced-legislative-fix-workplace-political-intimidation-post-citizens-united/⟩, letzter Zugriff am 20.08.2018.

1
Als der Markt noch »links« war

1 Dieser Gebrauch des Begriffs »links« ist natürlich anachronistisch. Aber er dient dazu, Ideen zu fixieren. Ich muss sogleich hinzufügen, dass manche Egalitaristen des 17. und 18. Jahrhunderts – vornehmlich die Diggers und Rousseau – die Marktgesellschaft ablehnten. Ich konzentriere mich hier auf die Egalitaristen, die sich zu ihr bekannten.

2 Adam Smith, *Untersuchung über Wesen und Ursachen des Reichtums der Völker*, übers. von Monika Streissler, hg. und eingeleitet von Erich Streissler, Tübingen: Mohr Siebeck 2012, I.ii.2, S. 97f.

3 Karl Marx, *Das Kapital. Kritik der politischen Ökonomie*, Erster Band (Hamburg 1890), Berlin: Dietz 1979, S. 189-191.

4 Dies ist kein Zynismus bei Smith. Er verweist damit auf den transkulturellen Sachverhalt, wonach jede Gabe eine Schuld beinhaltet, die den Empfänger dem Gebenden unterordnet, bis sie in Naturalien erwidert wird. Siehe Marcel Mauss, *Die Gabe. Form und Funktion des Austauschs in archaischen Gesellschaften*, übers. von Eva Moldenhauer, Frankfurt/M.: Suhrkamp 1990; William Miller, *Humiliation*, Ithaca: Cornell University Press 1993, Kap. 1.

5 Marx, *Das Kapital*, S. 189.

6 Das sogenannte Adam-Smith-Problem, nämlich die angebliche Spannung zwischen Smith' Moraltheorie, die auf dem Mitgefühl mit anderen beruht, und seiner Wirtschaftslehre, die vermeintlich auf purem Egoismus aufbaut, ist somit gelöst.

7 »Alles für uns und nichts für die anderen, dürfte immer und überall der üble Leitsatz der Herren der Menschheit gewesen sein.« Smith, *Reichtum der Völker*, III.iv.10, S. 434.

8 In diesem Punkt bin ich völlig einer Meinung mit Pierre Rosanvallon, *Die Gesellschaft der Gleichen*, übers. von Michael Halfbrodt, Hamburg: Hamburger Edition 2013, S. 19, S. 41 u. S. 95.

9 Zur ersten Erklärung des Programms der Armee siehe »Agreement of the People«, in: Andrew Sharp (Hg.), *The English Levellers*, New York: Cambridge University Press 1998, S. 92-101. »Agitatoren« – Offiziere der Levellers, die von ihren Männern ausgewählt wurden – diskutierten diesen Vorschlag mit Cromwell und Ireton 1647 in Putney. Die Putney-Debates gehören zur fesselndsten Lektüre, die die Geschichte des politischen Denkens zu bieten hat, da die intellektuelle Tiefe und Ernsthaftigkeit den heutigen öffentlichen Diskurs bei weitem übertrifft. Siehe dazu: »Putney Debates«, in: *Puritanism and Liberty, Being the Army Debates (1647-9) from the Clarke Manuscripts with Supplementary Documents*, hg. von A. S. P. Woodhouse, Chicago: University of Chicago Press 1951, S. 1-124.

10 Ebd., S. 75 (»Putney Debates, 29 October 1647«).

11 John Lilburne, William Walwyn, Thomas Prince, Richard Overton, »An Agreement of the Free People of England, 1 May 1649«, in: James Otteson (Hg.), *The Levellers. Miscellaneous Writings* (= Bd. 4 von *The Levellers. Overton, Walwyn and Lilburne*), Bristol: Thoemmes Press 2003, Artikel XXX, XVIII, XX, XIX.

12 John Lilburne, »Englands Birth-Right Justified«, in: James Otteson (Hg.), *Works of John Lilburne* (= Bd. 3 von *The Levellers*), S. 62-64.

13 John Lilburne, »Londons Liberty in Chains Discovered«, in: *Works of John Lilburne*, S. 175-177.

14 William Walwyn, »For a Free Trade«, in: James Otteson (Hg.), *Works of William Walwyn* (= Bd. 2 von *The Levellers*), S. 399-405.

15 Es wäre anachronistisch, wollte man irgendwelchen Denkern des 17. Jahrhunderts solche Ideen zuschreiben, denn die moderne Vorstellung von Verteilungsgerechtigkeit war vor dem Ende des 18. Jahrhunderts noch nicht erfunden worden. Samuel Fleischacker, *A Short History of Distributive Justice*, Cambridge, MA: Harvard University Press 2004.

16 Siehe »The Root and Branch Petition (1640)«, in: Henry Gee, William John Hardy (Hg.), *Documents Illustrative of Eng-*

lish Church History, New York: Macmillan 1896, S. 537-545, ⟨http://history.hanover.edu/texts/engref/er97.html⟩, letzter Zugriff am 20.08.2018. Es handelt sich um ein zeitgenössisches Dokument, das ein Ende der kirchlichen Befugnisse in diesen Hinsichten fordert.

17 Thomas Leng, »›His Neighbours Land Mark‹: William Sykes and the Campaign for ›Free Trade‹ in Civil War England«, in: *Historical Research*, 86:232 (2013), S. 230-252. [Coverture ist eine Form der Rechtsunmündigkeit; A. d. Ü.]

18 William Blackstone, *Commentaries on the Laws of England*, Oxford: Clarendon Press 1765, Kap. 15.

19 Zu einigen Aspekten der komplizierten Rechtslage in der frühen Neuzeit siehe Karen Pearlston, »Review of *Women, Property, and the Letters of the Law in Early Modern England*«, in: *Osgoode Hall Law Journal*, 44:1 (2006), S. 219-221; siehe Don Herzog, *Household Politics. Conflict in Early Modern England*, New Haven: Yale University Press 2013, zur Dokumentation der Anfechtung der Autorität des Ehemanns durch verheiratete Frauen sowie der zeitgenössischen kulturellen Anerkennung der Grenzen dieser Autorität.

20 Man denke nur an Lockes Beschreibung: »Die *erste Gesellschaft* bildeten der Mann und die Frau. Sie setzte den Anfang für diejenige von Eltern und Kindern, dazu kam mit der Zeit die Gemeinschaft von Herr und Knecht. [...] und eine einzige Familie bildeten, in der der Herr oder die Herrin eine gewisse, der Familie angemessene Herrschaft ausübte [...].« John Locke, *Zweite Abhandlung über die Regierung*, übers. von H. J. Hoffmann, Kommentar von Ludwig Siep, Frankfurt/M.: Suhrkamp 2007, § 77, S. 67. Locke bezieht hier Beschäftigte in die Familie ein und stellt diese als eine Art von Regierung dar, die im Naturzustand nicht unbedingt patriarchalisch ist. Auf Lockes Feminismus werde ich später noch einmal zurückkommen.

21 Siehe Blackstone, *Commentaries*, Kap. 14; Karen Orren, *Belated Feudalism. Labor, The Law, and Liberal Development in the United States*, Cambridge: Cambridge University Press 1991 (dokumentiert das englische Recht zu Herr und Knecht

und wie es die Beschäftigungsverhältnisse in den USA bis weit in das 19. Jahrhundert hinein prägte).

22 Siehe Don Herzog, *Happy Slaves*, Chicago: University of Chicago Press 1989, Kap. 1.

23 Arthur O. Lovejoy, *Die große Kette der Wesen. Geschichte eines Gedankens*, übers. von Dieter Turck, Frankfurt/M.: Suhrkamp 1985.

24 Robert Filmer, *Patriarcha. Or the Natural Power of Kings*, London: W. Davis 1680.

25 Christopher Hill, *The World Turned Upside Down. Radical Ideas during the English Revolution*, New York: Penguin Books 1991, S. 155.

26 Siehe Aurelius Augustinus, *Vom Gottesstaat (De civitate dei)*, Buch 11-22, XIX.15, »Naturordnung und Sklaverei«, übers. von Wilhelm Thimme, München: dtv, [4]1997, S. 557f.

27 Hill, *The World Turned Upside Down*, Kap. 3 und 4.

28 Herzog, *Happy Slaves*, Kap. 1.

29 Siehe Hill, *The World Turned Upside Down*, bes. Kap. 8; Andrew Bradstock, *Radical Religion in Cromwell's England. A Concise History from the English Civil War to the End of the Commonwealth*, New York: I.B. Tauris 2011, bes. Kap. 5. Daher entstand die endlos wiederholte Bezichtigung der Konservativen, dass die Egalitaristen an die Perfektionierbarkeit der Menschen glauben würden. Auf die heutigen Anhängerinnen einer egalitären Verteilung von Einkommen und Reichtum, der Demokratie und anderer säkularer egalitärer Lehren angewandt, ist der Vorwurf absurd, er ergibt aber Sinn, wenn er auf die historischen egalitären sozialen Bewegungen christlicher Millenaristen angewandt wird, denen es darum ging, die autoritäre Lehre von der Erbsünde zu widerlegen.

30 Samuel Torshell, *The Womans Glorie. A Treatise, First, Asserting the Due Honour of That Sexe, by Manifesting That Women Are Capable of the Highest Improvements and Instancing Severall Examples of Womens Eminencies …*, London: Printed for John Bellamy [2]1650, S. 11.

31 Hill, *The World Turned Upside Down*, S. 310-312.

32 John Lilburne, »The Free-Man's Freedom Vindicated«, in: *Works of John Lilburne*, S. 105 f.

33 Katherine Chidley, »Petition of Women, Affecters and Approvers of the Petition of Sept. 11, 1648 (5th May 1649)«, in: *Puritanism and Liberty*, S. 367.

34 Hill, *The World Turned Upside Down*, S. 312.

35 »The Root and Branch Petition«, Art. 10, 12 u. 24.

36 Michael Levy, »Freedom, Property and the Levellers: The Case of John Lilburne«, in: *Western Political Quarterly*, 36: 1 (1983), S. 116-133, hier S. 120.

37 Siehe Walwyn, »For a Free Trade«, S. 403 f. (Er beklagt hier, dass die Bürden der Gildenherrschaft »schwerer auf den eher mäßig großen Händlern« lasten, die unter »vielen unzumutbaren Beeidungen der Ordnung, Bußgeldern, Tadeln« von den Gilden leiden, und dass sie zu viel Zeit »bei Gerichten & Sitzungen über andere Angelegenheiten« verbringen.)

38 Leng, »›His Neighbours Land Mark‹«, S. 233 u. S. 236.

39 Thomas Johnson, *A Plea for Free-Mens Liberties. Or the Monopoly of the Eastland Merchants*, London 1646, S. 2 f., ⟨http://gateway.proquest.com/openurl?ctx_ver=Z39.88-2003&res_id=xri:eebo&rft_id=xri:eebo:citation:99861268⟩, letzter Zugriff am 20.08.2018.

40 Walwyn, »For a Free Trade«, S. 403.

41 Ebd., S. 401 f.

42 Johnson, *Plea*, S. 4.

43 »Vernunft, die die Quelle aller ehrlichen Gesetze ist, verleiht jedem Menschen Anstand und Freiheit; Anstand des Interesses, Freiheit des Vergnügens und Verbesserung zu seinem eigenen Vorteil [...] diejenigen, die uns um unsere Freiheit gebracht haben, haben sich an unserem Anstand vergriffen«, ebd.

44 Jacqueline Stevens, »The Reasonableness of Locke's Majority: Property Rights, Consent, and Resistance in the Second Treatise«, in: *Political Theory*, 24:3 (1996), S. 423-463.

45 Dies hat Jeremy Waldron auf überzeugende Weise nachgewiesen in *God, Locke, and Equality. Christian Foundations of John Locke's Political Thought*, Cambridge: Cambridge University Press 2002, Kap. 2.

46 »Wie die *Gerechtigkeit* jedem einen Anspruch auf den Ertrag seines ehrbaren Fleißes gibt und auch auf den ehrlich erworbenen, an ihn vererbten Besitz seiner Vorfahren, so gibt die *Barmherzigkeit* jedem Menschen, der sonst keine Mittel für seinen Lebensunterhalt hat, einen Anspruch auf den Teil vom Überfluss des anderen, der notwendig ist, ihn vor äußerster Not zu bewahren. Und wenn ein Mensch dem anderen die Hilfe vorenthält, die er durch Gottes Gebot seinem Bruder in der Not gewähren soll, und ihn zwingt, sein Lehnsmann zu werden, so macht er von der Bedrängnis des anderen keinen gerechteren Gebrauch als der Starke, der den Schwachen unterdrückt, ihn zur Unterwürfigkeit zwingt und ihm mit dem Messer an der Kehle Tod oder Knechtschaft anbietet.« John Locke, *Zwei Abhandlungen über die Regierung*, übers. von H. J. Hoffmann, hg. von Walter Euchner, Frankfurt/M.: Suhrkamp 1977, I. Kap. 4, § 42, S. 99.

47 Smith, *Reichtum der Völker*, III.iv.4, S. 430.

48 Ebd., III.iv.5-8, S. 430-432. [*Allod* ist volleigener Besitz im Gegensatz zum *Lehen*, siehe ebd., Anm. 8 auf S. 432; A. d. Ü.]

49 Ebd., III.iv.9, S. 433.

50 Ebd., III.iv.10, S. 434.

51 Ebd., III.iv.11-15, S. 434-436.

52 Ebd., III.ii.6, S. 410.

53 Ebd., III.ii.7, S. 411.

54 Ebd., III.ii.8-13, S. 411.

55 Ebd., III.iv.19, S. 438.

56 Ebd., V. i. e.32, S. 728. Aktiengesellschaften neigen zur Erfolglosigkeit, weil ihre Leitungsstruktur das Problem des Hauptakteurs nicht lösen kann, das darin besteht, den Direktoren dauerhaft Rechenschaft gegenüber den Investoren abzuverlangen. Bei der Begutachtung der Geschichte von Aktiengesellschaften stellt Smith fest, dass es den Direktoren an Sachkenntnis, Initiative und Energie fehlt, weil sie das Geld anderer Menschen riskieren und den Beschäftigten erlauben, die Ressourcen der Firma zu vergeuden. (ebd., V. i. e.18, 27).

57 Ebd., I.ix.20, S. 167. Daraus folgt, dass eine freie Marktwirtschaft zwar ungleicher wäre als eine primitive Gesellschaft,

jedoch bei weitem gleicher als eine feudale oder merkantilistische Ökonomie. Zur weiteren Stützung der Auffassung, dass Smith' Vision einer freien Marktgesellschaft egalitäre Tendenzen aufweist, siehe Deborah Boucoyannis, »The Equalizing Hand: Why Adam Smith Thought the Market Should Produce Wealth without Steep Inequality«, in: *Perspectives on Politics*, 11:4 (2013), S. 1051-1070.

58 Smith, *Reichtum der Völker*, I.i.3, S. 90.

59 »Aus ›Milton‹« von William Blake (1757-1827), in: William Blake, *Zwischen Feuer und Feuer*. Poetische Werke, zweisprachige Ausgabe, übers. von Thomas Eichhorn, München: dtv 1996, S. 203; A.d.Ü.

60 Andere Figuren der Aufklärung teilten diese Ansicht: »Es läßt sich leicht beweisen, daß *die Reichthümer* von Natur sich *zur Gleichheit hinneigen*, und daß deren übertriebenes Mißverhältniß entweder nicht existiren kan, oder schnell aufhören muß, wenn die bürgerlichen Geseze keine selbstgemachten Mittel einführen, sie fortdauernd aufzuhäufen; wenn Freiheit des Handels und der Industrie den Vortheil verschwinden macht, den alle Verbote, alle fiscalischen Rechte dem erworbenen Reichthum geben.« [Jean Antoine Nicolas de Caritat de Condorcet,] *Entwurf eines historischen Gemähldes der Fortschritte des menschlichen Geistes/Nachlass von Condorcet*, übers. von Ernst Ludwig Posselt, Tübingen: Cotta 1796, S. 286.

61 Die Medizin war so wenig verlässlich, dass man wahrscheinlich besser dran war, wenn man sich die Dienste eines Arztes nicht leisten konnte. Niemand konnte, koste es, was es wolle, wirklich komfortabel oder schnell reisen. Die *penny press* machte Nachrichten allen zugänglich. Die Theater boten preiswerte Sitzplätze an. Kein Wunder, dass Smith die Suche nach großem Reichtum als nicht der Mühe wert abtat. Siehe Adam Smith, *Theorie der ethischen Gefühle*, übers. und hg. von Walther Eckstein, Hamburg: Meiner 1977, I.3.2.1, III.3.31, IV.1.6.8.

62 Smith, *Reichtum der Völker*, III.iv.16, S. 436.

63 Dies gilt auch für die Tatsache, dass die Hoffnung auf einer

massenhaften, gewaltsamen Enteignung basierte, die das Land seinen früheren Besitzern entriss. Die amerikanischen Ureinwohner erhielten im Gegensatz zur Sklaverei, die bei vielen euro-amerikanischen Egalitaristen starke Beachtung fand, wenig Aufmerksamkeit für ihre Belange.

64 Joyce Appleby, *Capitalism and a New Social Order. The Republican Vision of the 1790s*, New York: New York University Press 1984, S. 89; Eric Foner, *Tom Paine and Revolutionary America*, New York: Oxford University Press 1976, S. 32 u. S. 43 f.

65 Thomas Paine, *Die Rechte des Menschen*, hg., übers. und eingeleitet von Wolfgang Mönke, Berlin: Akademie Verlag 1962, S. 266.

66 Ebd., S. 305.

67 Ebd., S. 306.

68 Siehe zum Beispiel ebd., S. 322; Thomas Paine, *The Crisis. In Thirteen Numbers. Written during the Late War. By the Author of Common Sense*, Albany: Charles and George Webster 1792, Nr. 3, S. 40.

69 Paine, *Rechte des Menschen*, S. 373.

70 Foner, *Paine and Revolutionary America*, S. 183-200.

71 Siehe ebd., Kap. 5 zu einer ausführlichen Erörterung von Paines Denken und Aktivitäten hinsichtlich der Preiskontrollen.

72 Ebd., S. 190.

73 Paine, *Rechte des Menschen*, S. 273.

74 Ebd., S. 312.

75 Ebd., S. 263.

76 Ebd., S. 345-360.

77 Die Republikanische Partei ist Paine in anderen Hinsichten allerdings nicht gefolgt: In seiner Kritik am Christentum (Thomas Paine, *The Age of Reason*, Boston: Thomas Hall 1794), in seinem Feminismus (siehe Eileen Hunt Botting, »Thomas Paine amidst the Early Feminists«, in: *Selected Writings of Thomas Paine*, hg. von Ian Shapiro und Jane Calvert, New Haven: Yale University Press 2014, S. 630-654), in seiner Ablehnung der Todesstrafe und in seiner Gegnerschaft zu Militärausgaben, Krieg und Imperialismus. Paine, der über

lange Zeit seines Lebens arm war, hatte vor allem eine starke Sympathie für die Armen und verunglimpfte sie nie als faul, initiativlos oder durch »Wohlfahrtsleistungen« verdorben. Wie wir noch sehen werden, vertrat er die Meinung, dass jeder ein Recht auf genügend Einkommen habe, um der Armut zu entgehen.

78 Craig Calhoun, *The Roots of Radicalism. Tradition, the Public Sphere, and Early Nineteenth-Century Social Movements*, Chicago: University of Chicago Press 2012.

79 Paine, *Rechte des Menschen*, Zweiter Teil, S. 269.

80 Ebd., S. 308 u. Anm., S. 336.

81 Ebd., S. 331-335.

82 Ebd., S. 311-312.

83 Ebd., S. 340f. Wenn Paine beklagte, dass Menschen, die Gelder von der Regierung beziehen, Schmarotzer seien, sprach er nicht von Friedensrichtern, Gemeindebeamten oder anderen Staatsdienern, die bei bescheidener Bezahlung tatsächlich öffentliche Dienste leisten. Er beklagte sich vielmehr über den Hof und über die Pfründe. Echte Angestellte im Staatsdienst hingegen haben ein Recht auf ordentliche Bezahlung (ebd., S. 301, 315, 351).

84 Ebd., S. 263, S. 318f., S. 326, S. 336-338 u. S. 377. Im Gegensatz zur Republikanischen Partei in den USA heute war Paine gegen regressive Verbrauchssteuern und befürwortete Steuern auf Erbschaften und Anleihen.

85 Thomas Paine, *Common Sense*, übers. und hg. von Lothar Meinzer, Stuttgart: Reclam 1982, S. 32.

86 Paine äußerte seinen Einwand gegen Lohnfestsetzungen und seine Präferenz für auf dem Markt gebildete Löhne in einer Phase, als die Bestimmungen *Maximallöhne* festlegten.

87 Thomas Paine, »Agrarian Justice«, in: *The Writings of Thomas Paine, Vol. III (1791-1804)*, hg. von Moncure Daniel Conway, New York: Putnam's Sons 1894, S. 322-344.

88 Das unverzichtbare Werk zu diesem Thema ist: Eric Foner, *Free Soil, Free Labor, Free Men. The Ideology of the Republican Party before the Civil War*, New York: Oxford University Press 1995, mit einer neuen Einleitung.

89 James Henry Hammond, »Speech in the Senate, 35th Congress, Session 1«, in: *Congressional Globe*, 4. März 1858, S. 71.

90 Abraham Lincoln, »Annual Address before the Wisconsin State Agricultural Society, at Milwaukee, September 30, 1859«, in: *Abraham Lincoln. Complete Works*, hg. von John Nicolay und John Hay, Bd. 1, New York: Century Co. 1859, S. 581.

91 »Es gibt keine Klasse dauerhaft angeworbener Arbeiter unter uns. [...] Der angeworbene Arbeiter von gestern arbeitet heute auf seine eigene Rechnung; und wird andere anwerben, morgen für ihn zu arbeiten. Vorankommen – Verbesserung des Zustandes – ist in einer Gesellschaft von Gleichen die Ordnung der Dinge.« Roy Basler (Hg.), *Collected Works of Abraham Lincoln*, hg. von Roy Basler, Bd. 3: »Fragment on Free Labor«, New Brunswick: Rutgers University Press 1859, S. 463.

92 Foner, *Free Soil*, Kindle loc. 332-337.

93 Ebd., Kindle loc. 434.

94 Ebd., Kindle loc. 377-380.

95 Lincoln, »Address before the Wisconsin State Agricultural Society«, S. 581 f.

96 Lincoln hat dies möglicherweise der ideologischen Infrastruktur seiner Partei eingebrannt. Denn anderthalb Jahrhunderte nach seiner Ansprache twitterte Eric Cantor, damals Mehrheitsführer der Republikaner im Repräsentantenhaus, am Tag der Arbeit 2012: »Heute feiern wir diejenigen, die ein Risiko eingegangen sind, hart gearbeitet, einen Betrieb aufgebaut und sich ihren Erfolg verdient haben«, ⟨https://twitter.com/ericcantor/status/242654833218293760⟩, letzter Zugriff am 20.08.2018. Cantor ist offenbar emotional nicht in der Lage zu verstehen, wie man den Lohnarbeitern einen Tag zu ihren Ehren widmen kann.

97 Sean Wilentz, *Chants Democratic. New York City and the Rise of the American Working Class, 1788-1850*, New York: Oxford University Press 2004, S. 508-516.

98 Gertrude Himmelfarb, *The Idea of Poverty. England in the Early Industrial Age*, New York: Knopf 1984, S. 78. Siehe

z. B. Jeremy Bentham, *Pauper Management Improved. Particularly by Means of an Application of the Panopticon Principle of Contstruction*, London: R. Baldwin 1812.

99 Isaac Kramnick, *Republicanism and Bourgeois Radicalism. Political Ideology in Late Eighteenth-Century England and America*, Ithaca: Cornell University Press 1990, S. 97.

100 Smith, *Reichtum der Völker*, V. i. f. 50, S. 747f.

101 Smith, *Theorie der ethischen Gefühle*, S. 86f.

2 Private Regierung

1 Dies gilt für die Form der Kapitalgesellschaft. Rechtlich betrachtet ist die Kapitalgesellschaft Eigentümerin des Firmenvermögens, *nicht* die Anteilseigner. In einer Personengesellschaft regiert eine Oligarchie, sie ist Eigentümerin aller Vermögenswerte.

2 Ronald H. Coase, »The Nature of the Firm«, in: *Economica*, 4:16 (1937), S. 386-405.

3 Eugene Volokh, »Private Employees' Speech and Political Activity: Statutory Protection against Employer Retaliation« (2012), ⟨http://ssrn.com/abstract=2174776⟩, letzter Zugriff am 25.08.2018.

4 Ken Cuccinelli, *The Last Line of Defense. The New Fight for American Liberty*, New York: Crown Forum 2013, S. 52, S. 231.

5 Dies könnte wie eine positivistische Theorie des *Rechts* klingen. Aber eine Regierung muss nicht mit dem Gesetz herrschen – das heißt, mit allgemeinen Verhaltensregeln. Sie kann mit Anordnungen oder Erlassen arbeiten, die ad hoc aus bestimmten Anlässen für bestimmte Personen erteilt werden. Ich nehme hier keinen Standpunkt hinsichtlich einer positivistischen Theorie des Rechts ein.

6 Max Weber, *Wirtschaft und Gesellschaft. Grundriss der verstehenden Soziologie*, Tübingen: Mohr 1976, S. 29 u. S. 397.

7 John Adams, »Letter to Abigail, April 14, 1776«, in: *Letters of*

John Adams Addressed to His Wife, hg. von Charles Adams, Bd. 1, Boston: C.C. Little and J. Brown 1841, S. 96f.

8 Ich stütze mich auf Don Herzog, *Household Politics. Conflict in Early Modern England*, New Haven: Yale University Press 2013, S. 89-94, der sich ausführlicher damit befasst, die verwickelten Zusammenhänge der Privatheit zu unterscheiden, als ich es hier tue.

9 Ich konzentriere mich hier auf »externe« Konzeptionen von positiver Freiheit unter dem Aspekt der Chancenmenge des Individuums im Rahmen von Budgetzwängen, gesetzlichen Genehmigungen und anderen äußeren Bedingungen. Ich berücksichtige keine psychologischen Vorstellungen von positiver Freiheit wie die Freiheit von Süchten, Zwängen oder anderen Motiven, mit denen sich der Handelnde nicht identifiziert.

10 Philip Pettit, *Republicanism. A Theory of Freedom and Government*, New York: Oxford University Press 1997, S. 5.

11 Siehe zum Beispiel Milton Friedman, *Kapitalismus und Freiheit*, Frankfurt/M.: Eichborn 2002, der Privateigentum an die politische und nicht bloß die ökonomische Freiheit bindet.

12 Joyce Shaw Peterson, *American Automobile Workers, 1900-1933*, Albany: State University of New York Press 1987, S. 57 u. S. 72.

13 Natasha Singer, »Health Plan Penalty Ends at Penn State«, in: *New York Times*, 19. September 2013, ⟨http://www.nytimes.com/2013/09/19/business/after-uproar-penn-state-suspends-penalty-fee-in-wellness-plan.html⟩, letzter Zugriff am 25.08.2018.

14 Coase, »Nature of the Firm«.

15 Oliver Williamson, »Markets and Hierarchies: Some Elementary Considerations«, in: *American Economic Review* 63:2 (1973), S. 316-325, hier S. 322.

16 Coase, »Nature of the Firm«, S. 388.

17 Ebd., S. 391.

18 Nur 15 Staaten lassen nicht zu, dass eine Verzichtserklärung per se zur Abweisung einer Anzeige führt, die wegen ungesetzlicher Entlassung unter einer vertraglich implizierten Aus-

nahme zum Arbeitsverhältnis-auf-Widerruf erfolgte; in 22 Staaten sind Disclaimer zulässig und begrenzen vertraglich implizierte Ausnahmen auf schriftlich niedergelegte Dokumente; 13 Staaten anerkennen keinerlei vertraglich implizierte Ausnahmen zum Arbeitsverhältnis-auf-Widerruf. Charles Muhl, »The Employment-at-Will Doctrine: Three Major Exceptions«, in: *Monthly Labor Review*, Januar 2002, S. 5.

19 *Nelson v. Knight*, Iowa Supreme Court, Nr. 11-1857, 12. Juli 2013.

20 Neela Banerjee, »Ohio Miners Say They Were Forced to Attend Romney Rally«, in: *Los Angeles Times*, 29. August 2012, ⟨http://articles.latimes.com/2012/aug/29/news/la-pn-miners-romney-rally-20120829/⟩, letzter Zugriff am 25.08.2018.

21 Dugan Arnett, »Nightmare in Maryville: Teens' Sexual Encounter Ignites a Firestorm against Family«, in: *Kansas City Star*, 12. Okt. 2013, ⟨http://www.kansascity.com/news/special-reports/maryville/article329412/Nightmare-in-Maryville-Teens%E2%80%99-sexual-encounter-ignites-a-firestorm-against-family.html⟩, letzter Zugriff am 25.08.2018.

22 Armen Alchian, Harold Demsetz, »Production, Information Costs, and Economic Organization«, in: *American Economic Review* 62:5 (1972), S. 777-795, hier S. 777.

23 Selbst die zusätzliche Schaffung von Einwanderungsrechten in neue Regierungen – etwas, das Arbeiter bei der Arbeit nicht haben – hebt deren Autorität nicht auf. In der Europäischen Union ist den Bürgern nicht nur das Recht auf Ausreise, sondern auch auf Einreise in andere Mitgliedstaaten garantiert. Das hat jedoch die Autorität der EU-Mitgliedstaaten nicht zerstört.

24 Michael Jensen, William Meckling, »Theory of the Firm: Managerial Behavior, Agency Costs and Ownership Structure«, in: *Journal of Financial Economics* 3 (1976), S. 305-360, hier S. 310.

25 John Tomasi, *Free Market Fairness*, Princeton: Princeton University Press 2012, S. 23, S. 77 u. S. 81.

26 Diese Tendenz begünstigt einen verbreiteten Missbrauch des

Arbeitsrechts, in welchem die Arbeitgeber vorgeben, ihre Beschäftigten seien unabhängige Auftragnehmer, um so den Mindestlohn, Arbeitszeitbegrenzung, betriebliche Leistungen und Sicherheitsvorschriften zu umgehen; um die Steuerlast der Beschäftigung auf ihre Arbeiter abzuwälzen; und um sie zu zwingen, für Ausrüstung und Berufsbekleidung selbst zu zahlen. Die gerichtliche Prüfung in solchen Fällen erstreckt sich immer darauf, ob der Beschäftigende die Kontrolle über den Arbeiter ausübt. Siehe z. B. *Alexander v. FedEx Ground Package System*, 2014 U.S. App. LEXIS 16585 (9. Cir. 27. Aug. 2014); in diesem Fall wurde das Urteil gesprochen, dass FedEx Tausende seiner kalifornischen Lastwagenfahrer unzulässig als unabhängige Auftragnehmer eingestuft hat.

27 Josiah Wedgwood, ein Pionier der industriellen Revolution bei der Einführung von Arbeiterdisziplin in seiner Keramikfabrik, war zugleich starker Verfechter einer Abschaffung der Sklaverei.

28 William Blackstone, *Commentaries on the Laws of England*, Oxford: Clarendon Press 1765, Kapitel 14.

29 Karen Orren berichtet davon für die Vereinigten Staaten in *Belated Feudalism. Labor, The Law, and Liberal Development in the United States*, Cambridge: Cambridge University Press 1991. Ähnliche Entwicklungen erfolgten während des 19. Jahrhunderts in anderen Ländern des Common Law und im Rest Westeuropas. Eine wichtige Lehre ihrer Arbeit ist die, dass einige rechtliche Doktrinen im Arbeitsrecht des 19. Jahrhunderts in den Vereinigten Staaten und England, die man für Neuheiten der Ideologie einer Laissez-faire-Vertragsfreiheit gehalten hatte – zum Beispiel, dass ein Arbeitgeber den gesamten aufgelaufenen Lohn eines Arbeiters wegen der geringsten Aufsässigkeit konfiszieren konnte –, in Wahrheit lediglich Kontinuitäten englischer Arbeitsgesetze waren, die in der feudalen Ära etabliert wurden. Mit anderen Worten, das Laissez-faire auf der Ebene der Marktbeziehungen ließ den feudalen Autoritarismus auf der Ebene innerbetrieblicher Beziehungen unangetastet.

30 Robert Allen, »Engel's Pause: A Pessimist's Guide to the British Industrial Revolution«, in: *Explorations in Economic History* 46:4 (2009), S. 418-435.

31 Bei einem Beschäftigungsverhältnis auf Widerruf erstreckte sich die gesetzliche Geltung der Autorität des Arbeitgebers auf den gesamten Tag. Das ist auch heute noch der Fall – es sei denn, sie ist rechtlich oder vertraglich ausdrücklich begrenzt oder die Begrenzung ist wie in 15 Bundesstaaten indirekt zugesichert. Die volle Ausnutzung der Geltung wurde jedoch durch die Trennung von Arbeitsplatz und Unterbringung erschwert. Aus praktischen Gründen erhöhte sie den Aufwand für viele Arbeitgeber erheblich und verringerte ihren Nutzen, wollten sie ihre Kontrollmöglichkeit umfassend ausspielen. Dadurch eröffnete sich für Arbeiter und Arbeiterinnen ein Spielraum, der sie in außerdienstlichen Zeiten Freiheit von den Chefs genießen ließ.

32 Wie ich in meiner Abhandlung »Equality and Freedom in the Workplace: Recovering Republican Insights« (in: *Social Philosophy and Policy* 31:2 [2015], S. 48-69) argumentiere. Eine Konsequenz dieses Punkts ist, dass das traditionelle libertäre Argument, wonach der Staat einfach damit aufhören sollte, sich in die Wirtschaft »einzumischen«, verfehlt ist: Man könnte dann auch sagen, der Vorsitzende der Baseball-Liga solle damit aufhören, sich in das Spiel einzumischen, indem er für dessen Regeln einsteht. Es stellt sich heraus, dass die Regeln bemerkenswert komplex sein müssen, um auf dem hohen Stand moderner entwickelter Ökonomien eine effiziente Kooperation zu erleichtern. Damit eröffnet sich ein Raum, der sowohl demokratische Kontrolle im öffentlichen Interesse als auch regulatorische Erfassung ermöglicht.

33 Zur klassischen Ausführung siehe Blackstone, *Commentaries*, Kapitel 15.

34 Siehe meine Argumentation in »Equality and Freedom in the Workplace«.

35 Siehe zum Beispiel Sidney Pollard, »Factory Discipline in the Industrial Revolution«, in: *Economic History Review* 16:2 (1963), S. 254-271. Er erwähnt die »vorsätzliche oder zufälli-

ge Gestaltung vieler Werke [Fabriken] nach dem Modell von Arbeitshäusern und Gefängnissen, eine Tatsache, die der arbeitenden Bevölkerung gut bekannt ist« (S. 254). Ich möchte betonen, dass nicht erst Marxisten oder Sozialisten nötig waren, um das Problem in der Weise zu sehen, in der ich es dargelegt habe. Auch die amerikanischen Republikaner aus der Arbeiterschaft verstanden es. Siehe Alex Gourevitch, *From Slavery to the Cooperative Commonwealth. Labor and Republican Liberty in the Nineteenth Century*, New York: Cambridge University Press 2015.

36 Am bekanntesten ist die Unfähigkeit der umfassend zentralisierten Planung, Informationen zu nutzen, die für eine effiziente Zuweisung von Ressourcen benötigt werden. Siehe Friedrich A. Hayek, »The Use of Knowledge in Society«, in: *American Economic Review* 35 (1945), S. 519-530.

37 Diejenigen unter Ihnen, die als Assistenten oder Lehrbeauftragte der Fakultät angehören, werden andererseits aus erster Hand wissen, wovon ich spreche.

38 Workplace Democracy Association, »Zogby Poll: As Independence Day Nears, Workplace Democracy Association Survey Finds One in Four Working Americans Describe Their Employer as a ›Dictatorship‹«, 23. Juni 2008, ⟨https://workplacedemocracy.wordpress.com/2008/06/23/workplace-democracy-survey/⟩, letzter Zugriff am 25.08.2018.

39 *Pollock v. Williams*, 322 U.S. 4, 18 (1944). Mit dieser Meinung hob Richter Jackson, der sich für den Supreme Court äußerte, ein Statut in Florida auf, das die Nichterfüllung eines Arbeitsvertrages unter Strafe stellte, der eine Vorauszahlung enthielt. Das Statut stehe im Widerspruch zum 13. Verfassungszusatz, der unfreiwillige Knechtschaft verbietet. Man beachte das späte Datum der Entscheidung. Siehe Risa Goluboff, »The Thirteenth Amendment and a New Deal for Civil Rights«, in: *The Promises of Liberty. The History and Contemporary Relevance of the Thirteenth Amendment*, hg. von Alexander Tsesis, New York: Columbia University Press 2010, S. 119-137. Goluboff erklärt, weshalb Jacksons Überlegungen eher die Prinzipien des New Deal (positive Freiheit) spiegelten

als die der *Lochner*-Ära mit ihren Prinzipien der Vertragsfreiheit (negative Freiheit).

40 Siehe Robert Nozick, *Anarchie, Staat, Utopia*, München: MVG 1976 (Neuauflage München: Olzog 2006, S. 434); Walter Block, »Toward a Libertarian Theory of Inalienability: A Critique of Rothbard, Barnett, Smith, Kinsella, Gordon, and Epstein«, in: *Journal of Libertarian Studies* 17:2 (2003), S. 39-85; Stephen Kershnar, »A Liberal Argument for Slavery«, in: *Journal of Social Philosophy* 34:4 (2003), S. 510-536. Zu Libertariern, die gegen die Gültigkeit von Versklavungsverträgen sind, siehe Murray Rothbard, *The Ethics of Liberty*, überarb. Auflage, New York: New York University Press 1998, S. 40-41; Randy Barnett, »Contract Remedies and Inalienable Rights«, in: *Social Philosophy and Policy* 4:1 (1986), S. 179-202.

41 Matt Marx, »The Firm Strikes Back: Non-Compete Agreements and the Mobility of Technical Professionals«, in: *American Sociological Review* 76:5 (2011), S. 695-712; Steven Greenhouse, »Noncompete Clauses Increasingly Pop Up in Array of Jobs«, in: *New York Times*, 8. Juni 2014, ⟨http://nytimes.com/2014/06/09/business/noncompete-clauses-increasingly-pop-up-in-array-of-jobs.html⟩, letzter Zugriff am 26.08.2018; Clare O'Connor, »Does Jimmy John's Non-Compete Clause for Sandwich Makers Have Legal Legs?«, in: *Forbes*, 15. Oktober 2014, ⟨http://forbes.com/sites/clareoconnor/2014/10/15/does-jimmy-johns-non-compete-clause-for-sandwich-makers-have-legal-legs/⟩, letzter Zugriff am 26.08.2018.

42 Orly Lobel, *Talent Wants to Be Free. Why We Should Learn to Love Leaks, Raids, and Free Riding*, New Haven: Yale University Press 2013.

43 Patricia Bromley, John Meyer, »›They Are All Organizations‹: The Cultural Roots of Blurring between the Nonprofit, Business, and Government Sectors«, in: *Administration & Society*, 2014, ⟨http://dx.doi.org/10.1177/0095399714548268⟩, letzter Zugriff am 26.08.2018.

44 Diesbezüglich mag es durchaus Grenzen geben, die höherge-

stellte Manager und Pressesprecher betreffen, weil sie als offizielle Sprecher ihrer Firmen betrachtet werden. Es ist eine Sache, einen gewöhnlichen Arbeiter bei Pepsi zu entlassen, weil er am Arbeitsplatz Coke getrunken hat, jedoch eine völlig andere, wenn der Geschäftsführer von Pepsi öffentlich kundtut, dass er Pepsi-Cola schrecklich und Coca-Cola viel besser findet. (Suzanne Presto, »Coke Employee Fired for Drinking Pepsi on the Job«, in: *CNN Money*, 16. Juni 2003, ⟨http://money.cnn.com/2003/06/13/news/funny/coke_pepsi/index.htm⟩, letzter Zugriff am 26.08.2018.)

45 Mark Linder, Ingrid Nygaard, *Void Where Prohibited. Rest Breaks and the Right to Urinate on Company Time*, Ithaca: ILR Press 1998, S. 46.

46 James Whitman, Gabrielle Friedman, »The European Transformation of Harassment Law«, in: *Columbia Journal of European Law* 9 (2002-2003), S. 241-274.

47 Cynthia Estlund, »Why Workers Still Need a Collective Voice in the Era of Norms and Mandates«, in: Cynthia Estlund, Michael Wachter (Hg.), *Research Handbook on the Economics of Labor and Employment Law*, Northampton: Edward Elgar 2013, S. 463-490, hier S. 470f.

48 Siehe John Stuart Mill, *Principles of Political Economy*, in: *Collected Works of John Stuart Mill*, Bd. 3, hg. von J. M. Robson, Kap. 7, Toronto: University of Toronto Press 1965, für eine klassische Verteidigung in der liberalen Tradition. Zu einer zeitgenössischen ökonomischen Auffassung siehe Samuel Bowles, Herbert Gintis, Bo Gustafsson (Hg.), *Markets and Democracy. Participation, Accountability, and Efficiency*, Cambridge: Cambridge University Press 1993.

49 Siehe Henry Hansmann, »Employee Ownership of Firms«, in: Peter Newman (Hg.), *The New Palgrave Dictionary of Economics and Law*, Bd. 2, London: Macmillan 1998, S. 43-47, hier S. 45 f. Ich danke Steve Nayak-Young für diesen Hinweis.

50 Gerald Mayer, *Union Membership Trends in the U. S.*, Washington, D. C.: Congressional Research Service 2004, iv, ⟨http://digitalcommons.ilr.cornell.edu/cgi/viewcontent.cgi?

article=1176&context=key_workplace〉, letzter Zugriff am 26.08.2018.

51 U.S. Bureau of Labor Statistics, *Union Members – 2014*, USDL-15-0072(2015), 1, 〈http://www.bls.gov/news.release/pdf/union2.pdf〉, letzter Zugriff am 26.08.2018.

52 Im Gegensatz dazu bringen Gewerkschaften in Europa Vorteile für Arbeitnehmer in ganzen Branchen und häufig für die Arbeiterschaft insgesamt, selbst wenn die organisierten Mitglieder nur einen kleinen Anteil von allen Arbeitnehmern ausmachen. Zu internationalen Vergleichen siehe Jelle Visser, *ICTWSS: Database on Institutional Characteristics of Trade Unions, Wage Setting, State Intervention and Social Pacts in 51 Countries Between 1960 and 2014*, Amsterdam: Amsterdam Institute for Advanced Labour Studies (AIAS) 2013, 〈http://www.uva-aias.net/en/ictwss〉, letzter Zugriff am 26.08.2018.

53 Daraus folgt nicht, dass Firmen ohne gewerkschaftliche Organisierung monopolfrei sind. Monopsonistische Bedingungen sind auf Arbeitsmärkten durchgängig anzutreffen. Alan Manning, *Monopsony in Motion. Imperfect Competition in Labor Markets*, Princeton: Princeton University Press 2003.

54 Richard B. Freeman, Joel Rogers, *What Workers Want*, Ithaca: ILR Press; New York: Russell Sage Foundation 2006, S. 84.

55 Zu einer kurzen Einführung in das deutsche System der Betriebsräte siehe Rebecca Page, *Co-Determination in Germany. A Beginners' Guide*, Düsseldorf: Hans-Böckler-Stiftung 2009.

3
Von den Levellers lernen?

1 Rachel Foxley, *The Levellers. Radical Political Thought in the English Revolution*, Manchester: Manchester University Press 2013, S. 1. Mittlerweile gibt es eine neue Darstellung der Levellers, die sich wissenschaftlich und politisch mit ihnen

auseinandersetzt: John Rees, *The Leveller Revolution*, London: Verso 2016.

2 Andrew Sharp (Hg.), *The English Levellers*, Cambridge: Cambridge University Press 1998, S. 103.

3 Ebd., S. 136; Alan Houston, »›A Way of Settlement‹: The Levellers, Monopolies and the Public Interest«, in: *History of Political Thought* 14:3 (1993), S. 381-420.

4 Thomas L. Leng, »›His Neighbours Land Mark‹: William Sykes and the Campaign for ›Free Trade‹ in Civil War England«, in: *Historical Research* 86 (2013), S. 230-252.

5 Sharp (Hg.), *English Levellers*, S. 94.

6 Ebd., S. 171 f. Niemand konnte für zwei aufeinanderfolgende Parlamente gewählt werden, keine Person, die Geld aus öffentlicher Quelle erhielt, konnte gewählt werden, und »wenn zu irgendeiner Zeit irgendein Anwalt gewählt werden sollte, so soll er während der gesamten Zeit dieses [erteilten] Vertrauens nicht als Anwalt praktizieren dürfen«. Es ist klar, dass es die Levellers für unwahrscheinlich hielten, dass das englische Volk irgendwelche Anwälte in das Parlament wählen würde.

7 Die Organisatoren des Gipfels siedelten ihn im Zusammenhang der Feierlichkeiten für das Jubiläum der Magna Charta an: »Rally at Runnymede«, ⟨https://www.opendemocracy.net/rally-at-runnymede-and-join-opposition⟩, letzter Zugriff am 22.10.2015; Anthony Barnett, in: *New Statesman*, 26. Februar 2015, über den »Geist von Rainborough«.

8 Zu den Rednern auf der »Lilburne 400 Conference«, die am 14. März 2015 am Bishopgate Institute in London stattfand, gehörten neben dem radikalen Juristen Geoffrey Robertson sowie Tariq Ali und Jeremy Corbyn mehrere Historiker, die über die Levellers geschrieben hatten. Organisiert wurde die Konferenz von der Leveller Association: ⟨www.leveller.org.uk⟩, letzter Zugriff am 26.08.2018. Corbyn war bei der Vorstellung des Buches *Leveller Revolution* von John Rees im November 2016 anwesend; siehe auch den Artikel von Edward Vallance im *Guardian* vom 20. August 2015; und in Bezug auf Ali den *Guardian* vom 20. Februar 2015. Die ur-

sprüngliche Grand Remonstrance war eine Anprangerung der persönlichen Herrschaft von Charles I. durch das House of Commons. Wie Vallance feststellt, haben sich auch britische Politiker des eher rechten Flügels auf das libertaristische Vermächtnis der Levellers berufen.

9 Ein optimistischer Ansatz findet sich bei John Tosh, *Why History Matters*, Basingstoke: Palgrave Macmillan 2008. Andererseits argumentieren David Armitage und Jo Guldi (in *The History Manifesto*, Cambridge: Cambridge University Press 2014), das Potential der jüngeren geschichtswissenschaftlichen Forschung, auf die zeitgenössische Entscheidungsfindung Einfluss zu nehmen, werde nicht umgesetzt. Ihre Argumente und Schlussfolgerungen wurden von Deborah Cohen und Peter Mandler angegriffen. Siehe deren Debatte in: *American Historical Review* 120:2 (2015), S. 530-553.

10 Keith Wrightson, *Earthly Necessities in Earthly Necessities: Economic Lives in Early Modern Britain*, New Haven: Yale University Press 2000, S. 139. Meine Darstellung des sozialen und wirtschaftlichen Wandels ist diesem Buch stark verpflichtet.

11 Ebd., S. 226.

12 Zu einer umfassenden Untersuchung der sozialen und politischen Auswirkungen des Armengesetzes siehe Steve Hindle, *On the Parish? The Micro-politics of Poor Relief in Rural England c. 1550-1750*, Oxford: Clarendon Press 2004.

13 Zur Armee siehe Ian Gentles, *The New Model Army in England, Ireland and Scotland*, Oxford: Blackwell 1992.

14 Zu Rainborough und Walwyn siehe *The Oxford Dictionary of National Biography*, Oxford: Oxford University Press 2004; und zu Walwyns Text von 1652, mit dem er die Gegner der Levant Company verteidigt und der dem Council of State vorgetragen wurde, J. R. McMichael, Barbara Taft (Hg.), *The Writings of William Walwyn*, Athens: University of Georgia Press 1989, S. 446-452.

15 Sharp (Hg.), *English Levellers*, S. 130 u. S. 170. Der visionäre Digger-Führer und bankrotte Kaufmann Gerrard Winstan-

ley hatte ebenfalls eine tiefe Abneigung gegen die Lohnarbeit. Er schrieb, Gott habe ihn inspiriert, ein Experiment durchzuführen, bei dem die Gemeindeländereien von Surrey kollektiv bearbeitet werden – um »mein Brot im Schweiße meines Angesichts zu essen, ohne Lohn zu geben oder Lohn zu nehmen, [und] das Land ebenso bereitwillig als meines wie als das eines anderen zu betrachten«. Thomas Corns, Ann Hughes, David Loewenstein (Hg.), *The Complete Works of Gerrard Winstanley*, Oxford: Oxford University Press 2009, Bd. I, S. 517 (*The New Law of Righteousnes*).

16 Foxley, *The Levellers*; Ann Hughes, »The English Revolution«, in: David Parker (Hg.), *Revolutions and Revolutionary Traditions in the West*, London: Routledge 2000, S. 34-52.

17 Barbara Taft, »Walwyn, William (bap. 1600, d. 1681)« in: *The Oxford Dictionary of National Biography*, Oxford: Oxford University Press 2004.

18 Craig Muldrew, *The Economy of Obligation. The Culture of Credit and Social Relations in Early Modern England*, Basingstoke: Palgrave Macmillan 1998, das Zitat findet sich auf S. 150f. Karl Polanyi (in *The Great Transformation. Politische und ökonomische Ursprünge von Gesellschaften und Wirtschaftssystemen* [1944], übers. von Heinrich Jelinek, Frankfurt/M.: Suhrkamp, [3]1995), betont mit Nachdruck die politischen und sozialen Konstruktionen »des Marktes«. Siehe auch Alexandra Shepard, *Accounting for Oneself. Worth, Status and the Social Order in Early Modern England*, Oxford: Oxford University Press 2015. Sie hebt hervor, wie wichtig in »einer allgegenwärtigen Kultur der Bewertung« die Einschätzung des ökonomischen Werts von Menschen in sozialen Beziehungen gewesen ist (S. 308).

19 Shepard, *Accounting for Oneself*, S. 278, stützt sich auf Margot Finn, *The Character of Credit. Personal Debt in English Culture, 1740-1914*, Cambridge: Cambridge University Press 2003.

20 Leng, »His Neighbours Landmark«; Melissa Mowry, »›Commonwealth Wives Who Stand for Their Freedom and Liberty‹: Leveller Women and the Hermeneutics of Collectivities«,

in: *Huntington Library Quarterly* 77:3 (2014), S. 305-329; Foxley, *The Levellers*, S. 143.

21 Andy Wood, *The Politics of Social Conflict. The Peak Country 1520-1770*, Cambridge: Cambridge University Press 1999, S. 289f.

22 Mein Argument stammt aus Ann Hughes, »Gender and Politics in Leveller Literature«, in: Susan Amussen, Mark Kishlansky (Hg.), *Political Culture and Cultural Politics in Early Modern England*, Manchester: Manchester University Press 1995, S. 162-189. Es wird kritisch hinterfragt und mit Einschränkungen versehen von Mowry, »Commonwealth Wives«, und Foxley, *The Levellers*.

23 Carole Pateman, *The Disorder of Women. Democracy, Feminism, and Political Theory*, Stanford: Stanford University Press 1989; Ann Hughes, *Gender and the English Revolution*, London: Routledge 2011, S. 145.

24 In den von Craig Muldrew beschriebenen Beziehungen, die Kredit und Vertrauen voraussetzten, hatte ein respektabler Haushalt mit männlichem Vorstand in der Tat einen Vorteil.

25 Auch ein kleiner Bauernhof ist eher ein Haushalt als ein individuelles Unternehmen, weshalb es schwerfällt zu argumentieren, Paine habe im amerikanischen Kontext einen Egalitarismus auf individueller Grundlage vorgeschlagen.

4
Marktrationalisierung

1 Adam Smith, *Untersuchung über Wesen und Ursachen des Reichtums der Völker*, übers. von Monika Streissler, hg. und eingeleitet von Erich Streissler, Tübingen: Mohr Siebeck 2012, S. 96.

2 Oliver Goldsmith, »Das verödete Dorf«, in der Übersetzung von J. G. Seume, in: Johann Gottfried Seume, *Apokryphen. Kleine Schriften. Gedichte. Übersetzungen*, hg. von Jörg Drews unter Mitarbeit von Sabine Kyora, Frankfurt/M.: Deutscher Klassiker Verlag 1993, S. 530.

3 Ebd., S. 541. [Seume wollte nach eigener Auskunft »weder das Versmaß noch die Verszahl des Originals verlassen« und hat daher sehr frei übersetzt. Die hier zitierten kurzen Fragmente des Gedichts entsprechen nicht der Übertragung von Seume, sondern wurden von mir übersetzt. A. d. Ü.]

4 Karl Polanyi, *The Great Transformation. Politische und ökonomische Ursprünge von Gesellschaften und Wirtschaftssystemen* [1944], übers. von Heinrich Jelinek, Frankfurt/M.: Suhrkamp [3]1995, S. 107f.

5 Ebd., S. 108.

5
Untergebene gesucht

1 Elizabeth Anderson, »What Is the Point of Equality?«, in: *Ethics* 109 (1999), S. 287-337; gekürzte deutsche Fassung: »Warum eigentlich Gleichheit?«, in: Angelika Krebs (Hg.), *Gleichheit oder Gerechtigkeit. Texte der neuen Egalitarismuskritik*, Frankfurt/M.: Suhrkamp 2000, S. 117-171.

2 Mit der Hilfe anderer Arbeiten im gleichen Stil, die um die gleiche Zeit erschienen sind. Darunter vor allem Samuel Scheffler, »What is Egalitarianism?«, in: *Philosophy and Public Affairs* 31 (2003), S. 5-39.

3 In dem Maße, wie die patriarchale Familie selbst ein Kleinbetrieb war, oder in dem Maße, wie die Betriebsstätte bloß ein Sweatshop war und gleichzeitig als Unterkunft diente, gab es die Regierung natürlich auch in den Wohnungen. Wegen des erforderlichen Kontrastes haben wir uns, vielleicht kontrafaktisch, vorzustellen, dass die Akkordarbeit nicht so war. Das macht das Gedankenexperiment nicht mehr so »natürlich«.

4 Frederick Winslow Taylor, *The Principles of Scientific Management*, New York, London: Harper & Brothers 1911 (dt.: *Die Grundsätze wissenschaftlicher Betriebsführung*, Saarbrücken: VDM Verlag Dr. Müller, Neuausgabe 2004).

5 Ronald H. Coase, »The Nature of the Firm«, in: *Economica* 4:16 (1937), S. 386-405.

6 Zugebenermaßen ist dies eine Sorge, die nicht auf die Firma beschränkt sein muss. Auch ein Monopsonist kann damit drohen, ein Geschäft mit einem unabhängigen Handwerker nicht abzuschließen, sofern dieser nicht seinen Kandidaten wählt. Doch letzten Endes ist diese Sorge keine Sorge um Entlohnung, Bedingungen oder Sicherheit. Die Sorge betrifft stattdessen die Machtbeziehungen zwischen den Arbeitskräften und denjenigen, die ihre Arbeit oder die von ihnen hergestellten Produkte kaufen.

7 Charles de Montesquieu, *Vom Geist der Gesetze*, 2 Bde., übers. und hg. von Ernst Forsthoff, Tübingen: Mohr, [2]1992; Lon Fuller, *The Morality of Law*, New Haven: Yale University Press 1964.

8 Jean-Jacques Rousseau, *Du contrat social/Vom Gesellschaftsvertrag*, Französisch/Deutsch, übers. und hg. von Hans Brockard in Zusammenarbeit mit Eva Pietzcker, Stuttgart: Reclam 2010.

9 Minimierung der geringen Kosten des Exils: »Exil oder Emigration können schwerwiegende Nebenfolgen haben. Die große Mehrheit hat keine weitere realistische Option, als die Einwanderung in eine andere kommunistische Diktatur zu versuchen.« (S. 81) »Alternativ dazu könnten sie behaupten wollen, dass dort, wo es für Ungehorsam nur die Sanktionen des Exils oder der Zivilklage gibt, keine Autorität existiert. Das würde aber diejenigen überraschen, die den unzähligen staatlichen Vorschriften unterliegen, welche allein durch zivilrechtliche Sanktionen gedeckt sind. Einer staatlichen Vorschrift würde es auch dann nicht an Autorität fehlen, wenn die einzige Sanktion für ihre Missachtung die erzwungene Aufgabe des Arbeitsplatzes wäre. Abgesehen davon stehen den Managern neben der Kündigung und dem Klageweg noch zahllose andere Sanktionen zur Verfügung: Sie können Beschäftigte degradieren und tun es oft, sie können Lohnkürzungen vornehmen, können ihnen unangenehme Arbeitszeiten oder zu viele oder zu wenige Arbeitsstunden zuweisen, sie können ihnen gefährliche, schmutzige, niedere oder zermürbende Aufgaben zuteilen, können ihr Arbeitstempo er-

höhen, ihnen ein Versagen anhängen und sie in sehr weitgezogenen Grenzen erniedrigen und drangsalieren.« (S. 103 f.) »Die Laissez-faire-Liberalen propagierten die Freiheit des freien Marktes und gaben ihnen den Rat: Sucht euch euren Leviathan aus! Ebenso hätte man den Bürgern des kommunistischen Blocks in Osteuropa sagen können, dass ihre Freiheit ja dadurch gewährleistet sei, dass sie in jedes beliebige Land auswandern können – solange es sich hinter dem Eisernen Vorhang befindet.« (S. 110) »Die Freiheit des Eintritts und des Austritts aus jedem Beschäftigungsverhältnis reicht nicht aus, um dieses Ergebnis zu rechtfertigen.« (S. 111) Minimierung der Zustimmung: »Vielleicht ist ihr Gedanke aber auch der, dass dort, wo Zustimmung die Beziehung zwischen den Vertragsparteien vermittelt, diese keine der Unterordnung unter eine Autorität sein kann.« (S. 104) Minimierung der Regelung von Beschäftigung durch demokratisch in Kraft gesetztes Recht: »Was bestimmt denn dann den Geltungsbereich und die Grenzen der Autorität des Arbeitgebers, wenn es nicht die Übereinstimmung der Vertragsparteien ist? Letztlich ist es der Staat, der dies mit einem komplizierten System von Gesetzen regelt [...]. Der *Staat* hat die Verfassung der Regierung am Arbeitsplatz etabliert: Es ist eine Form der privaten Regierung.« (S. 101 f.)

6
Arbeit ist eigentlich gar nicht so schlecht

1 Zu zwei Betrachtungen des Monopsons siehe William M. Boal, Michael R. Ransom, »Monopsony in the Labor Market«, in: *Journal of Economic Literature* 35:1 (1997), S. 86-112, und Orley C. Ashenfelter, Henry Farber, Michael R. Ransom, »Modern Models of Monopsony in Labor Markets«, IZA Discussion Paper Nr. 4915 (2010). Zu Walmart siehe Alessandro Bonnanno, Rigoberto A. Lopez, »Is Wal-Mart a Monopsony? Evidence from Local Labor Markets«, Working Paper (2009). Für einen Blick darauf, warum das Monop-

son-Modell die meisten Ökonomen nicht überzeugen konnte, vor allem nicht als eine Erklärung für mittel- bis langfristige Phänomene, siehe Peter Kuhn, »Is Monopsony the Right Way to Model Labor Markets? A Review of Alan Manning's *Monopsony in Motion*«, in: *International Journal of the Economics of Business* 11:3 (2004), S. 369-378.

2 Zum Lohnzuschlag großer Firmen siehe Brianna Cardiff-Hicks, Francine Lafontaine, Kathryn Shaw, »Do Large Modern Retailers Pay Premium Wages?«, National Bureau of Economic Research Working Paper 20313 (2014).

3 Siehe die Analysen zu einigen der damit zusammenhängenden Szenarien unter einem Monopson bei Kip Viscusi, »Union, Labor Market Structure, and the Welfare Implications of the Quality of Work«, in: *Journal of Labor Research* 1:1 (1980), S. 175-192; Alison L. Booth, Gylfi Zoega, »Why Do Firms Invest in General Training? ›Good‹ Firms and ›Bad‹ Firms as a Source of Monopsony Power«, unveröffentlichtes Ms., 2000; und Francis Green, Stephen Machin, Alan Manning, »The Employer Size-Wage Effect: Can Dynamic Monopsony Provide an Explanation?«, in: *Oxford Economic Papers* 48 (1996), S. 433-455.

4 Wenn Anderson wirklich glaubt, dass mehr Vergünstigungen im Job der richtige Weg sind, könnte sie für höhere Steuern auf Arbeitnehmereinkommen argumentieren, um dieses Ziel in Angriff zu nehmen. Vielleicht möchte sie auch den Earned Income Tax Credit und andere Maßnahmen bekämpfen, die pekuniäre Löhne subventionieren und wahrscheinlich die Qualität der Vergünstigungen am Arbeitsplatz mindern (der Arbeitgeber könnte die Vergünstigungen mindern, um mehr von dem Wert der Subvention abzuschöpfen, anstatt dass dieser an den Arbeitnehmer geht).

5 Siehe zum Beispiel Sanford Grossman, Oliver D. Hart, »The Costs and Benefits of Ownership: A Theory of Vertical and Lateral Integration«, in: *Journal of Political Economy* 94:4 (1986), S. 691-719; sowie Oliver D. Hart, John Moore, »Property Rights and the Nature of the Firm«, in: *Journal of Political Economy* 98:6 (1990), S. 1119-1158.

6 Hierzu als Einstieg der Aufsatz von Supreet Kaur/Michael Kremer/Sendhil Mullainathan, »Self-Control at Work«, in: *Journal of Political Economy* 123:6 (2015), S. 1227-1277.

7 Siehe Harvey Silvergate, *Three Felonies a Day. How the Feds Target the Innocent*, New York: Encounter Books 2011.

8 Zu einigen dieser Mechanismen siehe Richard B. Freeman, Douglas Kruse, Joseph Blasi, »Monitoring Colleagues at Work: Profit Sharing, Employee Ownership, Broad-Based Stock Options and Workplace Performance in the United States«, CEP Discussion Paper Nr. 647 (2004).

9 Siehe zum Beispiel Ben Craig, John Pencavel, »The Behavior of Worker Cooperatives: The Plywood Companies of the Pacific Northwest«, in: *American Economic Review* 82:5 (1992), S. 1083-1105.

10 Gary Gorton, Frank Schmid, »Class Struggle inside the Firm: A Study of German Codetermination«, Federal Reserve Bank of St. Louis Working Paper (2002).

7
Erwiderung auf meine Kommentatoren

1 Debra Satz stellt bei ihrem Vergleich klassischer und neoklassischer Ökonomen ähnliche Gegensätze auf, wie ich sie zwischen den frühen Marktbefürwortern und den Laissez-faire-Theoretikern des 19. Jahrhunderts sehe. Es gab neue Modelle und Bewertungsmaßstäbe in der neoklassischen Ökonomie, wie Satz feststellt: »Doch fast alles, was die klassischen Ökonomen am Wirtschaftsleben interessierte – insbesondere die gesellschaftlichen Auswirkungen unterschiedlicher Märkte auf die menschlichen Fähigkeiten und die sozialen Beziehungen oder die Formen der sozialen Einbettung diverser Märkte –, blieb außen vor.« Debra Satz, *Von Waren und Werten. Die Macht der Märkte und warum manche Dinge nicht zum Verkauf stehen sollten*, übers. von M. Adrian und B. Engels, Hamburg: Hamburger Edition 2013, S. 86. Insbesondere Adam Smith ist als ein Theoretiker der wohltätigen

»unsichtbaren Hand« des Eigeninteresses und der nicht sozial eingebetteten, sich selbst ins Gleichgewicht bringenden Märkte missdeutet worden. Bromwich führt zu Recht Polanyi gegen solche Illusionen an, unterstellt jedoch zu Unrecht, Smith hätte solche gehabt. Zur Korrektur dieser Zuschreibungen siehe Gavin Kennedy, »Adam Smith: Some Popular Uses and Abuses«, in: Ryan Hanley (Hg.), *Adam Smith. His Life, Thought, and Legacy*, Princeton: Princeton University Press 2016, S. 461-477.

2 Adam Smith, *Untersuchung über Wesen und Ursachen des Reichtums der Völker*, übers. von Monika Streissler, hg. und eingeleitet von Erich Streissler, Tübingen: Mohr Siebeck 2012, I.x.2.61. Auch Locke befürwortete keine unregulierten Arbeitsmärkte. Er schlug zwar harte Maßnahmen im Umgang mit denjenigen unter den Armen vor, von denen er meinte, sie seien freiwillig arbeitslos, argumentierte jedoch, dass von den Besitzenden verlangt werden müsse, die unfreiwillig Arbeitslosen zu einem staatlich vorgeschriebenen Mindestlohn einzustellen. John Locke, »An Essay on the Poor Law«, in: *Locke. Political Essays*, hg. von Mark Goldie, Cambridge: Cambridge University Press 1997, S. 188.

3 Elizabeth Anderson, »Ethical Assumptions of Economic Theory: Some Lessons from the History of Credit and Bankruptcy«, in: *Ethical Theory and Moral Practice* 7 (2004), S. 347-360.

4 Bromwich nimmt an, dass Locke die Einfriedung mit der Begründung unterstützte, dass die Ausgeschlossenen keine besitzenden Individualisten waren. Diese Lesart, die wahrscheinlich von C. B. Macpherson abgeleitet ist (*Die politische Theorie des Besitzindividualismus. Von Hobbes bis Locke*, Frankfurt/M.: Suhrkamp 1973), versäumt es, Lockes Rechtfertigung für die einseitige Einfriedung des Gemeindelands im Naturzustand zu unterscheiden von seinen Auffassungen, was erlaubt wäre, sobald ein Staat gegründet ist. Locke argumentierte, dass zwar die einseitige Einfriedung der (frei zugänglichen) Allmende im Naturzustand erlaubt sei, weil sie genug gleich gutes Land für die anderen übrig lassen wür-

de, dass dies aber nicht zuträfe für das (in Gemeinschaftsbesitz befindliche) Gemeindeland in England. Letzteres wurde durch gemeinschaftliche Vereinbarung der Gemeindemitglieder gemeinsames Eigentum. Kein Einzelner konnte diese Vereinbarung einseitig außer Kraft setzen. Siehe John Locke, *Zweite Abhandlung über die Regierung*, übers. von H.J. Hoffmann, Kommentar von Ludwig Siep, Frankfurt/M.: Suhrkamp 2007, § 35, S. 35f. Locke befürwortete die Bestrebungen der Menschen nach wirtschaftlicher Selbständigkeit auf der gleichen Grundlage wie Lincoln: All das »unbewohnte« Land in Amerika stehe jedermann zur Verfügung, der seine Arbeit mit dem Boden mischen wollte (ebd., § 36). In der Praxis hatte diese Position gravierende Konsequenzen für Amerikas angestammte Bevölkerung und war untrennbar mit dem genozidalen Rassismus verbunden. Locke meinte jedoch irrigerweise, dass die Kultivierung des vermeintlich ungenutzten Landes in Amerika in jedermanns Interesse sein würde, einschließlich der autochthonen Bevölkerung. Er berief sich nicht auf rassistische Prämissen, um seine Position zu rechtfertigen. Zu diesem Punkt siehe Jeremy Waldron, *God, Locke, and Equality. Christian Foundations of John Locke's Political Thought*, Cambridge, New York: Cambridge University Press 2002, Kindle loc. 2256-2335, 2402-2415.

5 Smith, *Reichtum der Völker*, V.i.f.61, S. 752f.

6 Locke widersprach sich selbst in diesem Punkt. Bekanntermaßen investierte er in den Sklavenhandel und half wahrscheinlich bei der Abfassung von *The Fundamental Constitutions of Carolina* im Jahr 1669 (⟨http://avalon.law.yale.edu/17th_century/nc05.asp⟩, letzter Zugriff am 27.08.2018), welche die Sklaverei aufrechterhielten. Es gibt jedoch keine Möglichkeit, die tatsächliche Institution der Besitzsklaverei mit seiner Theorie des Besitzes in Einklang zu bringen. Obwohl er die traditionelle Rechtfertigung der Sklaverei für zulässig hielt – die Bestrafung von Kämpfern in einem ungerechten Krieg anstelle ihrer Hinrichtung –, könnte dieses Prinzip niemals die Versklavung von Nichtkämpfern rechtfertigen, insbesondere nicht den Übergang des Sklavenstatus von Müt-

tern auf ihre Kinder. Siehe dazu Locke, *Zweite Abhandlung*, Kap. IV, und die nuancierte Erörterung von Lockes Äußerungen zur Sklaverei bei Waldron, *God, Locke, and Equality*, Kap. 7.

7 Folglich hat er auch keine Antwort auf Bromwichs Fragestellung hinsichtlich marktbeherrschender Unternehmen wie Google oder Apple. Smith nahm an, dass Staaten notwendig seien, um Monopole zu schaffen. Er hatte sich niemals vorgestellt, dass steigende Skalenerträge natürliche Monopole bzw. Oligopole erzeugen würden.

8 Ich werde nicht erörtern, was schlecht daran ist, die überlegene Position einzunehmen, obwohl das für sich genommen eine interessante Frage ist. Die Egalitaristen haben einiges zu dem zu sagen, was der überlegene Status im Hinblick auf die Korrumpierung des Charakters mit sich bringt und was den Verzicht auf das Gut egalitärer Beziehungen zu anderen angeht.

9 Ich werde den »passiv-aggressiven Schwiegervater« in der Wohnung mit seinem »So-macht-man-das-nicht-aber-ich-werde-mich-hüten-mich-einzumischen« hier nicht weiter thematisieren. Er kommandiert seine Schwiegertochter herum, selbst wenn er vorgibt, dies nicht zu tun, und obwohl ihm die formale Autorität dafür fehlt.

10 Erik Loomis, »This Day in Labor History: December 28, 1973«, in: *Lawyers, Guns & Money*, Dezember 28 (2015), ⟨http://www.lawyersgunsmoneyblog.com/2015/12/this-day-in-labor-history-december-28-1972⟩, letzter Zugriff am 27.08.2018.

11 Simon Head, »Worse than Wal-Mart: Amazon's Sick and Secret History of Ruthlessly Intimidating Workers«, in: *Salon*, 23. Februar 2014, ⟨http://www.salon.com/2014/02/23/worse_than_wal_mart_amazons_sick_brutality_and_secret_history_of_ruthlessly_intimidating_workers/⟩, letzter Zugriff am 27.08.2018.

12 Spencer Soper, »Inside Amazon's Warehouse«, in: *Morning Call*, 17. August 2015, ⟨http://www.mcall.com/news/local/amazon/mc-allentown-amazon-complaints-20110917-story.html⟩, letzter Zugriff am 06.09.2018.

13 Head, »Worse than Wal-Mart«.

14 Erst nachdem Amazon schlechte Publicity erhielt und sich Kunden über die Behandlung der Arbeitskräfte beschwerten, verbesserte der Händler die Belüftung in seinen Lagerhäusern. Das Ansehen des Unternehmens und die Kundenzufriedenheit ist wichtig, die Gesundheit der Arbeitnehmer hingegen nicht. Spencer Soper, Scott Kraus, »Amazon Gets Heat over Warehouse«, in: *Morning Call*, 25. Sept. 2011, ⟨http://www.mcall.com/news/local/amazon/mc-allentown-amazon-folo-20110917-story.html⟩, letzter Zugriff am 06.09.2018. Bemerkenswert ist, dass die Ausnutzung von Arbeitnehmern bei Amazon bis in die Reihen seiner Büroangestellten hineinreicht. Siehe Jodi Kantor, David Streitfeld, »Inside Amazon: Wrestling Big Ideas in a Bruising Workplace«, in: *New York Times*, 15. Aug. 2015, ⟨http://www.nytimes.com/2015/08/16/technology/inside-amazon-wrestling-big-ideas-in-a-bruising-workplace.html?_r=0⟩, letzter Zugriff am 27.08.2018. Meine Replik konzentriert sich zwar auf die untere Hälfte der Arbeitnehmer, die mit den schlechtesten Bedingungen konfrontiert sind, doch auch in der oberen Hälfte gibt es viele, die von der Herrschaft am Arbeitsplatz in Mitleidenschaft gezogen werden.

15 Adam Smith, *Theorie der ethischen Gefühle*, übers. und hg. von Walther Eckstein, Hamburg: Meiner 1977, II.3.1.5, S. 144.

16 Contra Cowen bedeutet die Herrschaft des Rechts nicht, dass jeder Gesetzesverstoß bestraft werden sollte. Der optimale Grad an Durchsetzung für fast alle Gesetze ist deutlich geringer als 100 %.

17 Barbara Ehrenreich, *Arbeit poor. Unterwegs in der Dienstleistungsgesellschaft*, übers. von Niels Kadritzke, München: Kunstmann 2001.

18 Social Security Administration, Measures of Central Tendency for Wage Data (⟨https://www.ssa.gov/oact/cola/central.html⟩, letzter Zugriff am 27.08.2018) gibt eine Nettogesamtvergütung für US-Arbeitnehmer von im Mittel 28 851,21 Dollar für das Jahr 2014 an, den zuletzt verfügbaren Daten.

19 Saru Jayaraman, *Forked. A New Standard for American Dining*, New York: Oxford University Press 2016.

20 U.S. Department of Labor, *US Labor Department Seeks Enforcement of Subpoena Issued to Forever 21*, Washington, D.C. 2012, ⟨https://www.dol.gov/newsroom/releases/whd/whd20121025⟩, letzter Zugriff am 27.08.2018.

21 Oxfam America, *No Relief. Denial of Bathroom Breaks in the Poultry Industry*, Washington, D.C. 2016, S. 2-3.

22 Marc Linder, *Void Where Prohibited Revisited. The Trickle-Down Effect of OSHA's at-Will Bathroom-Break Regulation*, Iowa City: Fanpìhuà Press 2003.

23 Hertel-Fernandez, Paul Secunda, »Citizens Coerced. A Legislative Fix for Workplace Political Intimidation Post – Citizens United«, *UCLA Law Review* 64 (2016), S. 6.

24 U.S. Government Accountability Office, *Enhancing OSHA's Records Audit Process Could Improve the Accuracy of Worker Injury and Illness Data*, Washington, D.C., 2009, S. 17, ⟨https://coreyrobin.files.wordpress.com/2012/05/gao-report-on-osha-october-2009.pdf⟩, letzter Zugriff am 09.09.2018.

25 Ebd., S. 19.

26 Susan Lambert, Peter Fugiel, Julia Henly, *Precarious Work Schedules among Early-Career Employees in the U.S.: A National Snapshot*, Chicago: University of Chicago, EINet, 2014, S. 13 u. S. 7, ⟨https://ssa.uchicago.edu/sites/default/files/uploads/lambert.fugiel.henly_.precarious_work_schedules.august2014_0.pdf⟩ letzter Zugriff am 27.08.2018. Siehe auch María Enchautegui, *Nonstandard Work Schedules and the Well-Being of Low-Income Families*, Washington, D.C.: Urban Institute 2013, ⟨http://www.urban.org/sites/default/files/alfresco/publication-pdfs/412877-Nonstandard-Work-Schedules-and-the-Well-being-of-Low-Income-Families.PDF⟩, letzter Zugriff am 27.08.2018.

27 Alyssa Figueroa, »The Ugly Walmart Truth: Some Managers Treat Workers Like Dirt«, *Alternet*, 29. Januar 2015, ⟨http://www.alternet.org/labor/ugly-walmart-truth-some-managers-treat-workers-dirt⟩, letzter Zugriff am 27.08.2018.

28 U.S. Department of State, »2014 Trafficking in Persons Re-

port« (2014), ⟨https://www.state.gov/j/tip/rls/tiprpt/countries/2014/226844.htm⟩, letzter Zugriff am 27.08.2018.

29 Colleen Owens et al., *Understanding the Organization, Operation, and Victimization Process of Labor Trafficking in the United States*, Boston: Urban Institute, Northeastern University 2014, xii; Jessica Garrison, Ken Bensinger, Jeremy Singer-Vine, »The New American Slavery: Invited to the U.S., Foreign Workers Find a Nightmare«, *Buzzfeed News*, 24. Juli 2015, ⟨http://www.buzzfeed.com/jessicagarrison/the-new-american-slavery-invited-to-the-us-foreign-workers-f⟩, letzter Zugriff am 27.08.2018.

30 U.S. Department of State, »2014 Trafficking in Persons Report«.

31 Garrison, Bensinger, Singer-Vine, »The New American Slavery«.

32 David Autor, David Dorn, Gordon Hanson, »The China Syndrome: Local Labor Market Effects of Import Competition in the United States«, in: *American Economic Review* 103:6 (2013), ⟨http://dx.doi.org/10.1257/aer.103.6.2121⟩, letzter Zugriff am 27.08.2018.

33 Elizabeth Anderson, »Values, Risks, and Market Norms«, in: *Philosophy and Public Affairs* 17 (1988), S. 54-65.

34 David Dayen, »The True Cost: Why the Private Prison Industry Is about So Much More than Prisons«, in: *Talking Points Memo*, 18. Aug. 2016, ⟨http://talkingpointsmemo.com/features/privatization/two/⟩, letzter Zugriff am 27.08.2018.

35 In einem Zeitraum von vier Jahren und verglichen mit den Gefängnissen in öffentlicher Hand. U.S. Office of the Inspector General, *Review of the Federal Bureau of Prisons' Monitoring of Contract Prisons*, Washington, D.C. 2016, S. 65, ⟨https://oig.justice.gov/reports/2016/e1606.pdf⟩, letzter Zugriff am 13.08.2018.

36 Kim Bobo, *Wage Theft in America: Why Millions of Working Americans Are Not Getting Paid – And What We Can Do About It*, überarb. Auflage, New York: New Press 2011, Kindle loc. 259-272.

37 Ebd., Kindle loc. 283-284.

38 Brady Meixell, Ross Eisenbrey, *An Epidemic of Wage Theft Is Costing Workers Hundreds of Millions of Dollars a Year*, Issue Brief #385, Washington, D.C.: Economic Policy Institute 2014, ⟨http://s3.epi.org/files/2014/wage-theft.pdf⟩, letzter Zugriff am 27.08.2018.

39 Seymour Drescher, *The Mighty Experiment. Free Labour Versus Slavery in British Emancipation*, Oxford, New York: Oxford University Press 2002, S. 132-134.

40 Larry Fauver, Michael Fuerst, »Does Good Corporate Governance Include Employee Representation?: Evidence from German Corporate Boards«, in: *Journal of Financial Economics* 82:3 (2006), S. 673-710; John Addison, Claus Schnabel, Joachim Wagner, »Works Councils in Germany: Their Effects on Establishment Performance«, in: *Oxford Economic Papers* 53 (2001), S. 659-694; Simon Renaud, »Dynamic Efficiency of Supervisory Board Codetermination in Germany«, in: *Labour* 21:4/5 (2007), S. 689-712; Felix R. FitzRoy, Kornelius Kraft, »Co-Determination, Efficiency, and Productivity«, IZA Discussion Paper Series, Nr. 1442 (2004), ⟨http://hdl.handle.net/10419/20741⟩, letzter Zugriff am 27.08.2018; Steffen Mueller, »The Productivity Effect of Non-Union Representation«, BGPE Discussion Paper Nr. 74 (2009), ⟨http://hdl.handle.net/10419/73422⟩, letzter Zugriff am 27.08.2018.

41 Brad DeLong, »Hoisted from the Archives: A Non-Socratic Dialogue on Social Welfare Functions« (*Brad DeLong's Semi-Daily Journal*, 2009), ⟨http://delong.typepad.com/sdj/2009/04/hoisted-from-the-archives-a-non-socratic-dialogue-on-social-welfare-functions.html⟩, letzter Zugriff am 27.08.2018.

Hinweise zu den Autorinnen und Autoren

Elizabeth Anderson ist Arthur F. Thurnau Professor und John Dewey Distinguished University Professor für Philosophie und Frauenforschung an der University of Michigan. Zu ihren Veröffentlichungen gehören *The Imperative of Integration* (2010), *Value in Ethics and Economics* (1993) und viele Aufsätze zum Thema Egalitarismus, Demokratie und Marktgesellschaft.

David Bromwich ist Sterling Professor für Englisch an der Universität Yale. Er hat in den Themenbereichen Politik und Kultur unter anderem für *Dissent*, *The Nation*, *The New York Review of Books* geschrieben. Er ist Autor mehrerer Bücher, zuletzt von *The Intellectual Life of Edmund Burke: From the Sublime and Beautiful to American Independence* (2014).

Tyler Cowen ist Inhaber des Holbert L. Harris Chair of Economics an der George Mason University und Professor für Wirtschaftswissenschaften am Center for the Study of Public Choice sowie Direktor des Mercatus Center. Er schreibt für den wirtschaftswissenschaftlichen Blog Marginal Revolution. Zu seinen jüngsten Publikationen gehört *The Complacent Class: The Self Defeating Quest for the American Dream* (2017).

Ann Hughes ist emeritierte Professorin für Geschichte der Frühen Neuzeit an der Keele University in Großbritannien, wo sie seit 1995 lehrte, Direktorin des Research Institute for the Humanities sowie von 2012 bis 2014 Research Director for the Humanities and Social Sciences war. Zu ihren neueren Veröffentlichungen gehört *Gender and the English Revolution* (2011).

Niko Kolodny ist Professor für Philosophie an der University of California in Berkeley. Zuvor war er Assistant Professor für Philosophie an der Harvard University und an der Research School of Social Sciences der Australian National University als Research Associate tätig. Seine wichtigsten Interessengebiete sind die Moralphilosophie und die politische Philosophie. Zusammen mit John Brunero verfasste er den Beitrag »Instrumental Rationality« in *The Stanford Encyclopedia of Philosophy* (Winter 2016).

Stephen Macedo ist Laurance S. Rockefeller Professor für Politikwissenschaften am University Center for Human Values an der Princeton University, wo er auch Gründungsdirektor des Program on Law and Public Affairs war (1999 bis 2001), sowie Direktor des University Center for Human Values (2001-2009). Er ist Autor von *Liberal Virtues: Citizenship, Virtue, and Community in Liberal Constitutionalism* (1990), *Diversity and Distrust: Civic Education in a Multicultural Democracy* (2000) und Koautor von *Democracy at Risk: How Political Choices Undermine Citizen Participation, and What We Can Do About It* (2005). 2015 erschien sein Buch *Just Married: Same-Sex Couples, Monogamy, and the Future of Marriage*.

Namenregister

Politische Theorie
im Suhrkamp Verlag
Eine Auswahl

Mahmoud Bassiouni. Menschenrechte zwischen Universalität und islamischer Legitimität. stw 2114. 390 Seiten

Pierre Bayle. Toleranz. Ein philosophischer Kommentar. stw 2183. 354 Seiten

Seyla Benhabib. Kosmopolitismus ohne Illusionen. Menschenrechte in unruhigen Zeiten. stw 2165. 281 Seiten

Klaus von Beyme
- Die politische Klasse im Parteienstaat. stw 1064. 224 Seiten
- Theorie der Politik im 20. Jahrhundert. Von der Moderne zur Postmoderne. Erweiterte Ausgabe. stw 969. 450 Seiten

Ernst-Wolfgang Böckenförde
- Recht, Staat, Freiheit. Studien zur Rechtsphilosophie, Staatstheorie und Verfassungsgeschichte. stw 914. 382 Seiten
- Staat, Nation, Europa. Studien zur Staatslehre, Verfassungstheorie und Rechtsphilosophie. stw 1419. 290 Seiten

Armin von Bogdandy/Ingo Venzke. In wessen Namen? Internationale Gerichte in Zeiten globalen Regierens. stw 2088. 383 Seiten

Manfred Brocker. Geschichte des politischen Denkens. Ein Handbuch. stw 1818. 826 Seiten

Manfred Brocker (Hg.). Geschichte des politischen Denkens. Das 20. Jahrhundert. stw 2210. 965 Seiten

NF 112/1/5.19

Hauke Brunkhorst. Solidarität. Von der Bürgerfreundschaft zur globalen Rechtsgenossenschaft. stw 1560. 247 Seiten

Hauke Brunkhorst (Hg.). Demokratischer Experimentalismus. Politik in der komplexen Gesellschaft. stw 1369. 397 Seiten

Hauke Brunkhorst/Wolfgang R. Köhler/Matthias Lutz-Bachmann (Hg.). Recht auf Menschenrechte. Menschenrechte, Demokratie und internationale Politik. stw 1441. 352 Seiten

Hauke Brunkhorst/Peter Niesen (Hg.). Das Recht der Republik. stw 1392. 403 Seiten

Judith Butler

- Antigones Verlangen: Verwandtschaft zwischen Leben und Tod. Übersetzt von Reiner Ansén. es 2187. 160 Seiten
- Gefährdetes Leben. Politische Essays. Übersetzt von Karin Wördemann. es 2393. 179 Seiten
- Haß spricht. Zur politischen Performation. es 2414. 263 Seiten
- Körper von Gewicht. Die diskursiven Grenzen des Geschlechts. Übersetzt von Karin Wördemann. es 1737. 400 Seiten
- Kritik der ethischen Gewalt. Übersetzt von Reiner Ansén. Adorno-Vorlesungen 2002. stw 1792. 180 Seiten
- Psyche der Macht. Das Subjekt der Unterwerfung. Übersetzt von Reiner Ansén. es 1744. 260 Seiten
- Das Unbehagen der Geschlechter. Übersetzt von Kathrina Menke. es 1722. 240 Seiten

Christine Chwaszcza/Wolfgang Kersting (Hg.). Politische Philosophie der internationalen Beziehungen. stw 1365. 604 Seiten

NF 112/2/5.19

Iris Därmann. Figuren des Politischen. stw 1911. 304 Seiten

Nicole Deitelhoff. Überzeugung in der Politik. Grundzüge einer Diskurstheorie internationalen Regierens. stw 1821. 347 Seiten

Jacques Derrida

- Das andere Kap. Die vertagte Demokratie. Zwei Essays zu Europa. Übersetzt von Alexander García Düttmann. es 1769. 97 Seiten
- Schurken. Übersetzt von Horst Brühmann. 224 Seiten. Gebunden. stw 1778. 219 Seiten

Andreas Folkers/Thomas Lemke (Hg.). Biopolitik. Ein Reader. stw 2080. 526 Seiten

Michel Foucault

- Geschichte der Gouvernementalität. Band 1: Sicherheit, Territorium, Bevölkerung. stw 1808. 600 Seiten. Band 2: Die Geburt der Biopolitik. stw 1809. 517 Seiten
- Die Regierung der Lebenden. Vorlesungen am Collège de France 1979-1980. Übersetzt von Andrea Hemminger. 496 Seiten. Gebunden

Dieter Gosewinkel. Schutz und Freiheit? Staatsbürgerschaft in Europa im 20. und 21. Jahrhundert. stw 2167. 772 Seiten

Armin Grunwald. Technik und Politikberatung. Philosophische Perspektiven. stw 1901. 403 Seiten

Marion Heinz/Sidonie Kellerer (Hg.). Martin Heideggers »Schwarze Hefte«. Eine philosophisch-politische Debatte. stw 2178. 445 Seiten

Rahel Jaeggi/Daniel Loick. Nach Marx. Philosophie, Kritik, Praxis. stw 2066. 518 Seiten

NF 112/3/5.19

Hans Joas/Martin Kohli (Hg.). Der Zusammenbruch der DDR. es 1777. 325 Seiten

Matthias Kettner (Hg.). Angewandte Ethik als Politikum. stw 1458. 416 Seiten

Ekkehart Krippendorff
- Kritik der Außenpolitik. es 2139. 240 Seiten
- Staat und Krieg. Die historische Logik politischer Unvernunft. es 1305. 436 Seiten

Thomas Khurana/Dirk Quadflieg/Francesca Raimondi/ Juliane Rebentisch/Dirk Setton (Hg.). Negativität. Kunst, Recht, Politik. stw 2267. 487 Seiten.

Skadi Siiri Krause. Eine neue Politische Wissenschaft für eine neue Welt. Alexis de Tocqueville im Spiegel seiner Zeit. stw 2227. 595 Seiten

Geoffroy de Lagasnerie. Die Kunst der Revolte. Snowden, Assange, Manning. Übersetzt von Jürgen Schröder. Gebunden. 158 Seiten

Ernst-Joachim Lampe (Hg.). Zur Entwicklung von Rechtsbewußtsein. stw 1315. 520 Seiten

Niklas Luhmann. Die Wirtschaft der Gesellschaft. stw 1152. 356 Seiten

Avishai Margalit
- Politik der Würde. Über Achtung und Verachtung. Übersetzt von Gunnar Schmidt und Anne Vonderstein. stw 2041. 277 Seiten
- Über Kompromisse – und faule Kompromisse. Übersetzt von Michael Bischoff. 251 Seiten. Gebunden

NF 112/4/5.19

Ingeborg Maus
- Justiz als gesellschaftliches Über-Ich. Zur Position der Rechtsprechnung in der Demokratie. stw 2229. 266 Seiten
- Menschenrechte, Demokratie und Frieden. Perspektiven globaler Organisation. stw 2113. 238 Seiten

Ulrich Menzel/Dieter Senghaas. Europas Entwicklung und die Dritte Welt. Eine Bestandsaufnahme. es 1393. 295 Seiten

Ulrich Menzel u. a. (Hg.). Die Neue Weltwirtschaft. Entstofflichung und Entgrenzung der Ökonomie. es 1983. 336 Seiten

Gabriele Metzler. Der Staat der Historiker. Staatsvorstellungen deutscher Historiker seit 1945. stw 2269. 371 Seiten

David Miller. Fremde in unserer Mitte. Politische Philosophie der Einwanderung. Übersetzt von Frank Lachmann. stw 2291. 330 Seiten

Jan-Werner Müller. Das demokratische Zeitalter. Eine politische Ideengeschichte Europas im 20. Jahrhundert. Übersetzt von Michael Adrian. stw 2243. 509 Seiten

Thomas Nagel. Eine Abhandlung über Gleichheit und Parteilichkeit. Übersetzt von Michael Gebauer. stw 2166. 243 Seiten

Julian Nida-Rümelin. Demokratie als Kooperation. stw 1430. 224 Seiten

Peter Niesen/Benjamin Herborth (Hg). Anarchie der kommunikativen Freiheit. Jürgen Habermas und die Theorie der internationalen Politik. stw 1820. 464 Seiten

NF 112/5/5.19

Martha C. Nussbaum. Politische Emotionen. Warum Liebe für Gerechtigkeit wichtig ist. Übersetzt von Ilse Utz. stw 2172. 623 Seiten

Claus Offe. Selbstbetrachtung aus der Ferne. Tocqueville, Weber und Adorno in den Vereinigten Staaten. Kartoniert. 144 Seiten

Bernhard Peters. Der Sinn von Öffentlichkeit. Herausgegeben von Hartmut Weßler. Mit einem Vorwort von Jürgen Habermas. stw 1836. 410 Seiten

Karl Polanyi. The Great Transformation. Politische und ökonomische Ursprünge von Gesellschaften und Wirtschaftssystemen. Übersetzt von Heinrich Jelinek. stw 260. 394 Seiten

John Rawls
- Gerechtigkeit als Fairneß. Ein Neuentwurf. stw 1804. 316 Seiten
- Geschichte der politischen Philosophie. Herausgegeben von Samuel Freeman. Übersetzt von Joachim Schulte. stw 2022. 671 Seiten

Hartmut Rosa. Beschleunigung. Die Veränderung der Zeitstrukturen in der Moderne. stw 1760. 537 Seiten

Pierre Rosanvallon. Die Gesellschaft der Gleichen. Übersetzt von Michael Halfbrodt. stw 2239. 384 Seiten

Dieter Senghaas
- Friedensprojekt Europa. es 1717. 226 Seiten
- Konfliktformationen im internationalen System. Weltpolitische Betrachtungen. es 1509. 230 Seiten
- Weltwirtschaftsordnung und Enwicklungspolitik. Plädoyer für Dissoziation. es 856. 358 Seiten

NF 112/6/5.19

Dieter Senghaas (Hg.). Frieden machen. es 2000. 592 Seiten

Quentin Skinner. Freiheit und Pflicht. Thomas Hobbes' politische Theorie. Frankfurter Adorno-Vorlesungen 2005. Institut für Sozialforschung an der Johann Wolfgang Goethe-Universität, Frankfurt am Main. Aus dem Englischen von Karin Wördemann. Broschur. 141 Seiten

Horst Steinmann/Andreas Georg Scherer (Hg.). Zwischen Universalismus und Relativismus. Philosophische Grundlagenprobleme des interkulturellen Managements. stw 1380. 424 Seiten

Wolfgang Streeck. Gekaufte Zeit. Die vertagte Krise des demokratischen Kapitalismus. 271 Seiten. Gebunden

Cass. R. Sunstein. Gesetze der Angst. Jenseits des Vorsorgeprinzips. Aus dem Amerikanischen von Robin Celikates und Eva Engels. Gebunden. 344 Seiten

Dieter Thomä. Puer robustus. Eine Philosophie des Störenfrieds. stw 2275. 783 Seiten

Helmut Willke. Dezentrierte Demokratie. Prolegomena zur Revision politischer Steuerung. stw 2182. 207 Seiten

NF 112/7/5.19

Sozialphilosophie im Suhrkamp Verlag
Eine Auswahl

Rainer Forst

- Kontexte der Gerechtigkeit. Politische Philosophie von Liberalisums und Kommunitarismus. stw 1252. 480 Seiten
- Toleranz im Konflikt. Geschichte, Gehalt und Gegenwart eines umstrittenen Begriffs. stw 1682. 816 Seiten

Stefan Gosepath. Gleiche Gerechtigkeit. Grundlagen eines liberalen Egalitarismus. stw 1665. 508 Seiten

Axel Honneth

- Das Andere der Gerechtigkeit. Aufsätze zur praktischen Philosophie. stw 1491 340 Seiten
- Das Ich im Wir. Studien zur Anerkennungstheorie. stw 1959. 308 Seiten
- Die Idee des Sozialismus. Versuch einer Aktualisierung. Gebunden. 168 Seiten
- Kampf um Anerkennung. Zur moralischen Grammatik sozialer Konflikte. stw 1129. 301 Seiten
- Kritik der Macht. Reflexionsstufen einer kritischen Gesellschaftstheorie. stw 738. 408 Seiten
- Pathologien der Vernunft. Geschichte und Gegenwart der Kritischen Theorie. stw 1835. 239 Seiten
- Das Recht der Freiheit. Grundriß einer demokratischen Sittlichkeit. stw 2048. 628 Seiten
- Unsichtbarkeit. Stationen einer Theorie der Intersubjektivität. stw 1616. 162 Seiten
- Verdinglichung. Eine anerkennungstheoretische Studie. Mit Kommentaren von Judith Butler, Raymond Geuss und Jonathan Lear und einer Erwiderung von Axel Honneth. stw 2127. 183 Seiten
- Vivisektionen eines Zeitalters – Porträts zur Ideengeschichte des 20. Jahrhunderts. es 2678. 308 Seiten

NF 123/1/6.16

- Von Person zu Person. Zur Moralität persönlicher Beziehungen. Herausgegeben zus. mit Beate Rössler. stw 1756. 361 Seiten
- Der Wert des Marktes. Ein ökonomisch-philosophischer Diskurs vom 18. Jahrhundert bis zur Gegenwart. Herausgegeben zus. mit Lisa Herzog. stw 2065. 670 Seiten
- Die zerrissene Welt des Sozialen. Sozialphilosophische Aufsätze. Erweiterte Ausgabe. stw 849. 279 Seiten

Axel Honneth/Nancy Fraser. Umverteilung oder Anerkennung? Eine politisch-philosophische Kontroverse. stw 1460. 320 Seiten

Rahel Jaeggi
- Entfremdung. stw 2185. 337 Seiten
- Kritik von Lebensformen. stw 1987. 451 Seiten
- Nach Marx. Philosophie, Kritik, Praxis. Herausgegeben zus. mit Daniel Loick. stw 2066. 518 Seiten
- Sozialphilosophie und Kritik. Herausgegeben zus. mit Rainer Forst, Martin Hartmann und Martin Saar. stw 1960. 743 Seiten
- Was ist Kritik? Herausgegeben zus. mit Tilo Wesche. stw 1885. 375 Seiten

Hans Joas
- Die Entstehung der Werte. stw 1416. 321 Seiten
- Die Kreativität des Handelns. stw 1248. 415 Seiten

Angelika Krebs. Arbeit und Liebe. Die philosophischen Grundlagen sozialer Gerechtigkeit. stw 1564. 336 Seiten

George Herbert Mead. Geist, Identität und Gesellschaft. Aus der Sicht des Sozialbehaviorismus. Einleitung von Charles W. Morris. Übersetzt von Ulf Pacher. stw 28. 456 Seiten

NF 123/2/6.16

Bernhard Peters. Der Sinn von Öffentlichkeit. Herausgegeben von Hartmut Weßler. Mit einem Nachwort von Jürgen Habermas. stw 1836. 410 Seiten

Beate Rössler. Der Wert des Privaten. stw 1530. 384 Seiten

NF 123/3/6.16